코스톨라니 투자총서

1

돈, 뜨겁게 사랑하고 차갑게 다루어라

KOSTOLANY

코스톨라니 투자총서

1

돈, 뜨겁게 사랑하고 차갑게 다루어라

한윤진 옮김

미래의창

서문

올해 2월 코스톨라니와 내가 이 책을 집필하기 시작할 무렵 우리는 어쩌면 이 책이 그의 마지막 책이 될지도 모른다는 걸 예감했다. 하지만 나의 서문이 이렇게 추모 글이 될 줄은 전혀 예상하지 못했다.

9월 14일, 앙드레 코스톨라니는 향년 93세의 나이로 파리에서 영면했다. 노쇠해진 그의 몸이 다리 골절의 후유증을 이겨내지 못했던 것이다.

하지만 코스톨라니의 정신만은 그가 남긴 저서를 통해 여전히 살아 있다. 그는 이 책을 포함해 총 13권의 책을 집필했고, 전 세계적으로 300만 권 이상 판매됐다. 또한 1965년 3월 호에 실린 〈어느 투자자의 고백〉이라는 칼럼을 시작으로 올해 10월 호까지 《캐피탈》지에 기고한 칼럼의 수는 무려 414회에 달했다. 그의 가장 큰 소망은 2000년 1월 호까지 칼럼을 쓰는 것이었다. 그러면서 특유의 유머러스한 말투로 이렇게 말했다. "《캐피탈》은 내게 지면을 보장했지만, 정작 내가 그때까지 살 수 있을지 누가 보장해주나?"

코스톨라니는 지난 35년 동안 수많은 강연과 TV 강연을 이어왔다.

다보스Davos의 경제 포럼이든, 예버Jever의 폴크스방크Volksbank든, 텔레비전 주식 강좌든, 혹은 해럴드 슈미트 쇼Harald Schmidt Show든 그가 등장하는 곳에서는 언제나 유머와 재치가 넘쳤다. 그리고 언제나 깨끗한 자본주의를 위해 투쟁할 준비가 되어 있었다.

그는 증권 투자의 원로였다. 하지만 증권가의 스승, 코스톨라니에게 특별한 비법을 기대한 사람은 실망할 수밖에 없었다. 그는 매번 "특별한 비법이 있을 거라 기대하지 마십시오"라는 말로 강연을 시작하곤 했던 것이다. 특별한 비법은 존재하지 않으며, 이는 특정 주식을 팔아 대중에게서 돈을 뜯어내려는 은행이나 투자 관련 단체의 수작일 뿐이라고 그는 말했다. 하지만 그는 지난 35년간 칼럼과 책을 통해 수많은 조언을 건넸다. 그중 가장 잘 알려진 것은 바로 "세계적인 우량주를 사들인 다음 약국에서 수면제를 사서 먹고 몇 년간 푹 자라"는 것이었다. 이 조언을 마음에 새긴 사람은 그의 말처럼 편안한 즐거움을 체험하게 될 것이다.

그는 젊은 부모들에게도 현명한 조언을 남겼다. "아이들의 교육에 투자하십시오!" 누구의 입에서나 나올 수 있는 판에 박힌 말 같지만, 코스톨라니는 자신의 경험으로 그 말에 무게를 더했다. 그가 열여덟 살이 되던 해 그의 부모는 그를 증권 중개인으로 일하는 친구가 있는 파리로 유학을 보냈다. 이런 교육을 통해 그의 부모는 전쟁과 공산주의로 인해 전 재산을 잃은 후에도 막내아들 앙드레가 재정을 지원해준 덕분에 스위스에서 평온한 노후를 보낼 수 있었다.

"인생을 즐기십시오." 부다페스트에서 아우디 A8을 타고 가면서 그가 남긴 마지막 조언이다. 이 말은 그가 항상 마음에 새기며 (거의) 삶의 마지막까지 실천했던 그의 원칙이었다. 앙드레 코스톨라니는 다방면으로 인생을 즐겼다. 특히 그는 클래식 음악을 사랑했다. 바그너의 〈뉘른베르크의 명가수〉와 리하르트 슈트라우스의 〈장미의 기사〉를 무려 100회 이상 관람했으며 슈트라우스와는 개인적인 친분을 쌓기도 했다. 클래식을 듣고, 고급 시가를 피우고, 증시에 대해 고찰하는 일은 언제나 그에게 커다란 즐거움을 안겨주었다. 다만 훗날 건강상의 이유로 담배는 끊어야만 했다. 친구들은 평소 그를 '코스토'라고 불렀다. 코스토는 평온한 인생뿐만 아니라 그의 '일'까지 즐겼다. 청중이 그를 필요로 했던 것만큼 그 또한 청중을 필요로 했다. 그들은 코스토에게 확신과 젊음을 선사했다. 인터뷰와 토론장에서 그의 생생한 '활력'이 어디서 오는지에 대한 질문을 받을 때마다 그는 웃으며 '정신적 체조' 덕분이라고 대답했다. 하지만 점점 나이가 들어가면서 노화와 맞서 싸우는 데 음악 감상과 신중한 생각만으로는 충분하지 않다는 것을 깨달았다. 그는 스스로 도전을 이어나갔다. 1998년만 해도 30회가 넘는 강연을 했고 텔레비전 방송에 출연했으며 여러 인터뷰에 응했다. 비행기, 기차 혹은 차를 타고 장거리를 이동한 후 마침내 그의 두 다리로 강단에 오르기까지 몹시 고된 일정 속에서도, '미스터' 코스톨라니는 강연이 끝날 때까지 주최 측에서 마련한 안락의자에 앉기를 거부했다. 언제나 두 손으로 연단을 세게 쥐고 쾌활하고 밝은 모습으로 강연에 임했다. 그럴 때마다 감동적이고 흥미진진하며 유머로 가득한 60~90분이 이어졌고, 결국 기립박수로 강연을 마치곤 했다.

앙드레 코스톨라니는 어느새 두 세대에 걸친 독일 증권거래 시장의 우상이 되었다. 그렇지만 그에게서 유명인다운 모습은 찾아볼 수 없었다. 그에게 사인을 요청하는 젊은이들과 마주쳤을 때도 그랬다. 그는 어리둥절한 표정으로 "나는 록스타가 아니에요"라고 말하며 그들이 바라는 대로 티켓, 지폐 또는 티셔츠에 사인을 해주곤 했다.

자칭 증시의 '방랑 연설자'가 되기 전에 그는 아내와 함께 파리에서 거주하거나 그의 두 번째 고향인 뮌헨에 머물렀다. 뮌헨에 도착하면 점심 때마다 히포 아케이드에 있는 카페로 향했다. 저녁 때는 막시밀리언 거리에 위치한 단골 이태리 레스토랑 로마 또는 아우슈테른켈러를 찾았다. 하지만 그가 손꼽은 세계 최고의 레스토랑은 파리에 있었다. 점심이면 마르뵈프 가에 있는 레스토랑인 '쉐장드레'로 갔다. 그는 그곳의 굴 요리가 파리 최고라고 칭찬했다. 디저트로는 초콜릿 타르트 또는 밀푀유를 즐겼다. 그런 뒤에는 샹젤리제에 있는 유명한 '카페 푸케'로 향하곤 했다. 이 카페는 1924년 이후 전쟁 기간을 제외하면 줄곧 그의 단골집이었다. 저녁에 파리에서 가장 유명한 호프집으로 향하기 전 오후에는 규칙적으로 낮잠을 즐겼다. 특히 몽파르나스에 있는 라 꾸폴La Coupole을 좋아했다. 1930년대의 열정적인 날들을 보낸 곳이기 때문이었다.

1917년 이후 앙드레 코스톨라니는 쉬지 않고 돈과 주식에 몰두했지만 실리주의자는 아니었다. 그가 투자에 임할 때 심혈을 기울인 건 돈 그 자체가 아니었다. 자신의 생각이 정당성을 인정받는 순간의 기쁨을 맛보는 것이 더 컸다. 그는 스스로를 주식투자자라고 불렀다. 그에게 있어 주식투자란 지적인 도전을 의미했다. 그는 항상 돈과 일정한 거리를 두었으며, 이를 성공한 투자자가 되기 위한 가장 기본적인 원칙이라고 생각했다. 코스토는 탐욕스럽지도, 기세등등하지도, 돈 자랑을 하지도 않았다. 그에게 있어 돈은 목적을 이루기 위한 수단에 불과했다. 돈은 나치를 피해 도망쳐야 했던 위기의 순간에 도움이 되었고, 특히 그의 생애 마지막 몇 달 동안 최고의 의학적 치료를 받도록 해주었다. 그리고 평온한 삶을 살 수 있는 기회를 제공했다. 음악광인 코스톨라니가 꽂힌 어느 한 오페라나 콘서트가 있는 날이면 그날 저녁 공연을 보기 위해 밀라노까지 날아가는 일도 마다하지 않았다. 달리 거창한 노력을 하지 않아도 절약할 방법이 있다면 기꺼이 실천했다. 그렇게 코스톨라니는 강연 주최 측에서 보낸 1등석 티켓을(1등석이 있는 항공사일 경우) 2등석으로 바꿔 타기도 했는데, 자신은 너무 말라서 그 넓은 좌석을 전부 채울 수 없다는 것이 그의 변명이었다.

하지만 세계시민이었던 코스톨라니는 돈이 선사한 재정적 독립을 충분히 즐겼다. 돈이란 그에게 있어 건강 다음으로 가장 중요한 최고의 선물이자 가장 귀한 것이었다. 그건 바로 원한다면 (거의) 무엇이든 할 수 있고 말할 수 있으며, 원치 않는 것은 당당하게 거부할 수 있고 하지 않을 수 있는 권리였다. 특히 코스톨라니는 칼럼니스트로서 자신에게 주어진 독립성을 사랑했다. 1970년대 IOS의 헤지펀드에 대한 투쟁, 1980년대 금본위제의 반대 로비, 그리고 1990년대 구동독 시장과 분데스방크(독일중앙은행)에 대한 반대운동에서도 물러서지 않던 그는 어떠한 투쟁에서든 확신에 차 있던 행동가였다. 일부 비평가들은 그가 대중의 지지를 얻으려고 그럴듯해 보이는 모습을 꾸며내는 것이라 비판했지만 실상은 그렇지 않았다. 나처럼 그를 개인적으로 잘 아는 사람들은 그가 일상에서도 칼럼이나 강연 때와 마찬가지로 자신의 주장을 위해 격렬히 맞서 싸웠다는 것을 잘 알고 있다. 언젠가 다시 스무 살이 되면 무엇을 하고 싶은지 묻는 어느 기자의 질문에 그는 이렇게 대답했다. "스무 살이요? 농담하는 거요? 난 여든 살인 지금이 좋다오. 다만 분데스방크와 싸우려면 10년만 더 살았으면 좋겠군요."

코스톨라니는 《심장은 왼쪽에서 뛴다》를 저술한 오스카 라퐁텐 Oskar Lafontaine(독일의 유명한 좌파 정치가)보다 훨씬 앞서 그 이치를 깨달았다. "내 심장은 왼쪽에서 뛰고 있고, 내 머리는 우측에 있지만 내 지갑은 오래전부터 미국에 있답니다." 수십 년간의 주식시장 경험을 통해 그는 경제 분야에서는 실전과 이론 사이에 괴리가 크다는 것을 몸소 배웠던 것이다.

이 책은 앙드레 코스톨라니가 남긴 마지막 역작이다. 1999년 초부터 세상을 뜰 때까지 이 책을 집필하는 데 그의 열정을 쏟았다. 파리에 위치한 자택에서 칩거하며 이 프로젝트에 심혈을 기울였다. 다만 왜 그러는지는 모르겠지만 모든 저자들이 가장 마지막에 집필하는 서문만큼은 완성하지 못한 채 독자들에게 빚을 지고 말았다.

특히 그는 독일텔레콤의 상장을 통해 새로이 형성된 주식투자자 세대를 염려했다. 독일에서 주식투자를 수용하는 추세가 증가하는 것을 환영하면서도 동시에 광범위하게 확산되는 광적인 주식 열풍에 대해 심히 우려를 표했다. 이 책을 통해 코스톨라니는 투자자들이 데이트레이딩Daytrading, 실시간Realtime 거래 또는 손절매Stop-loss로 녹초가 되지 않도록 그가 알고 있는 주식 및 다양한 투자 지식을 전달하려고 했다.

《미래의 결산》이라는 책의 서문에서 그는 자신이 수년째 증권거래소에 가지 않았고 고백했다. 혹시라도 전능한 신이 그곳에 있는 저를 발견하고는 "뭐야, 늙은 코스토가 아직도 저기 있단 말인가? 이제 그만 이곳으로 올라오라고 해야겠군. 여기에도 그가 할 일이 많으니 말이야. 옛 동료들도 여기에서 이렇게 그를 기다리고 있고, 그의 자리도 공석이지 않은가"라고 말하진 않을까 두려웠기 때문이라고 고백했다. 하지만 언젠가 신이 기어코 자신을 불러들여 그곳에서 해후한 친구, 제자, 독자들이 "코스토가 역시 옳았어!"라고 말한다면 정말 행복할 것이라고도 저술했다.

친애하는 앙드레, 자네를 위해 마련해두었던 그 자리에 앉아 현 주식시장을 내려다보고 있기를 기원하네. 그러면 자네의 낙관주의와 대립하며 깎아내리던 비관론자들이 그럼에도 불구하고 자네가 옳다고 인정하는 모습을 보게 될 테니까 말일세.

1999년 12월, 브레멘에서

슈테판 리쎄

목차

KOSTOLANY

목차

중기적으로 영향을 미치는 요소들

증권심리학

정보의 정글

KOSTOLANY

돈의 매력

돈과 도덕

아리스토텔레스에서 프란츠 아시시(빈곤의 사도), 마르크스를 넘어 요한 바울 2세에 이르기까지 사상가들은 다음 문제에 대해 항상 열띤 토론을 벌였다.

"돈에 대한 욕구를 도덕적으로 내세우고 정당화할 수 있을 것인가?"

물론 그럴 때마다 의견이 일치하지는 않았지만 모두가 돈과 돈의 영향력에 빠져들었다. 한쪽은 거부했고, 또 다른 한쪽은 매료되었다. 소포클레스는 돈에서 악의 형상을 발견했지만 에밀 졸라는 특히 내가 좋아하는 그의 소설인 《돈》에서 다음과 같은 질문을 던졌다. "돈으로 생긴 모든 부정의 책임을 왜 돈이 전부 떠맡아야 하는가?" 허나 객관적인 판단은 불가능하다. 그것은 개개인의 철학적 견해와 물질적 상황에 달려 있다. 돈에 대한 욕구를 비윤리적이라고 설명하는 다수의 동기가 공정을 바라는 마음이 아니라 질투에서 비롯된 것이기 때문이다.

이 질문에 대한 대답과는 별개로 반박의 여지가 없는 사실이 있다. 돈에 대한 욕구는 경제적 진보의 원동력이라는 것이다. 돈을 벌 수 있는 기회를 위해 사람들은 자신의 창의성, 성실 그리고 위험을 감수하는 것까지 마다하지 않는다. 어쩌면 철학자는 돈이나 돈으로 얻을 수 있는 것이 우리를 진정 행복하게 하느냐고 질문할 수도 있을 것이다. 컴퓨터, 텔레비전, 자동차 등이 500년 전 그런 물건들이 없었던 때보다 우리를 행복하게 하는가? 어쩌면 아닐 수도 있다. 당시에 경험하지 못했던 것이기에 이런 물건들이 없어 아쉽다고는 할 수 없기 때문이다. 하지만 한 가지만큼은 확실하다. 의학의 발전을 이끈 경제적 진보가 없었더라면 오늘 93세가 된 내가 이곳에 앉아 있지 못했을 것이란 사실이다. 지금 이렇게 열세 번 책을 집필할 수 있는 현 상황이 날 무척이나 행복하게 한다.

나는 돈에 대한 욕구를 토대로 구축된 자본주의 경제 체제가 마냥 옳다고 주장하고 싶지 않다. 오히려 이것은 사기다. 하지만 엄청나게 뛰어난 사기라는 것을 인정할 수밖에 없다. 자본주의와 사회주의의 차이는 아주 간단히 설명할 수 있다. 커다랗지만 공평하게 나누어지지 않은 케이크와 작지만 공평하게 나눈 케이크. 이때 공평하게 나눈 케이크 조각이 공평하게 나누어지지 않은 케이크의 작은 조각보다도 작다는 것은 자명하다. 어떤 체제가 나은지는 각자의 선택에 달렸다. 그런데 이 세계가 선택한 것은 커다란 케이크였다. 아마도 자본주의 경제 체제가 인간의 본성에 좀 더 가깝기 때문일 것이다. 사회주의 역시 돈에 대한 욕구를 완전히 없애지는 못했다. 나는 전쟁이 끝난 후 부다페스트를 방문했던 1946년을 여전히 기억하고 있다. 당시 미국에서는 자본주의의 열풍이 뜨거웠다. 사람들은 어디서든 모이기만 하면 하나같이 '돈' 얘기를 나누었다. 누가 무슨 일을 하고 있는지가 아니라 돈을 얼마나 버는지 그리고 돈을 얼마나 가지고 있는지만이 중요했다. 그런데 부다페스트에서 난 정반대의 상황을 경험했다. 그곳에서는 사람들이 무슨 일을 하는지, 어떤 성공을 거뒀는지만을 말했던 것이다. 누구는 작곡으로 성공했고, 또 다른 누구는 베스트셀러 도서를 집필했으며, 그다음은 인정받는 과학자였다. 나는 그곳의 분위기가 훨씬 더 마음에 들었다. 그때 한 친구가 내게 말했다. "돈에 대해 단도직입적으로 말하는 사람은 없지만, 속으로는 모두 생각하고는 있다네." 누구나 원하지만 가질 수 없기에 아예 말을 꺼내지 않았던 것이다.

돈: 자유세계의 가치 척도

돈을 소유하고픈 욕망과 돈을 버는 것은 물론 차이가 있다. 돈을 소유하는 것으로 온갖 기쁨이 생기기도 한다. 돈이 있는 것만으로도 행복을 느끼는 사람들도 있다. 내가 아는 사람들 중에 시간이 날 때마다 은행 통장의 잔고를 더하는 것을 즐기는 사람이 있다. 또 아름답고 비싼 물건을 충분히 살 여력이 있는데도 절대 구매하지 않는 사람도 있었다. 언제라도 살 수 있다는 생각만으로 충분히 만족했던 것이다. 돈이 발산하는 방사능을 감지하는 그들은 그것만으로 충분히 행복해한다. 그리고 돈이라는 말을 꺼낼 때마다 그리고 재킷을 쓰다듬으며 그 아래 지갑의 감촉을 느낄 때마다 인생의 모든 즐거움이 그의 수표책에 응축된 것 같은 기분을 느끼는 친구도 있었다. 또 한 친구는 내게 불어나는 돈을 셀 때마다 리비도가 샘솟는다고 털어놓았다.

다행히 돈으로 무언가를 살 수 있다는 생각만 하는 것이 아니라 실제로 쓰는 사람도 있다. 그들은 인생을 즐기고 싶어한다. 그들은 메뉴판을 정독하는 것만으로는 만족하지 못하고 직접 먹어보고 싶어한다. 만약 이런 부류가 없다면 우리는 이들을 '만들어내야' 할 것이다. 그렇지 않으면 우리는 영원한 디플레이션 속에 살 수밖에 없기 때문이다. 그런 사람들을 대표하는 것이 바로 진정한 지식인이자 내게는

헝가리의 하인리히 하이네만이나 다름없는 시인 요세프 키스Josef Kiss
다. 그에게는 다음과 같은 일화가 있다.

어느 날 평소 생활보조금을 지급받던 은행으로 향하던 키스는 고급 식료품점의 쇼윈도에 진열된 성성한 파인애플을 보았다.

"얼마인가요?" 키스는 머뭇거리며 파인애플의 가격을 물었다.

"100포린트입니다."

'내가 살 수 있는 금액은 아니구나'라고 생각하며 키스는 은행으로 발걸음을 돌렸다. 하지만 돌아오는 길에 다시 식료품점 앞에 선 키스는 유혹을 이기지 못하고 결국 파인애플을 구입하고 말았다. 그런데 그날 오전 그 파인애플을 쇼윈도에서 눈여겨본 은행 지점장이자 감사원이기도 한 레오 란치 역시 오후에 식료품점을 찾아와 파인애플을 사려 했다.

"죄송하지만 파인애플은 이제 없습니다. 키스 씨가 사가셨어요."

"아아, 그런가요."

은행장은 아쉬워하며 되돌아갔다. 키스가 지원금을 지급받기 위해 은행을 방문하자 감사원이 다가와 그에게 비아냥거렸다.

"시인 양반, 어디 말 좀 해보게. 우리에게 100포린트를 동냥해 가서는 그 돈으로 곧장 파인애플을 산다지?"

"하지만 은행장님" 키스가 대답했다. "그 100포린트가 없었다면 파인애플을 살 수 없었겠지요. 그런데 100포린트가 있는데도 파인애플을 살 수 없다면, 전 언제 파인애플을 살 수 있단 말입니까?"

많은 이들에게 돈이란 힘과 지위를 상징한다. 이런 돈의 특성 때문에 친구나 사기꾼 혹은 질투하는 사람과 아부하는 사람이 생기고 어떻게든 빌붙어 살려는 식객들이 꼬이기도 한다. 그들은 전부 돈에 매료되어 있다. 돈이 많은 다른 것들을 매료시킨다는 것을 잘 알고 있기 때문이다. 돈은 이를테면 육체적 장애, 흉측한 외모 등 모든 불행을 기꺼이 보상해준다. 또한 사회적 야망이 있지만 미천한 출신이 발목을 잡는 사람들을 위로해준다. 돈은 그들의 보잘것없는 조상들을 대체할 수 있다. 엘사 맥스웰Elsa Maxwell은 미국 자본주의 번영기에 '메이플라워호'에 탑승했던 아일랜드 출신의 미국 신흥 백만장자들과 가난한 영국의 귀족들을 모아 사업을 벌이며 자신만의 화려한 경력을 쌓았다. 이러한 신흥 백만장자들은 영국 백작, 공작들과 교류하며 미국의 도도한 재력가 집단과 동등하다는 기분을 느꼈으며 동시에 재산이 사라진 귀족들은 신흥 갑부의 부에 매료되었다.

다른 이들에게 돈은 의학적 보호, 건강, 수명 연장을 의미한다. 나이가 들수록 나는 돈의 이러한 장점을 점점 더 감사히 여기고 있다. 특히 무엇보다도 돈은 내게 있어 건강 다음으로 가장 큰 특권인 독립성을 유지하는 데 크게 기여했다.

돈이 없는 사람은 벌어야 한다. 대다수가 일상의 지출을 위해 돈을 벌지만, 누군가는 그저 돈을 소유하기 위해서 또는 더 많이 소유하기 위해서 돈을 번다. 이에 대해 쇼펜하우어는 다음과 같이 말했다. "돈은 바닷물과 같다. 마시면 마실수록 오히려 갈증만 늘어난다."

하지만 단순히 소유하기 위한 목적이 아니라 돈을 버는 행위 그 자체에서 본질적인 자극을 느낀다는 사람들도 많다. 투자에 성공하면 나는 벌어들인 돈 때문에 기쁜 것이 아니라 다른 사람들과 궤를 달리한 나의 생각이 옳았다는 사실에 기뻤다. 룰렛게임을 즐기는 사람도 승리를 즐긴다. 하지만 지는 것도 못지않게 즐겁다. 왜냐하면 그는 게임하는 과정에서 느끼는 스릴 그 자체를 즐기기 때문이다.

지성인과 예술가들에게 돈을 버는 일이란 돈의 실용적인 장점 외에도 그들의 작품이 얼마나 인정받았는지를 보여주는 척도다. 태어날 때부터 부유한 화가, 작가, 음악가들도 있다. 그렇지만 그들은 자신이 완성한 그림, 책 혹은 시에 대해 최고의 값을 얻으려 노력한다. 나 역시 이러한 경험을 한 적이 있다. 내 책이 잘 팔리면 내게 들어오는 10퍼센트의 인세 수입이 늘어나는 것에 기쁘기보다는 그 인세의 10배가 되는 돈을 기꺼이 치를 준비가 된 독자들이 있다는 사실이 날 기쁘게 하는 것이다.

내 오랜 친구들 중 한 명은 자신의 아내가 화가로서 공식적인 인정을 받을 만한 자격을 갖췄다고 생각했다. 그래서 자기 돈으로 아내가 그린 허수아비 그림을 여러 점 사들이곤 했다. 재력도 미모도 아쉬울 것이 없는 아름다운 여성들은 사진 모델로 활동하면서 최고의 모델료를 요구한다. 그 액수가 그들의 실질적인 인지도를 나타내기 때문이었다. 사적으로도 친분이 있던 위대한 막스 라인하르트의 여배우, 릴리 다바스가 내게 했던 말을 절대 잊을 수가 없다. "자, 친애하는 앙드레 씨, 이제 저는 섹시하고 멋지게 옷을 차려입고 중심가를 활보할 거랍니다. 얼마나 많은 사람들이 내게 호감을 보이는지 확인하기 위해서죠. 그렇지 않다면 여자들이 애써 아름답게 꾸밀 이유가 있을까요!"

대다수의 입장과는 달리 난 한 여자가 돈을 보고 한 남자와 사랑에 빠진다고 해도 딱히 비난할 생각이 없다. 돈은 그 사람이 이뤄낸 성공의 표현이고, 그 여자는 그 점에 매료되는 것일 테니까.

백만장자가 되려면 얼마나 많은 돈이 필요할까?

많은 사람들이 참으로 역설적인 질문이 아닐 수 없다고 생각할 것이다. 이에 대한 대답은 '백만장자'를 어떻게 정의하느냐에 달려 있다. 예컨대 빈 사람들 중 한 사람이 100만 굴덴(오스트리아의 화폐 단위)을 가진 사람을 일컬어 "그 사람은 진정한 백만장자야"라고 말한다면, 이는 그들에게 있어 상대가 단순히 최소 100만 굴덴을 소유한 부자가 아니라 '존경받을 만한 부자'라는 것을 의미한다.

하지만 오늘날 숫자만을 가지고 판단한다면, 독일의 백만장자와 이탈리아의 백만장자의 의미는 완전히 다르다. 이탈리아에서 백만장자는 그리 부유하지 않은 편일 수도 있지만 독일에서는 부자로 손꼽힌다. 미국의 백만장자는 독일의 백만장자에 비하면 거의 두 배 이상 부자일 것이다. 그리고 재산을 유로로 환산한다면 유럽 전역의 백만장자들 중 대다수가 백만장자 대열에서 제외될 것이다. 그럼에도 불구하고 사람들은 많은 것을 쉽게 얻을 수 있는 부자를 예전에 빈에서처럼 여전히 백만장자라고 부른다.

나의 정의에 따르면 백만장자란 자신이 바라는 바를 성취하는 데 있어 어느 누구에게도 종속되지 않는 자신의 자본을 가진 사람들이다. 백만장자는 일할 필요도 없고, 고용주 또는 고객에게 머리를 숙이지 않아도 된다. 그렇게 사는 사람이야 말로 진정한 백만장자라고 할 수 있다. 그렇게 살아가는 데 어느 누군가는 50만 달러가, 또 다른 누구는 500만 달러가 필요하다. 이것은 개개인의 성향과 책임져야 할 의무에 달렸다. 음악에 열정을 불태우는 사람들은 골동품 시계를 수집하는 사람에 비해 돈이 적게 들 것이다. 또 혼자 사는지 아니면 부양해야 할 가족이 있는지에 따라 달라진다. 그의 아내는 요구하는 것이 많은 편인가? 소박한 옷을 좋아하는가? 모피나 값비싼 보석을 좋아하는가? 또는 만약 은행 잔고와 사랑에 빠진 아내라면 어떠할까? 내가 생각할 때 그런 여자라면 남편이 절대 백만장자로 느껴지지 않을 것이다. 모피, 자동차, 보석에는 한계가 있어 언젠가는 만족하게 되지만, 은행 잔고만큼은 만족할 만큼 채워지지 않는다. 은행 잔고란 일종의 밑 빠진 독이나 다름없다.

돈에 대한 올바른 태도

돈은 그것을 열정적으로 갈망하는 사람에게 향한다. 그런 사람은 마술사의 조종을 받는 항아리 속의 뱀처럼 돈의 최면에 걸려 있다. 하지만 그럴수록 돈과 적절한 거리를 유지해야 한다. 한 마디로 말하자면, 돈을 뜨겁게 사랑하되 차갑게 다뤄야 한다. 마냥 돈을 쫓으려 하지 말고, 오나시스(그리스 선박왕)가 말한 것처럼 돈과 정면으로 부딪쳐야 한다. 상승하는 주가를 뒤쫓기보다 하락하는 주가와 정면 승부를 봐야 하는 주식시장에서는 특히 더 그렇다.

돈을 향한 열정은 자칫하면 병적인 인색함 혹은 낭비벽으로 이끌기도 한다. 어떤 사람은 어떻게든 더 많은 돈을 쓰려고 하고, 어떤 사람은 기를 쓰고 더 많이 소유하려고 한다. 특히 돈에 대한 인색함은 때때로 병적인 증상으로 이어지기도 한다. 백만장자의 몇 배나 되는 돈을 소유했던 폴 게티Paul Getty는 당시 미국에서 가장 돈이 많은 갑부였다. 그렇지만 자신을 방문한 손님이 전화를 걸려고 하면 공중전화 박스로 보냈다는 일화로 유명하다.

내가 자주 방문하는 카페에서 언젠가 부다페스트 최고의 자린고비를 두고 열띤 토론이 벌어졌다. 최종 후보로 언급된 두 사람은 발칸 지역에서 담배 유통의 왕이라 불리는 헤르조그 남작과 예술품 수집가이자 박물관을 소유한 루드비히 에른스트였다. 두 사람 모두 막대한 부를 쌓은 엄청난 백만장자였다. 쉽사리 결론이 나지 않자 토론은 내기로 이어졌다. 우리 모두 이 질문에 대한 답을 내리는 데 적합할 유쾌한 사건이 벌어지기만을 기다리고 있었다. 그러다 마침내 적십자 모금으로 그런 기회가 찾아왔다. 모금 활동을 하던 적십자 직원 중 한 명이 우연히 두 사람과 마주친 것이다. 적십자 직원이 우선 헤르조그 남작에게 모금함을 내밀자 그는 지갑에서 가장 액수가 적은 동전을 꺼내고는 느긋한 동작으로 모금함에 던져 넣었다. 이제 모두가 기다리던 결정의 순간이 다가왔다. 루드비히 에른스트는 성금을 얼마나 더 많이 또는 더 적게 내놓을 것인가? 아주 잠시 깊은 생각에 빠졌던 그는 입가에 미소를 띤 채 당연하다는 듯이 말을 이어갔다.

"우리는 동행입니다. 그러니까 방금 넣은 그 성금이 두 사람 몫이란 말이죠!"

이보다 더 철면피인 사람도 있었다. 부유한 주식투자자인 마르셀

피셔로, 나의 어린 시절 동급생의 아버지였다. 어느 날 그의 회계사가 흥분한 목소리로 실랑이를 벌이는 소리가 그의 귀에 들렸다.

"안 돼요, 안 됩니다. 저희도 돈이 없다고요, 돈이 없다니까요. 이제 그만 나가시죠!"

시끄러운 소란에 사무실에서 달려 나온 피셔가 물었다.

"무슨 일입니까? 지금 도대체 무슨 말을 하는 겁니까?"

"그륀 씨가 찾아와서 우리더러 기부금을 내라더군요."

"그래서 그에게 뭐라고 했죠?"

"그냥 돈이 없다고 단단히 못 박고는 내쫓았습니다."

"그렇다면 어서 쫓아가서 당장 그를 여기로 다시 데리고 오시오." 백만장자 피셔가 말했다.

마침 층계를 내려가고 있던 그륀을 사무장이 다시 부르며 그의 상사가 만나고 싶어한다고 말하자 어쩌면 기부금을 받을지도 모른다는 기대감에 기뻐했다.

그륀이 사무실에 들어서자 피셔는 자신의 금고를 활짝 열어 보이며 말했다. "여기 가득 차 있는 금고가 보이십니까? 내 사무장이 '돈이 없다'고 말했다 들었습니다만 보시다시피 절대 그렇지 않습니다. 이렇게나 많이 보유하고 있으니까요. 다만 당신께 드릴 돈이 없는 겁니다!"

또 커피숍에서 친구와 함께 나눈 블라우 씨의 이야기도 아주 재미있다.

"내 아내는 나만 보면 돈을 달라고 야단이라네."

그의 기나긴 불평이 끝날 무렵 한 친구가 블라우 씨에게 물었다. "도대체 그렇게 많은 돈을 어디에 쓰는 건가?"

"모르지, 그건. 한 번도 줘본 적이 없으니까."

위의 이야기에 등장하는 주인공들은 숫자상으로는 전부 백만장자임이 분명하다. 하지만 과도한 인색함으로 물질적인 측면에서나 정신적인 측면에서나 결코 진정한 백만장자가 될 수 없다고 나는 확신한다. 자신의 돈에 지나치게 집착하는 사람은 잃어버릴까 봐 두려워절대 투자하지 못한다. 그것이 바로 독일이 처한 문제다. 거룩한 마르크화를 숭배하는 그들은 그 덕분에 수십억을 그대로 은행 계좌에 묶어두고 있다. 그리고 과도할 정도로 인색한 금융정책을 펼치는 분데스방크는 지금까지 독일의 두 번째 경제 부흥의 걸림돌이 되고 있다.

백만장자가 된다는 것은 '독립적'이라는 것을 의미한다. 지독한 자린고비는 절대 독립적일 수 없다. 왜냐하면 무엇이든 아껴야 한다는 강박에 사로잡혀 있기 때문이다. 절대 비싼 자동차도 사지 못할뿐더러 언제라도 살 수 있다는 사실에 기뻐하지 않는다. 돈을 쓴다는 그 생각 자체가 금지되어 있다.

그렇다면 낭비벽이 심한 사람은 어떨까? 그는 인생을 제대로 만끽하며 원하는 대로 사고 또 모든 걸 소비하지만 그 또한 독립적인 것은 아니다. 있는 돈을 모조리 써버렸기 때문에 새로 돈을 마련해야 한다는 압박감에 항상 시달린다. 따라서 그는 돈의 출처가 되는 자신의 상사 또는 고객에게 종속될 수밖에 없다.

돈에 대한 올바른 태도는 이 두 양극단의 사이에 있다. 물론 그것만으로 백만장자가 되는 것은 절대 아니다.

단기간에 백만장자 되기

내 경험에 비춰보면 단기간에 백만장자가 되는 방법은 세 가지다.

1. 부자와 결혼하는 것
2. 유망한 사업 아이템과 아이디어
3. 투자

유산상속이나 로또 복권 당첨으로 빠르게 백만장자 반열에 올라설 수 있지만, 먼저 언급한 세 방식과 달리 스스로 조절할 수 없는 부분이기에 배제하기로 한다.

수많은 여성과 남성이 결혼을 통해 백만장자가 된다. 나는 그런 사례를 수도 없이 지켜보았다.

운이 따른 유망한 사업 아이템으로 부자가 된 사람으로는 누구보다 빌 게이츠가 떠오른다. 사업 아이디어 하나와 정확한 직관력으로 그는 30대에 미국 최고의 부자가 되었다. 또는 월마트의 샘 월튼이나 맥도날드의 창시자를 생각해보라. 헝가리의 천재 엔지니어였던 이르뇨 루빅Erno Rubik은 20년 전에 발명한 마술 주사위로 동구권 최초의 백만장자가 되었다. 하지만 번뜩이는 아이디어만으로는 충분하지 않다. 그러한 발명가 정신에 사업적 두뇌가 결합되어야 한다. 예컨대 코카콜라의 제조 방법을 개발했던 약사는 이 비법을 몇 달러밖에 안 되는 푼돈을 받고 오늘날 세계적으로 유명해진 이 브랜드에 제조법을 팔아버렸던 것이다.

재치 있고 똑똑한 사업 아이디어로 부를 쌓는 법에 대해 더는 할 말이 없다. 왜냐하면 나의 전문분야가 항상 세 번째이자 마지막 방법인 투자이기 때문이다.

투자는 과학이 아닌 예술이다

지금까지 나는 외환, 원자재, 현물, 선물 등 거의 모든 유가증권에 투자했다. 미국의 월 스트리트나, 파리, 프랑크푸르트, 취리히, 도쿄, 런던, 부에노스아이레스, 요하네스버그, 상하이를 가리지 않고 바쁘게 돌아다녔다. 나는 주식, 국채(공산권 국가를 포함해서), 외환(안정적이든 그렇지 않든 개의치 않고), 신발 가죽, 콩과 모든 곡물류, 섬유(모직류와 면직류), 자동차 타이어, 철, 커피 그리고 내가 좋아하는 카카오, 위스키, 귀금속(진짜 혹은 가짜)에 투자했다.

물론 나는 가격 상승을 부추기는 투자자는 아니었다. 상황에 따라 가격 상승뿐만 아니라 하락에도 투자했기 때문이다. 간단히 말하면, 나는 모든 영역에 투자를 했고, 어떤 상황에서도 버텨냈다. 바람이 부는 대로, 경제나 정치 상황이 요구하는 대로, 호경기나 불경기에도, 인플레이션이나 디플레이션이 있을 때에도, 가치 상승이나 가치 절하가 있던 때조차 말이다. 1924년부터 지금까지 주식을 생각하지 않은 밤이 단 하룻밤도 없었다.

나는 증권투자자이고 앞으로도 그럴 것이다

많은 언론인들이 나를 '증권시장의 구루guru(스승)'라고 부른다. 하지만 난 그 호칭을 단 한 번도 인정한 적이 없다. 무릇 스승이라면 실수를 하지 않아야 하는데 나는 그렇지 않기 때문이다. 다만 나는 오랜 경험을 쌓은 나이 지긋한 전문 투자자에 불과하다. 내일 무슨 일이 벌어질지 나는 모른다. 하지만 어제 그리고 오늘이 어땠는지는 잘 알고 있다. 솔직히 그것만 해도 상당한 것이다. 내 동료들 중 다수가 여전히 그조차 제대로 파악하지 못하고 있기 때문이다. 80년에 이르는 내 증권시장 경험에서 내가 단 하나 제대로 배운 것이 있다면 바로 이것이다. 즉, 투자는 과학이 아니라 예술이라는 점이다. 미술과 마찬가지로 주식시장에서도 초현실주의에 대한 이해가 필요하다. 때로는 다리를 위로 하고 머리는 바닥을 향한 채 물구나무를 서야 할 때도 있다. 그리고 마치 인상파 화가들의 작품처럼 윤곽조차 제대로 알아보기 힘든 경우도 있다. 미국의 유명한 관료이자 네 명의 대통령 밑에서 개인 경제자문위원을 지냈던 버나드 바루츠^{Bernard Baruch}처럼 나 역시 스스로를 '투자자'라고 부른다. 나는 '투자자'라는 말이 지닌 가장 고상한 의미로 이 호칭을 받아들인다. 내게 있어 '투자자'란 지성인이며, 경제의 발전, 정치, 사회를 제대로 진단하고 그것을 통해 수익을 창출하기 위해 심사숙고하는 증권거래인을 의미한다.

그렇다면 투자자가 되려면 어떻게 해야 할까? 어느 한 소녀가 이 세상에서 가장 오래된 직업을 얻게 되는 방식은 다음과 같다. 처음에는 호기심으로 시작하지만, 어느새 즐기게 되고 결국은 돈을 벌려는 목적으로 그 뒤를 쫓는다. 투자자가 된다는 것은 아주 멋진 일이다. 특히 나처럼 두 번째 단계에 머물러 있는 상태라면 말이다. 솔직히 투자자라는 직업은 일반적인 직업도 아니고, 무엇보다 확실한 성공을 보장하지 않는다. 그렇지만 날마다 새로운 도전을 하는 지적인 활동이며, 내 연령대가 되면 갈수록 더 필요한 정신적 체조임이 분명하다.

하지만 안타깝게도 지금 이 분야에서 그런 사례가 갈수록 점점 줄어들고 있다. 증권거래인들 대다수가 공격적인 도박을 선택했고, 신중하게 심사숙고하지 않고 갈팡질팡하는 모습을 보이고 있다. 그들은 여러 증권거래소를 카지노 도박장처럼 만들어버렸다. 앞서 집필한 책에서 난 다음과 같이 언급한 적이 있다.

재무장관, 나는 될 수 없다.
은행원, 나는 되고 싶지 않다.
투자자와 주식거래인, 그것이 바로 나다!

그렇지만 미국 재무장관 자리는 당시 내 생각보다 훨씬 더 가까이 있었다. 1940대 초, 당시 나는 뉴욕에 거주하고 있었다. 돈도 많고 젊은 증권거래인이었던 나는 나치를 피해 파리에서 도망쳐 나왔다. 하지만 미국에서 어느 정도 안정을 취하고 적응하고 나자 미국 생활이 지루해졌다. 책이나 보고, 음악 감상을 하다가 극장에 가는 것만으로는 뭔가가 채워지지 않았다. 그래서 난 일자리를 찾기로 결심했다. 내가 가진 돈의 이자만으로도 생활이 가능했기 때문에 사실 월급은 전혀 상관없었다.

여러 고민 끝에 나는 골드만삭스에 들어가는 게 좋겠다고 생각했다. 100년이 넘는 역사를 지닌 이 기업은 월 스트리트에서 가장 잘나가는 금융회사였다. 매력적인 노신사, 월터 삭스는 매우 친절하게 날 맞아주었다. 그는 그 자리에서 날 인사팀장에게 소개했다. 나는 두 사람 앞에서 내 요구사항을 설명했다. 나는 히틀러를 피해 유럽에서 도피했고, 젊은 나이에 비해 비교적 많은 자금을 소유하고 있다고 말했다. 그러므로 물질적인 지원은 필요하지 않지만 골드만삭스와 같은 기업에서 국제 금융시장과 관련된 일을 하고 싶다고 당찬 포부를 밝혔다. 하지만 이 말 한 마디가 내 운명을 결정했다. 며칠 뒤 면접 결과를 통보받았다. 결과는 낙방이었다. 그들은 돈이 많은 젊은 청년과는 함께 일하기를 원하지 않았다. 어떤 대가를 치르더라도 일하고 싶다는 의지가 뚜렷한 청년만이 고용될 수 있었던 것이다. 내가 만약 돈도 없고, 도움받을 데도 없는 난민이었다면 그들이 나를 채용했을지도 모른다. 얼마 후 그들은 한 젊은 청년을 고용했는데, 훗날 그는 골드만삭스의 대표 자리에 오른다. 그의 이름은 로버트 루빈으로 현재 미국에서 가장 유능한 재무장관으로 평가받고 있다. 그는 지난 몇십 년 만에 처음으로 추경예산을 배분하는 막중한 역할을 맡기도 했다.

이 이야기는 내게 또 다른 부자 그륀의 일화를 떠오르게 한다. 가난했던 시절 그륀은 광고를 보고 빈의 신전관리인 직에 지원했다. 그렇지만 글을 쓰고 읽을 수 있어야 한다는 조건이 있었다. 문맹이었던 그륀은 당연히 채용되지 못했다. 괴로워하던 그륀은 면접 시 받은 소액의 위로금을 여비로 활용하여 무작정 미국으로 떠났다. 마침내 시카고에 자리 잡은 그는 작은 사업을 시작했다. 사업 초기 투철한 절약 정신으로 자금을 모은 그륀은 그것을 기반으로 작은 사업체를 번듯한 기업으로 일으켰고, 시간이 흐를수록 그의 기업은 점점 번창했다. 한 대기업이 그의 기업을 인수하겠다고 제안했다. 계약날 서류에 자필 사인을 하는 자리에서 모두가 커다란 충격에 휩싸였다. 그륀은 여전히 서명조차 하지 못했던 것이다. "세상에나" 인수기업의 변호사가 감탄했다. "만약 당신이 글을 읽거나 쓸 줄 알았더라면 어떻게 됐을까요?"

"그야 너무도 뻔하지 않소." 그륀이 대답했다.

"신전관리인이 되었겠지!"

나는 글을 읽고 쓸 수도 있었지만 투자자가 되었다. 그리고 그 사실을 후회해본 적이 단 한 번도 없다.

증권 동물원

투기: 인류만큼이나 오래된 것!

증권거래소가 생기기 전부터 투자는 있어왔다. 자본주의 경제 체제가 인간을 투기로 이끌었다고 주장하는 몇몇 사회학자들의 명제는 완전히 잘못된 것이다. 투기는 성경에도 기록되어 있다.

역사에 기록된 첫 번째 투기는 목숨을 건 투기를 했던 이집트의 요셉이다. 유능하고 뛰어난 통찰력을 지닌 파라오의 재정담당관처럼 유능하고 수완이 좋았던 요셉은 꿈에서 본 7년의 풍년과 7년의 흉년으로 이어질 결과를 곧바로 깨달았다. 풍년에 남아도는 곡식을 대량으로 저장한 뒤 흉년이 이어지면 그것을 다시 시장에 비싼 가격으로 되팔았다. 물론 현재까지도 그가 이미 4천 년 전에 과잉 생산물을 저장하여 미래에 있을 결손을 충족시키려 한 계획 경제의 아버지였는지, 또는 단순히 상품을 사놓았다가 훗날 더 비싼 가격으로 파는 최초의 투기꾼이었는지는 의견이 분분하다.

고대 아테네 사람들은 동전으로 내기를 하곤 했다. 그들은 작은 사다리 모양의 탁자 뒤에 모여 앉아 그 위에 동전을 올려놓고 도박을 했기에 '사다리의 곡예사'를 의미하는 '트라페조이Trapezoi'라고 불렸다. 지금도 그 모습과 똑같다. 이 이름에서 우리는 오늘날 금융계의 곡예사가 진정한 사다리의 곡예사임을 암시하는 일종의 상징성을 읽을 수 있다. 예로부터 지금까지 금융 곡예의 무모함은 수차례의 금융 재앙과 물가 폭락을 일으켰다.

지중해 경제의 중심이었던 고대 로마에서도 투기가 성행했다. 투기 대상은 주로 곡물과 상품이었다. 당시 투기꾼들 사이에는 카르타고를 몰락시킨 카토의 정책에 대한 우려가 확산됐다. 당시 카르타고는 세계의 곡창지대였다. 로마군은 이 도시를 점령하자 가장 먼저 창고와 곡창을 약탈했는데 그 결과 로마에는 원래 그들이 수확한 곡물 외에도 수천 톤이 추가로 들어왔고, 이는 곡물 가격의 가파른 하락으로 이어졌다. 가격이 곤두박질치는 바람에 수많은 투자자들이 재산상의 손실을 봤고 포럼 로마눔(로마 제국의 중앙 광장) 단골손님들의 지급 능력이 악화됐다는 소문이 퍼져나갔다. 야누스 신전 근처에 거주하던 부유한 시민들이 포럼에 모여 그들의 사업 전환 문제를 논의했다. 그리고 여기에 당대에 가장 유명한 변호사였던 키케로 박사를 초빙했다. 토지와 화폐 그리고 상품 등 지금까지 그가 해온 다양한 투자에 관한 조언을 듣기 위해서였다.

키케로는 몇 번의 모험을 감수한 후 상당한 부를 축적하는 데 성공했다. 그렇게 쌓은 명성과 인품은 로마에서 투자 붐을 일으켰다. 당시에 그는 이미 돈이 공화국의 신경이며 투기는 재산 형성의 동력이라고 확언했고, 또 그렇게 행동했다. 그는 매일 로마의 포럼을 방문하여 재계의 상층부와 세계를 넘나드는 상인들과 교류했으며, 주로 땅을 이용한 건설 프로젝트와 당시 매우 성행하던 투자 형태였던 소작세로 투자활동을 이어갔다. 원로원 의원이었던 그는 투기에 도움이 되는 로마 도시계획에 관한 내부 정보를 쉽게 얻을 수 있는 위치에 있었다.

이 밖에도 다수의 역사적 인물들이 투자자의 계보에 들어 있다. 만유인력의 법칙을 발견한 뉴턴 경도 주식투자를 시도했었다. 그렇지만 실패가 거듭되자 자신의 앞에서 주식의 '주'자도 꺼내지 못하게 했다는 일화가 있다. 유명한 계몽주의자 볼테르는 연인과 몇 시간이고 증권과 돈에 대해 대화하는 것을 즐겼다고 한다. 그는 주로 곡물과 토지에 투자했다. 훗날 그는 투기성 짙은 외환 밀거래로 유명해졌다. 프로이센 왕위 계승전이 한창이던 시절 작센에 은행이 설립됐다. 바로 공채 발행을 통해 전쟁 자금을 조달하기 위해서였다. 하지만 전쟁에서 패하고 공채 발행가의 40퍼센트가 사라졌다. 그러자 프리드리히 대제는 프로이센이 소유하고 있던 모든 공채를 탈러 은화로 환전하여 발행가의 100퍼센트로 교환해달라고 요구했다. 볼테르는 드레스덴에서 이 공채를 사들인 뒤 여행 가방에 넣어 몰래 프로이센으로 밀반입했다(오늘날 독일의 많은 예금주들이 이러한 가방을 들고 룩셈부르크나 스위스로 향한다). 그리고 드레스덴에 있는 하수인을 시켜 탈러 은화로 환전해달라고 요구했다.

보마르셰(18세기 프랑스의 희곡작가), 카사노바, 발자크 또한 열정적인 주식투자자였다. 발자크는 평소 씀씀이가 컸던지 생활 수준을 유지하는 데 많은 돈이 필요했다. 그런 이유로 그는 소설, 에세이, 그 밖에 돈이 된다면 마다하지 않고 글을 썼다. 그러다 보니 또 투기꾼이 되었다. 그는 투자의 비법을 듣기 위해 당대 유명한 투자자였던 로스차일드 남작의 집을 자주 들락거렸다. 철학자였던 스피노자와 경제학자였던 리카르도 역시 학문에 몰두하는 만큼 투자에도 열정적이었다.

세기 최고의 경제학자로 손꼽히는 케인즈 경을 어떻게 빼놓을 수 있겠는가. 영국 정부는 그의 초상화 밑에 다음과 같은 글을 남겼다.

"불로소득으로 부를 축적한 존 메이나드 케인즈 경. 1929년 전설이 된 경제위기의 추락으로 최악의 상태였던 1932년 미국 주식을 대거 사들이며 투자했다. 그런 뒤 찾아온 호경기와 함께 그는 엄청난 자산가로 등극한다. 그는 증권투자로 재산을 쌓은 얼마 되지 않은 경제학자 중 한 사람이다."

　인류가 존재하는 한 투자와 투자자가 존재한다. 과거에도 그랬고 앞으로도 그럴 것이다. 투자의 역사를 한 문장으로 요약하자면, 나는 이렇게 말하고 싶다. "인간은 놀이하는 존재Homo ludens'로 태어났기에 놀면서 이기기도 하고 지기도 한다. 그러므로 놀이하는 존재인 인간은 절대로 사라지지 않을 것이다."

　주식투자에 실패할 때마다 절망감에 빠져 주식과 증권시장에 다시는 발도 들여놓지 않겠다고 맹세하지만 사람들은 시간이 흐르면 과거의 상처를 잊어버리고 마치 불빛에 홀리는 나방처럼 다시 증권시장에 매료되곤 한다. 설령 스스로 그렇지 않다고 해도 고도로 발달한 증권 산업은 우리에게 또 다른 미끼를 던지며 유혹한다.

　나는 주식투자자를 흔히 알코올 중독자와 비교한다. 코가 비뚤어질 정도로 만취한 알코올 중독자는 다음 날이면 숙취에 괴로워하면서 앞으로는 절대 술 한 잔도 입에 대지 않겠노라고 결심한다. 하지만 늦은 오후가 되면 딱 한 잔만 하던 칵테일 한 잔이 한 잔만 더 그리고 또 한 잔만 더로 이어지다가 결국 전날 밤만큼이나 만취 상태가 되고 마는 것이다.

투자, 할 것인가? 말 것인가?

유명 인사들의 대열에 이름을 올리고, 나아가 그들과 같은 투자자가 되어야 할까? 그것은 근본적으로 재정적인 여건이나 성격, 두 가지에 달려 있다. 첫 번째 전제와 관련하여 나는 다음의 잠언을 들려주고 싶다.

돈이 많은 사람은 투자할 수 있다.
돈이 적은 사람은 투자하지 말아야 한다.
그렇지만 아예 돈이 없는 사람은 반드시 투자해야 한다.

마지막 문장이 무조건 옳은 것은 아니다. 투자를 시작하려면 항상 수중에 어느 정도의 금액이 있어야 하기 때문이다. 그렇지만 돈이 꼭 많아야 할 필요는 없다. 주식투자가 대중화되기 전에 독일에는 증권거래소가 부자들의 놀이터라는 견해가 널리 퍼져 있었다. 하지만 그것은 완전히 틀린 생각이다. 좋은 아이디어가 있는 사람은 비교적 적은 금액으로 높은 수익을 올릴 수 있다. 여기서 "아예 돈이 없다"는 말은 집세를 낼 수 없거나 노후연금조차 준비할 수 없을 정도로 수입이 없는 사람들을 말한 것이다.

하지만 정말 돈이 아예 없는 사람은 무엇보다 말 그대로 무슨 일이든 우선 일을 해서 조금이라도 돈을 벌어야 한다. 나 역시 연이은 주식투자 실패로 수중에 있는 돈마저 다 날리고 빚까지 생긴 상황에 처한 적이 더러 있었다. 그럴 때면 다시 주식 중개인 일을 해서 중개수수료나 주문수수료를 벌어야 했다.

내가 생각하는 '많은 돈'이 있다는 것은 이미 자신과 가족을 부양할 수준을 갖춰놓은 상태를 의미한다. 다시 말해 자식의 교육비와 연금 비용은 물론 집을 소유할 수 있는 능력이 뒷받침되어야 한다. 이러한 행복한 위치에 있는 사람이라면 투자라는 지적인 모험과 자신의 부를 증식하기 위한 시도를 해볼 수 있다. 다만 주식광이 되는 것만큼은 지양해야 한다. 증권거래소에서 한번 돈을 잃기 시작하면 그 액수를 버텨낼 자산가가 없기 때문이다. 고작 며칠 만에 그 유명했던 베어링스 은행을 파산시킨 닉 리슨Nick Leeson과 몬테카를로의 노름판에서 자신의 자동차 회사를 날려버린 앙드레 시트로엥을 기억해보라.

만약 보유한 재산과 수입이 집을 마련하고 자녀 교육에 쓸 정도밖에 되지 않는 한 가정의 아버지라면 절대 투기하지 말아야 한다. 장기간 돈 쓸 일이 없다면 그 돈을 우량 주식에 투자할 수는 있겠지만, 어떤 상황에서도 투기는 금물이다.

투자자의 두 번째 전제조건은 돈을 쓰는 데 시간적 제한이 없어야 한다는 것이다. 주식투자를 하는 사람이라면 앞으로 3년 뒤에 투자로 돈을 벌어 그것으로 집도 사고 내 사업을 할 거라고 호언장담해서는 안 된다는 것이다. 주식시장에서는 뭐든 생각하는 대로 일이 진행되지 않는다. 올바른 생각을 가지고 있으면 언젠가는 돈을 벌겠지만 그것이 언제가 될지는 누구도 알 수 없다. 또한 투자로 정기적인 수입을 올릴 수 있을 것이라고 속단해서는 안 된다. 증권거래소에서 돈을 벌 수도 있고 때로 엄청난 수익을 얻어 부자가 될 수도 있지만, 반대로 돈을 잃을 수도 있고 손실이 엄청나다면 파산할 수도 있다. 그러므로 주식시장에서 노동의 대가로 돈을 번다는 것은 불가능하다.

그리고 보면 독일인들만 "돈을 번다"는 말에 지나칠 정도로 진지한 태도를 보인다. 프랑스인들은 "돈을 얻는다gagner l'argent"고 말하고, 영국인들은 "돈을 수확한다to earn money"고 말한다. 또한 미국인들은 "돈을 만든다to make money"고 말하고, 우리 헝가리인은 "돈을 구한다"고 표현한다.

물질적인 전제조건을 충족시켰다면 이제 투자자로서 갖춰야 하는 특성을 살펴야 하는데, 이때 한 가지만큼은 확실해야 한다. 주식투자에 뛰어들려는 사람은 어느 정도의 위험을 감수하겠다는 마음의 준비가 필요하다. 안정적인 수익을 보장하는 주식시장은 그 어디에도 존재하지 않는다. 만약 그런 시장이 있다면 새벽 5시에 일어나 컨베이어 벨트 앞으로 출근하는 사람은 존재하지 않을 것이다.

그 밖에 투자자에게 필요한 또 다른 특성에 대해서는 앞으로 이 책에서 세세히 설명할 것이다. 하지만 그에 앞서 '투자자'라는 칭호를 받으려면 어떤 자격을 지녀야 하는지에 대해 한번 알아보려 한다. 왜냐하면 주식 거래를 한다고 해서 전부 투자자인 것은 아니기 때문이다.

중개인: 거래만 신경 쓰는 사람

주식 중개인과 시장 조성자market maker, 그리고 브로커가 여기에 해당된다. 프랑크푸르트 또는 뉴욕의 증권거래소를 비추는 N-TV 생방송을 보면 중개인과 시장 조성자들이 크게 소리를 지르며 분주하게 오가는 모습이 나온다. 하지만 이제는 컴퓨터 앞에 앉아 조용히 거래하는 경향이 증가하는 추세라 언젠가 이 시끌벅적한 분위기는 사라질 것 같다. 브로커는 사무실에 앉아 고객과 상담하며 그렇게 체결된 주식거래를 중개인에게 넘겨준다. 특히 새로운 거래를 발생시키기 위해 고객을 자극하는 것이 이들의 관심사였다.

중개인과 브로커는 주식의 시세 차이를 통해 돈을 버는 것이 아니라 고객의 금융거래 시 발생하는 수수료로 돈을 번다. 브로커는 상담을 시작하면 고객의 의도는 제쳐두고 다짜고짜 주식 매매를 권유한다. 한 고객이 조언을 구하기 위해 브로커를 방문했다. 브로커는 고객에게 IBM 주식을 매수하라고 열정적으로 권했다. 상담이 끝날 무렵 그는 고객이 사실 IBM 주식을 팔려고 한다는 걸 알았다. "아아, 그렇습니까?" 브로커가 말했다. "파신다고요. 그것도 나쁘지 않습니다!"

어쩌면 젊은 시절 한때 나도 브로커였기에 그들을 그리 높게 평가하지 않는 것일 수도 있다. 그들 중 대부분이 썩 명석하지는 못하다. 그렇지만 주식시장이 제 기능을 하려면 그들이 꼭 필요하다. 브로커는 매수자와 매도자를 모아 연결하고 수요와 공급으로 주가를 떠받친다. 브로커와 주식시장의 관계는 미국인들이 아내를 두고 하는 말에서 그 힌트를 찾을 수 있다.

"그들과 같이 살 수는 없어. 하지만 그들이 없어도 살 수 없어You can't live with them, and you can't live without them."

머니매니저: 100만 달러의 지배자

증권거래소의 두 번째 전문 집단은 머니매니저다. 대형 투자기관의 펀드매니저와 자산관리사 등이 여기에 포함된다. 그들은 수백만 달러를 움직인다. 하지만 주식 중개인과 마찬가지로 자신의 자본이 아닌 고객의 돈으로 투자를 한다. 머니매니저와 그 집단은 그들이 성공을 약속하는 주식, 채권 혹은 원자재를 선별하기 위해 심혈을 기울인 분석의 대가로 돈을 받는다. 하지만 전반적으로 그들의 적중률은 그리 높지 않은 편이다. 왜냐하면, 그들이 주가지수를 잘 계산하더라도 적시에 매도하여 수익을 내는 사람이 얼마 되지 않기 때문이다.

금융자본가: 시장의 큰손

물론 자신의 자본을 가지고 증권 거래를 한다고 해서 전부 투자자라고 할 수는 없다. 수백만 달러 혹은 수십억 달러를 거래하는 엄청난 자산가들이 있다. 이들 금융자본가는 자신이 시작한 사업체에 깊숙이 관여하여 의결권을 확보하고 합병과 인수를 추진한다. 주식회사의 지분을 보유한 경우 경영에 적극적으로 참여하거나 자신과 맞지 않을 때는 경영진을 해고하기도 한다. 이렇게 큰 움직임을 보이기 전에는 매우 초조한 생활을 하기도 한다. 새로운 기업체를 세울 때 주식을 발행해 자금을 조달하고 특정 기업을 지배하거나 통제할 계획이라면 주식을 사들여 그 기업을 장악한다. 이들은 항상 목표하는 모종의 거래가 있으며 그 매매는 전체 주식시장에 큰 영향을 미친다.

차익거래: 이미 멸종하고 있는 거래

차익거래는 공간상의 투자를 말한다. 시간상의 투자란 나중에 비싸게 팔기 위해 오늘 사거나 반대로 나중에 더 싸게 사기 위해 오늘 파는 것이다(공매). 이와 반대로 공간상의 투자는 같은 시점에 한 지역에서 사고 다른 한 지역에서 파는 것을 의미한다. 이 과정에서 수익을 노리는 차익거래자들은 거래 수수료보다 훨씬 많은 시세 차액을 얻는 것을 목표로 한다. 시간상 투자에 비교하면 공간상 투자의 장점은 어떠한 경우에도 위험 부담이 없다는 것이다. 두 지역의 증권거래소 사이에 확실한 시세 차이가 있을 때만 중개인에게 주문 신청을 하기 때문이다. 즉, 그는 자신의 이익이 얼마나 될지 미리 알고 있다. 그러기 위해서는 소액의 수익을 포기하고 지속적으로 시세를 관찰해야 한다. 하지만 오늘날 차익거래 투자자는 거의 멸종했다. 급속도로 발달한 커뮤니케이션 기술로 동경, 런던, 프랑크푸르트, 뉴욕의 주식 정보와 데이터가 인터넷을 통해 우리 거실까지 실시간으로 공시된다. 시세 차익은 미미해졌고, 그것마저 몇 초 만에 같아진다. 중개인은 증권시장 수수료 이외의 어떤 돈도 지급받지 않는다. 기껏해야 0.1퍼센트에 불과한 차액을 이용하는 것이 고작이었다. 하지만 오늘날 두 증권시장의 시세 차이가 거의 없어지면서 독자적인 투자자는 자신이 쓴 부대비용의 절반밖에 회수할 수 없었다.

내가 중개인으로 활동하던 시절은 지금과 많이 달랐다. 당시에는 런던과 파리 사이에 대규모 차익거래가 흔했다. 특히 아프리카의 금광이나 국제 석유 시세처럼 수많은 유가 증권이 두 시장에서 전부 기록되었다. 이때 차익거래의 성공은 빠른 전화 연결에 달려 있었다. 누구보다 빨리 런던 또는 파리와 처음 연락한 사람이 두 지역 간의 차액을 알아내어 그것을 이용하고 조정했다. 당시에는 자동 전화 연결이 불가능해, 일부 차익거래 투자자는 전화교환원에게 뇌물을 주기도 했다. 초콜릿, 고급 사탕, 향수 등을 선물하고 식사에 초대했다. 그 과정에서 서로 사랑에 빠져 전화교환원과 결혼한 투자자들도 있다. 그때를 상기하면 당시 유행했던 노래의 후렴구가 떠오른다.

"안녕, 사랑하는 내 전화요정, 오늘 달러가 어떤지 말해줘요……."

오늘날 가장 대중적이고 잘 알려진 차익거래는 뉴욕 월 스트리트와 시카고 상품거래소에서 이루어진다. 뉴욕 증권거래소 현황판에서 차익거래로 이뤄진 매수 또는 매도 프로그램을 거의 매일 찾아볼 수 있다. 이것은 다음과 같이 작동한다. 대규모 주식 중개회사의 매매 파트에 있는 대형 컴퓨터들이 S&P 500 Standard &Poor's 500 지수의 선물 시세를 주시하는 동시에 다른 한편으로는 지수에 포함된 500종목의 주가를 관찰한다. 그 과정에서 주식 현물과 선물 사이에 상당한 시세차익이 발생하면 컴퓨터는 자동적으로 주가지수 선물을 사거나 주식을 팔라는, 또는 그 반대의 지시를 내린다. 이 지수선물 차익거래는 뉴욕 주식시장과 시카고 선물시장을 연결하는 파이프와 같은 역할을 한다. 하지만 이는 1987년 10월 19일 사상 최대의 주가 폭락을 일으킨 배경이 되었다.

단기투자자: 주식시장의 노름꾼

절대 없어지지 않을 뿐만 아니라 유감스럽게도 점점 규모가 늘어나는 집단이 바로 소위 말하는 '단기투자자'들이다. 일반적으로 기자들은 그들을 투자자라고 부르지만, 나는 그렇게 부르지 않는다. 내 생각에 그들은 투자자라는 칭호를 들을 자격이 없기 때문이다. 단기투

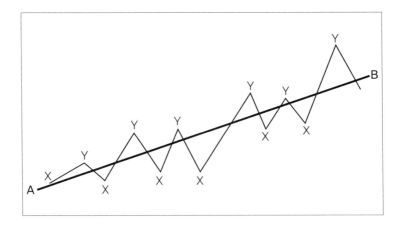

자자는 미미한 주가 변동을 이용하는 데에만 혈안이 되어 있다. 주식을 101에 사서 103이 되면 팔아버린다. 그런 다음 지수가 90이 되면 91.5에 팔기 위해 또다시 주식을 산다.

왼쪽의 그래프가 일정한 시기의 시세 변화를 보여준다고 가정해보자. 짧은 시간 내에 투기를 끝내야 하는 단기투자자는 X와 Y 사이에서 수익을 창출해야 하므로 줄타기 곡예를 해야 한다. 단기적으로는 수익을 볼 수 있다. 만약 시세가 상승하는 중에 투자를 하고 주식시장의 강세가 계속 지속된다면 성공의 가능성은 그만큼 늘어난다. 하지만 이 X와 Y의 변동 속에서 정확한 순간을 제대로 포착하기란 매우 힘들다. 만약 장기적으로 이 시세가 옆으로 또는 아래로 곤두박질치는 순간 단기투자자는 파산할 수밖에 없다. 단기투자자는 노름꾼일 뿐이다. 따라서 신중하게 고민하거나 전략을 세우지 않는다. 마치이 도박판에서 저 도박판으로 옮겨 다니며 룰렛게임을 하는 도박꾼처럼 행동한다. 이런 내 말에 단기투자자들은 반박할 것이다. 그들도 나름의 차트와 그들에게 언제 사고팔라고 알려주는 컴퓨터 프로그램을 활용하긴 한다. 그렇지만 컴퓨터는 그것을 만든 프로그래머만큼만 영리할 뿐이다. 지금까지 주식시장에서 보낸 80여 년의 경험으로 미뤄볼 때 장기적으로 성공한 단기투자자는 본 적이 없다.

은행과 브로커는 그들의 고객을 단기투자자로 만들기 위해 할 수 있는 건 전부 다 시도한다. 뻔뻔하고 수치심도 없이 일명 데이트레이딩이라는 것을 위해 수수료를 줄이고 '실시간'으로 당일 거래가 가능하다고 홍보했다. 이렇게 독일 텔레콤 주주 모집을 통해 주식투자 경험이 없던 많은 개인 투자자들이 어느새 전부 단기투자자가 되어버렸다. 정말 무책임하고 비도덕적인 행위가 아닐 수 없다.《한델스블라트》지에서 그사이 독일에도 미국에서처럼 이런 데이트레이더를 위한 직장이 생겼다는 기사를 읽은 적이 있다. 그 기사에서 인용한 한 미용사는 본업보다 훨씬 많은 돈을 벌 수 있기에 직업을 그만둔다고 말했다.

아마 이 순진한 투자자들은 증권거래소를 카지노 도박장처럼 만들어버린 기관투자자들처럼 꾸준히 주식을 사고팔다 보면 비단 주식시장뿐만 아니라 외환거래, 원자재 시장 그리고 채권시장에 이르기까지 자신에게 분명 성공할 기회가 주어질 거라 믿을 것이다. 이런 대형 기관은 거액의 연봉을 내세워 하버드대학교 혹은 런던대학교의 경제학부 졸업생들을 채용하고는 수백억 달러를 들고 채권, 주식 또는 외환에 돈을 걸게 했다. 외환시장은 특히나 왜곡된 게임 원리가 지배하는 곳이다. 10억 달러 이상의 돈이 24시간 내내 지구상을 돌아다닌다. 하지만 실제로 수출입을 위해 결제 혹은 담보로 설정되는 액수는 기껏해야 이 금액의 3퍼센트에 불과하다. 나머지는 게임을 위한 판돈인 것이다.

몇 년 전《헤럴드 트리뷴》지는 뉴욕에서 가장 성공한 외환 딜러 두

명과의 인터뷰를 연재했다. 그들은 솔직하게 1시간이 아니라 2분마다 투자를 한다고 털어놓았다. 게다가 그들이 일하고 있는 투자기관이 이런 게임을 권장한다고 했다. 1986년 나는 브레멘에서 외환 딜러들을 대상으로 강연을 한 적이 있었다. 강연이 끝나고 한 젊은 딜러가 찾아와 대화를 나누게 되었다. 그는 자신이 하루에 수백만 달러를 여기저기로 옮겼다는 사실을 시인했다. 그때 나는 그 외환 딜러에게 "도대체 당신이 시도하는 목표 차액이 얼마나 되는 거지요?"라고 물었다. 그의 대답은 100마르크를 벌기 위해 100만 마르크를 투자한다는 것이었다. 그것이 하루에 여러 번 반복되면 어쩌면 몇천 마르크가 남을 수도 있다. 그 외환 딜러나 투자기관의 대표는 살인을 저지르고 재판장에 서야 했던 어느 한 헝가리의 부랑자와 생각하는 수준이 똑같은 셈이다. "겨우 2굴덴에 사람을 죽이다니 부끄럽지 않습니까?"라고 묻자 그는 확신에 찬 목소리로 이렇게 말했다. "하지만 존경하는 재판장님, 여기서 2굴덴, 저기서 2굴덴 모으다 보면 그것도 제법 쌓인답니다."

이어 내가 그 젊은 외환 딜러에게 사고파는 때는 어떻게 결정하는지 묻자 딜러는 "저는 그저 다른 사람들이 하는 대로 따라 합니다"라고 대답했다. 간단하지만 많은 것을 시사하는 대답이었다. 고작 다른 사람들이 하는 대로 2분에 한 번씩 투자 놀음을 하려고 세계에서 가장 비싼 대학에서 그 어려운 공부를 했단 말인가? 언젠가 내가 독일은행의 외환관리 팀장에게 "여기서 일하는 외환 딜러들이 환율이 무엇인지는 압니까?"라고 물었다. 그러자 돌아오는 대답은 "글쎄요, 아마 모를 것 같군요"였다. "하지만 그것은 별로 중요하지 않습니다. 그저 10분마다 달러가 어떻게 바뀌는지 알기만 하면 그만이니까요." 나는 또 "같은 시간대에 두 명의 딜러가 100만 마르크를 가지고 한 명은 매입하고 다른 한 사람은 매도하면 어떻게 막으실 건가요?"라고 물었다. 그러자 그는 그것도 전혀 문제가 되지 않는다고 설명했다. 각 딜러마다 종국에는 제 몫의 수익을 내는 것이 중요하다는 것이었다. 그의 말이 사실인지 증명할 방법은 없지만 나는 실패하는 경우의 대부분이 침묵한 채 그냥 넘어가는 것이라고 확신한다.

결론적으로 나는 이 단기투자자들을 옹호하려 한다. 그들이 내 마음에 들지 않는 것과 별개로 이 주식시장이 제 기능을 하는 데 꼭 필요한 존재이기 때문이다. 단기투자자들이 존재하지 않는다면 그들을 만들어내기라도 했어야 할 정도다. 주식시장에 단기투자자가 많을수록 증권시장은 커지고 유동적이 된다. 그 과정에서 증권시장의 상승장이나 하락장에서 보이는 불안정한 움직임도 안정화될 수 있다. 특정 부문의 시세가 추락할 때 등장하는 새로운 매수자는 시장의 가파른 하락세를 막아준다. 또한 반대로 시세가 상승하면 새로운 매도자가 나타나서 상승운동을 제지한다. 그들의 역할은 엔진의 실린더가 작동하는 원리와 같다. 실린더가 많을수록 엔진은 원활하게 동작한다. 즉, 이러한 단기 투기꾼들이 있기에 날마다 포지션을 해지하는 사람들이 많아도 시세가 떨어지지 않는 것이다. 주식을 산 뒤 보관만 하는 장기투자자만 존재한다면 시장은 완전히 비유동적이 될 것이므로 무려 수백만 명이 넘는 단기투자자들의 존재 가치는 이로써 이미 충분히 입증된 것이다.

장기투자자: 주식시장의 마라토너

장기투자자는 게임꾼 같은 단기투자자와 정반대다. 그들은 노후대책이나 자식에게 남길 유산을 염두에 두고 주식을 사놓은 뒤 몇십 년간 보유한다. 그렇기에 그들은 시세를 아예 보지도 않으며 애당초 관심이 없다. 극심한 불황이 찾아와도 장기투자자는 보유한 주식을 줄이지 않고 그대로 보유한다. 장기투자 목적으로 주식에 투자한 돈은 그대로 주식에 남겨둔다.

장기투자자는 주로 우량주식에 폭넓게 투자하며 모든 종목과 여러 나라에 골고루 투자한다. 또한 특별히 미래 유망 종목을 재빨리 알아내고 사두려는 시도도 하지 않는다. 많은 장기투자자들이 자국이나 다른 나라의 주가지수를 보고 매수할 주식을 선별한다. 그런 까닭에 인덱스 펀드가 점점 인기를 끌고 있으며 지난 몇 년간 무려 수십억 달러가 인덱스 펀드에 모여들었다. 장기투자자의 입장에서는 일명 블루칩이라고 하는 대형 우량주에 투자하는 방식이 가장 편안하다.

오늘날 대표적인 대형 장기투자자는 바로 미국과 영국의 연기금이다. 엄청난 규모의 금액을 관리하는 만큼 이들은 증권의 보유기간을 길게 잡아야만 했다. 조금만 움직여도 시장에 압력을 행사할 수 있기 때문이다. 연금 수혜자들에게 이것은 행운이나 다름없다. 관리자가 돈을 쉽게 움직일 수 없다는 것은 그 돈이 그만큼 안전하다는 것을 의미하기 때문이다.

또 다른 면에서도 장기투자자는 주식 게임꾼들과 정반대다. 장기적으로 봤을 때 게임꾼이 돈을 잃는다면, 장기투자자는 주식을 시작한 시점과는 상관없이 장기적으로 이익을 보는 경우가 많다. 적어도 지금까지는 항상 그랬다. 왜냐하면, 주식은 하락한 뒤에 항상 새로운 최고점에 도달했기 때문이다.

물론 장기투자자는 적은 액수의 돈으로 짧은 시일 내에 백만장자 대열에 오를 수 없다. 하지만 장기적으로 보면 상당한 자산을 축적할 수 있다. 세계적으로 유명한 워런 버핏은 장기투자로 미국에서 둘째가는 부자가 됐다. 그런데도 단기투자자들은 끊임없이 사고팔아야만 큰돈을 벌 수 있다고 생각한다.

나 역시 몇 년 전부터 장기투자자의 대열에 합류했다. 단기투자를 하기에는 이제 나이가 너무 많다고 느꼈기 때문이다. 줄줄이 잡혀 있는 강연과 인터뷰로 계속 여행을 해야 하고, 칼럼과 책을 집필하는 활동만으로도 너무 바쁘다 보니 투자에 몰두하기가 힘들어졌기 때문이기도 하다. 현재 나는 약 500종목 이상의 주식을 보유하고 있지만, 지난 몇 년간 한 종목도 팔지 않았다. 기회가 되면 추가로 사기만 할 뿐이다.

솔직히 말하면, 난 여러분 모두에게 장기투자를 권하고 싶다. 장기투자는 모든 주식 거래 중 평균 이상의 결과물을 약속한다. 주식으로 성공한 투자자 가운데 단기투자자의 비중은 극히 낮다. 만약 독자 여러분들이 그냥 내 조언을 듣고 내 말을 그냥 따르기로 한다면 이 책은 그냥 이 지점에서 끝내야 할 것이다. 하지만 인간의 내면에 잠재되어 있는 '놀이하는 인간'으로서의 본능은 매우 강력하다. 사실 이런 단기투자가 주는 자극을 나보다 잘 이해할 사람이 또 누가 있을까? 80년 동안 나는 세계 외환, 유가증권, 원자재 시장의 순종투자자였다. 시황을 정확히 분석하고 보편적인 의견과 다른 판단에 정당성을 인정받는 일은 물질적인 보상 이상으로 내게 큰 기쁨을 가져다주었다. 그러므로 이 시점에서 나는 순종투자자란 누구인지, 금융자본가, 장기투자자 혹은 단기투자자와 또 어떻게 구분할 수 있는지 설명하고자 한다.

순종투자자: 장기적인 전략가

이 유형의 투자자는 단기투자자와 장기투자자의 중간쯤에 위치한다고 말할 수 있다. 물론 그 차이를 구분하는 경계는 유동적이다. 장기투자자들과는 반대로 순종투자자는 모든 뉴스에 관심을 갖는다. 그렇지만 단기투자자처럼 뉴스 하나가 나올 때마다 예민하게 반응하지는 않는다. 순종투자자가 상승장에서 투자를 했는데 어떤 이유로, 예컨대 미국 대통령이 심장마비를 겪고 있다거나(1955년 아이젠하워 대통령의 심장발작이 있었다) 남아메리카에 지진이 일어났다고 해서 순종투자자의 투자구조가 흔들리고 당장 가진 주식을 던져버리지 않는다는 것을 말한다. 다만 자기 진단의 기초가 흔들릴 정도로 해당 뉴스가 매우 결정적이고, 기존의 판단에 위배될 때는 자금을 움직인다. 순종투자자는 X와 Y 사이의 단기적 흐름(52쪽 그림 참조)을 무시한다. 이들은 A에서 B의 직선으로 움직이는 방향만을 쫓아간다. 순종투자자는 멀리 바라보며 다양한 요소를 염두에 두고 투자한다. 화폐와 신용 정책, 금리 정책, 경제성장, 국제사회에서의 위치, 무역수지, 사업보고서 등등. 그날그날의 뉴스를 관심 있게 보지만 그렇게 큰 영향을 받지 않는다. 순종투자자들은 지적인 구조와 전략을 세운 뒤 날마다 일어나는 사건들과 이를 비교하고 평가한다. 한 마디로 순종투자자는 옳든 틀렸든 자신만의 생각을 가지고 있다. 그리고 그것이 단기투자자와 구분되는 결정적인 차이다.

금융자본가 역시 자신의 주관적인 아이디어와 전략을 추구한다. 하지만 순종투자자들을 이런 금융자본가와 비교해 꽤 수동적인 참여자라고 할 수 있다. 순종투자자들은 시세 변동을 꾀하지 못하며 오직 그 안에서만 이익 창출을 시도한다. 따라서 투자한 기업의 경영이 부실해지면 그 경영진을 교체하는 대신 그 기업의 주식을 처분한다. 얼마나 귀족적인 직업이란 말인가! 마치 "이 사회에서 멀리 떨어져 사는 자는 행복하기 그지없다"고 말한 고대 로마의 시인 호라티우스Horatius 같다. 순종투자자는 대중과 별다른 교류 없이, 별 볼 일 없는 일로 손가락을 더럽히지도 않는다. 상품이 가득하고 먼지가 풀풀 날리는 창고에서 멀리 떨어져서 판매 사원들과 날마다 언쟁을 벌일 필요도 없으며, 시가 연기를 내뿜으며 흔들의자에 앉은 채 이 세상의 소음과 동떨어져 혼자 사색에 잠기고 숙고한다. 그런 그들의 손 닿을 거리에 있는 기기란 고작 전화, 텔레비전, 인터넷 그리고 신문이 전부다. 하지만 그런 이들에게도 한 가지 비결이 있다. 그것은 바로 그들이 행간 사이에 숨어 있는 그 무엇을 이해한다는 것이다.

순종투자자에게는 상관도 부하 직원도 없고, 브로커나 은행원처럼 사람들에게 친절하게 인사할 필요도, 예민한 고객을 달랠 필요도 없다. 그들은 누군가를 설득해 뭘 팔아야 하는 사람들이 아니다. 달리 시간에 구애받지 않으면서 자기가 원하는 대로 사는 귀족과도 같아서인지 많은 사람들의 부러움을 사고 있다.

그렇지만 위험 부담을 안고 생활하기에 눈을 뜨고 잠을 자는 악어처럼 일상의 위험에 익숙해져야 한다. 투자란 부와 파산 사이를 오가는 위험한 항해다. 이때 필요한 것은 무엇보다 훌륭한 배와 똑똑한 항해사다. 그렇다면 훌륭한 배란 무엇인가? 그것은 바로 돈, 인내그리고 강심장으로 무장한 배다. 그렇다면 똑똑한 항해사는 어떤 사람일까? 경험이 많고 주체적으로 사고하는 사람을 말한다. 발자크는〈우아한 인생〉이라는 논문에서 인간을 일하는 인간, 생각하는 인간,아무것도 안 하는 인간이라는 세 부류로 나누었다. 여기서 순종투자자는 생각하는 인간에 포함된다. 하지만 대다수 사람들이 투자자란아무 일도 하지 않는 사람이라 생각한다.

순종투자자라는 직업은 (솔직히 직업이라고 말하기도 우습긴 하지만) 한편으로는 기자와, 다른 한편으로는 의사와 유사하다. 뉴스로 먹고사는 기자처럼 순종투자자도 뉴스를 뒤쫓고 모으는 것으로 생활한다.기자는 그 내용을 기록하고 비평하지만, 투자자는 의사처럼 분석하고 진단한다. 여기서 진단은 그 무엇보다 가장 중요하다. 진단을 하지않으면 의사도 치료를 위한 처방을 할 수가 없기 때문이다. 여러 다양한 검사로 환자를 살펴보는 의사처럼 순종투자자는 금리 정책, 재정 정책, 세계 경제 등에 대한 지식을 바탕으로 총체적인 그림을 구상하고 최종 진단을 내려야 한다. 그 결과에 따라 순종투자자는 자신이 참여할 방식을 결정한다. 또한 진단한 양상과 다른 방식으로 흐르거나 치료가 잘 통하지 않으면 신속히 새로운 진단을 내려야 한다.

이 세 직종 중에서 오직 기자만이 거듭 실수를 해도 허용되고 그 자리에 살아남을 수 있다. 의사가 계속 오진을 하다 보면 언젠가 그를 찾는 환자들이 끊기며, 투자자의 경우 언젠가 파산을 면치 못한다. 그렇지만 나는 기자라는 직업을 매우 높게 산다. 나이가 지긋한 노년에 그 분야에 직접 뛰어들었을 정도로 그 일에 매료되었다. 물론 기자들이 접하는 위험이 투자자들이 접하는 위험과 같지 않다는 데는 의심의 여지가 없다. 오히려 투자자의 운명은 줄타기 곡예사와 비슷하다. 하지만 기자와 투자자 사이에 있어 한 가지만큼은 동일하다. 라틴어로 "모든 것을 조금씩 아는 것은 아무것도 모르는 것과 같다 parvum omnibus ex toto nihil"라는 말이 있다. 기자와 투자자 두 직종 모두 예리한 시각과 폭넓은 상식을 갖추고 다양한 경험을 쌓으며 자기 일에 대한 열정을 겸비해야 한다. 투자자, 의사 또는 기자는 철학자처럼 타고난다.

투자자가 기자 그리고 특히 의사와 구분되는 한 가지 특징이 있다. 그것은 학교에서 배울 수 없다는 것이다. 투자자의 무기는 첫 번째도 경험이고, 두 번째도 그리고 세 번째도 경험이다. 나는 지난 80년간 쌓은 나의 경험을 내 몸무게만큼의 황금을 준다 해도 절대 바꾸지 않을 것이다. 이제는 체중이 그리 많이 나가지도 않겠지만.

가장 값진 경험은 손실이 많았던 거래를 통해서 얻은 것이었다. 그러므로 나는 적어도 두 번 파산해보지 않은 사람은 주식투자자라고 불릴 자격이 없다고 말한다. 증권거래소는 어두컴컴한 암실 같은 곳이지만 10년 이상 그 안에서 머무른 사람은 분명 이제 막 들어온 사람보다 주위를 더 잘 살필 수 있기 마련이다.

손실과 수익은 떼어낼 수 없는 한 쌍으로 증권투자자와 평생을 동반하며, 투자자는 이익과 손실의 차액으로 생활해야 한다. 100번의 거래에서 51번 이익을 얻고 49번 손실을 본 사람은 성공적인 투자자라 할 수 있다. 하지만 주식투자로 본 손실은 경험적인 측면으로 보면 수익이다. 이는 장기적 측면에서는 현재 잃은 것이 충분히 상쇄될 것이라는 이야기다. 다만 실패를 수익으로 전환하려면 우선 손실의 원인을 제대로 분석해야 가능하다. 실제로 투자 분석에는 수익보다 손실이 난 경우가 더 적합한데, 이는 투자의 본질 때문이다. 주식에서 수익이 나면 사람들은 자신이 옳았다는 생각에 구름 위를 걷는 것처럼 들뜨기 쉽다. 해당 거래에서 무언가를 배우려는 생각은 하지 않는다. 심각한 손실을 경험한 후에야 비로소 사건의 밑바닥으로 되돌아가 무엇이 문제였는지 면밀히 분석해보게 되는 것이다.

그러므로 이것이 성공적인 투자자가 되는 유일한 방법이라 할 수 있다. 경제학을 공부했다는 것만으로는 절대 충분하지 않다. 경제학을 전공한 뒤 증권거래소에 오려는 사람은 지금까지 힘들게 죽어라

공부한 내용을 당장 그리고 모조리 기억에서 지워버려야 한다. 그것 자체가 짐이 된다. 실물경제도 제대로 예측하지 못하는 경제학자들이 어떻게 증권시장을 제대로 진단한단 말인가? 내가 지난 25년 동안 대학에서 강연을 하며 수도 없이 했던 말이다. 항상 강연장을 채운 참석자들의 80퍼센트가 경제학과 경영학 전공자들이었는데, 학생들은 재미있다는 반응을, 교수들은 씁쓸한 표정을 지어 보였다. 그때 나는 이렇게 말했다. "많은 교수들이 날 협잡꾼으로 생각하는 것을 알고 있습니다. 하지만 나쁜 교수가 되느니 차라리 좋은 협잡꾼이 낫지 않겠습니까?"

경제학자들은 계산만 할 뿐 생각은 하지 않는다. 그들이 낸 통계는 틀릴 뿐만 아니라 그 이면에 숨어 있는 것을 제대로 짚어내지 못한다. 그들은 책에서 배울 수 있는 내용은 잘 알고 있지만 학습 내용과 현실과의 상관관계에 대해서는 잘 모른다. 경제학자들이 세운 이론은 내 시대에도 무용지물이었고 지금도 그렇다. 증권거래소 동료들과 대화를 나누다 보면 한두 마디만 오가도 그가 경제학을 전공했는지를 금세 알 수 있다. 경제학을 전공한 사람은 대부분 벗어버리지 못하는 그들만의 코르셋에 꽉 조여진 채 그들만의 주장과 논평을 한다.

이런 생각을 하는 것은 나뿐만이 아니다. 파리 증권시장에서 두 번째로 큰 신탁회사에서도 채용 시 경제학 전공자의 지원서는 옆으로 치워놓는다고 한다. 그들이 눈가리개를 하고 살고, 거시적으로 생각하지 못하면서도 아는 척하는 사람들이라는 것이 그 이유다. 아직은 대다수의 은행과 중개회사들이 이런 생각에 반신반의하는 것이 사실이다. 펀드매니저나 애널리스트로 직장을 잡은 사람들에게 나는 내 동향 친구이자 경제학 박사인 알버트 한처럼 하라고 조언하고 싶다. 무려 4천만 달러를 남긴 그는 자신의 투자 성공담을 다음과 같이 요약했다.

"나는 교수로서 입에 담았던 나의 많은 어리석은 지식을 전혀 고려하지 않았습니다."

투자, 무엇으로 할 것인가?

기회와 리스크에 대한 질문

'증권시장' 혹은 '투자'라고 말하면 누구나 가장 먼저 증권거래소 또는 주식투자를 떠올린다. 주식은 투자하기 위해 존재한다. 나 또한 증권시장이나 투자에 대해 말하고 집필할 때마다 당연히 주식투자를 염두에 둔다. 그렇지만 내가 쌓은 80여 년에 이르는 '증권 커리어'를 쌓는 동안 주식에만 투자한 것은 아니다. 가장 큰 수익은 채권을 통해서 얻었지만 외환시장과 원자재 시장에도 적극적으로 투자했다. 그 밖에 유가물 부문에서도 경험을 축적했다.

투자자들 가운데 세계시민인 투자자는 고국의 주식시장뿐만 아니라 전 세계 방방곡곡에서 벌어지는 사건, 세계정치, 돈의 흐름, 선진 산업국가의 내외 정치, 세계은행과 IMF의 결정, 파리클럽의 채무 협상, 신기술 개발, 팔레스타인 문제, 심지어 브라질과 중국의 날씨에 이르기까지 모든 분야를 관찰하고 분석한다.

어디에서든 상품 가격, 환율, 채권, 주가에 변동이 생겨 차액이 발생하는 기회가 있다면 순종투자자들은 그곳에 발벗고 뛰어들어간다. 그리고 언젠가 시장이 그 차액을 균등화할 시점을 기다린다. 아주 큰 기회는 날마다 오지 않으므로 투자 대상으로 주식만이 아니라 다른 부문도 계산에 넣어볼 가치가 있다. 나를 예로 들자면 난 채권에서 가장 큰 투자 수익을 얻었다.

채권: 일반적인 생각보다 훨씬 중요한 투자 대상

대다수의 예금자들은 고정금리 증권이라고도 불리는 채권을 안정적인 투자 수단으로 생각한다. 확실한 채무자의 채권, 예컨대 국채 같은 채권을 사들이는 사람은 만기까지 기다리면 돈을 잃을 위험이 없다. 만기 시 액면 가격으로 상환받고, 살 때 계산한 이자까지 확실히 보장된다. 그런데 만기가 도래하기까지 여러 가지 일이 발생할 수 있다. 더욱이 만기가 10년에서 30년인 채권도 있다. 이 기간에 장기 채권 금리가 상당한 폭으로 변동되기도 한다. 특히 1970~80년대에는 금융시장에 큰 변동이 있었다. 1970년대에 일부 채권은 액면가의 40퍼센트까지 떨어졌고 1980년대에 들어서는 두 배가 되었다. 매매 가능한 채권의 시세는 당시의 금리 상황에 따라 변한다. 예컨대 금리가 화폐시장에서 10퍼센트에서 7퍼센트로 떨어지면, 10퍼센트의 쿠폰이 있는 채권 가격은 상승해서 새로 발행된 7퍼센트 채권보다 더 높은 가격에 팔리는 것이다.

단지투자자, 대형 투자자나 헤지펀드, 은행, 보험회사 등은 이러한 금리의 변화를 예측하고 수십억에 이르는 금액을 투자한다. 1994년에는 미국의 오렌지카운티라는 지방자치단체가 이런 식으로 투자했다가 곧바로 파산하고 말았다.

선물시장에서 만약 금리가 소수점 둘째자리에서만 움직인다면 단기투자자의 적은 투자만으로도 제법 쏠쏠한 이익을 볼 수 있다. 10만 달러의 채권이라도 2천 달러의 증거금만 있으면 거래가 가능하기 때문이다. 장기 금리의 변동성에 투자하고 싶은 사람에게는 차라리 주식에 투자하라고 조언하고 싶다. 채권의 커다란 변화 폭에도 주식시장은 늦어도 12개월이 지나면 반응하고 시세 차익은 채권보다 훨씬 명확하기 때문이다.

또 다른 종류의 채권투자 방식도 있는데 앞서 나는 이 방법으로 큰 돈을 벌었다고 언급한 적이 있다. 그것은 확실한 채무자의 채무증서 (채권의 다른 표현)가 아니라 아직도 지급되지 않았음에도 지급 대상에서 제외된 증권을 말한다. 내가 매우 자랑스럽게 말하는 나의 최근 투자 방식이 바로 이런 유형의 채권투자다. 그중에는 내 나이보다 오래된 채권도 있다.

1989년이었다. 몇 번에 걸친 고르바초프와 레이건의 정상회담을 통해 두 세력 사이의 긴장이 다소 완화되었을 무렵 나는 이제 곧 고르바초프가 서방 국가에 10억 달러의 채권 발행을 요청할 것이라 예측했다. 나는 이 채권이 발행될 것이라고 확신했지만, 우선 러시아가 차르 시대의 채무를 정리해야 한다는 전제가 충족되어야 가능할 것이라 생각했다. 내가 판단하기에 러시아는 장기적인 측면에서 지급 능력이 있는 국가였다. 러시아는 원자재가 풍부한 나라다. 내가 아는 바로는 러시아의 석탄 보유량은 전 세계의 50퍼센트, 천연가스 보유량은 35퍼센트에 이른다. 또한 100억 톤의 원유 보유국이자 철과 알루미늄의 세계 최고 생산국이다. 이외에도 150톤의 금이 매장되어 있으며 700만 캐럿의 다이아몬드 광산이 있다. 지급 태도 역시 1등급인 나라로, 구소련은 항상 정확한 시기에 채무를 이행해왔다. 단지 그 당시에는 (지금도 여전하지만) 자금 유동성이 부족했을 뿐이다.

나는 소위 '불량 채권'이라 불리는 채권을 취급하는 거래인에게 전화를 걸어 1822년에서 1910년 사이에 발행된 차르 시대의 채권을 사달라고 부탁했다. 이 채권은 시장에서 거의 매매가 되지 않고 있었다. 1917년 레닌이 새로운 소비에트 정부는 차르 시대의 채무를 갚지 않겠다고 선언하자 그 채권의 값은 명목가치의 0.25퍼센트에서 1퍼센트 정도로까지 곤두박질쳤다. 아마도 대다수의 채권이 낡은 종이들과 함께 쓰레기통에 버려졌을 것이다.

하지만 이미 1991년부터 첫 번째 성공의 조짐이 나타나기 시작했다. 당시 공산당 서기장이었던 고르바초프가 미테랑을 만나 과거의 빚을 인정한 것이다. 그 뒤로 차르 시대에 발행된 채권 거래가 다시 활기를 띠기 시작했다. 낙관인 분위기 속에서 이 채권의 명목가치인 500프랑의 12퍼센트인 60프랑까지 오르기도 했다. 그렇지만 나는 겨우 그 정도의 수익을 기대하고 투자한 것이 아니었다. 당시 난 향후 강한 하락 곡선이 나타났을 때 이 채권을 새로운 채권이나 민영화된 기업의 주식으로 교환하지 못할 이유가 무엇이겠느냐고 생각했다. 몇 년이 흐른 뒤 소련이 붕괴됐고 고르바초프는 역사의 폭풍 속으로 사라졌다.

1996년 내 예상이 실현되었다. "삶에는 모든 것이 등장한다. 심지어 진심으로 바라던 것까지도!"라고 언젠가 프랑스의 유명한 철학자 베르나르 르 보비에 드 퐁트넬이 했던 말처럼.

러시아는 유럽 채권시장에서 20억 달러 규모의 채권을 발행하고자 했다. 하지만 프랑스 정부는 그 전에 러시아가 옛 차르 시대에 발행된 채권 상환 규정을 정해야 한다고 요구했다. 프랑스는 약 100년 전부터 해당 채권을 사들였고, 그중 대다수가 상속되어 여전히 많은 프랑스인들의 손에 들려 있었던 것이다. 프랑스는 수년간 이와 관련된 요구를 해왔지만 아무런 성과가 없었던 터였다. 하지만 이제 그 채권들이 소련을 압박할 수단이 되었다 1996년 11월 27일 러시아 국무총리는 파리에서 약 20억 프랑의 보상에 관한 조약에 서명했다. 액면가 500프랑이었던 채권 가격을 300프랑으로 인정한다는 것이 핵심 내용이었다. 물론 프랑스인들은 그것만으로 만족하지 못했다. 그들은 이자와 골드 프랑을 합쳐 채권 가격이 최소한 2만 프랑은 되어야 한다고 주장했다. 해당 채권을 5프랑에 산 나로서는 무려 6천 퍼센트에 달하는 수익을 얻게 되는 셈이었다. 보상금은 네 차례로 분할 지급하는 것으로 결정되었고, 러시아는 그중 두 차례를 이미 지급했다. 보상금이 지급될 때마다 나는 고급 캐비아를 안주 삼아 보드카를 마시며 자축했다. 과거 러시아에서는 어린 무용수가 어느 날 갑자기 공작부인이 되는 일이 드물지 않았다는 이야기가 있다. 나는 차르 시절 러시아 채권으로 그런 경험을 몸소 겪어본 것이다.

혹자는 내가 어떻게 그런 예측을 할 수 있었는지 물을 것이다. 이와 관련하여 나는 한 가지 일화로 답을 대신하고자 한다. 내가 아직 젊은 청년이었던 시절 내게 운전을 가르쳐주던 선생이 말했다. "당신은 절대로 운전하는 법을 배우지 못하겠군요!" 당황한 나는 "왜요?"라고 물었다. "왜냐하면 당신은 계속 차의 보닛만 보고 있으니까요. 머리를 들고 저 멀리 전방 300미터 앞을 주시하세요." 그 이후로 나는 운전석에 앉으면 완전히 다른 사람이 되었다. 증권시장에서도 정확히 그렇게 행동해야 한다.

최근에 사람들이 내게 새로 출현하는 시장, 즉 이머징 마켓에 투자하느냐고 물을 때마다 나는 항상 이렇게 대답했다. "네, 과거 차르 시대의 채권에요." 대다수의 투자자와 펀드매니저들이 이것을 이미 한물간 사기 행각이라고 생각한다는 것을 그들의 얼굴에서 읽을 수 있었다. 프랑크푸르트 회의에서 만난 템플턴의 이머징 마켓 전문가인 마크 뫼비우스만이 내 말에 관심을 보였다. 그로부터 몇 주 후, 그는 내 사무실에 전화를 걸어 어디서 그 채권을 살 수 있느냐고 물었다. 그가 정말로 샀는지는 나도 알 수 없다. 하지만 그 외에 경제학자와 전문 머니매니저들이 이런 시도를 할 생각조차 못한는 데 내기를 걸 자신이 있다.

나의 경우 이미 평가절하된 국채로 한 번 큰 수익을 맛본 적이 있는 터라 이런 예측을 끝까지 믿고 기다리기가 한결 수월하긴 했다. 그것은 전쟁 이후 사들인 독일의 영 채권Young-Anleihen이었다. 패전국이었던 독일은 빚더미에 올라 지급 능력이 없었다. 하지만 독일의 미덕과 아데나워에게 믿음이 있었던 나는 독일이 언젠가 그들의 빚을 갚을 거라 확신했다. 아데나워는 내가 생각했던 것보다 훨씬 대단한 정치인이었다. 왜냐하면 프랑화로 발행한 영 채권을 미국 달러나 영국 파운드 채권인 것처럼 상환했기 때문이었다. 프랑화는 전쟁 동안 가치가 완전히 하락했었다. 아데나워는 독일과 프랑스 사이의 우정에 대한 믿음을 가지고 말했다. "나는 영국인에게는 우량의 파운드로, 미국인에게는 우량의 달러로 지급하면서 프랑스인에게만 불량의 프랑으로 상환할 수는 없습니다!" 그의 이 말은 내게 140배에 달하는 이익을 의미했다.

옛날이 지금보다 훨씬 흥미로웠던 외환

1924년 초에 부모님은 파리로 짧은 휴가를 떠났다. 그때 우리는 부다페스트에 살고 있었다. 아버지는 파리에 머무를 때면 어릴 적 친구인 알렉산드르와 꼭 만나곤 했다. 그는 파리 증권거래소의 중개인이었다. 알렉산드르와 근황에 대해 이야기를 나누던 아버지는 내가 철학과 예술사를 공부하고 있다고 말했다. 그러자 알렉산드르는 깜짝 놀라며 "뭐라고 했나? 뭘 하려고 그런 공부를 하는 거지? 시인이라도 될 생각인 건가? 그러지 말고 차라리 내가 있는 파리로 보내게. 분명 여기서 더 많을 걸 배울 테니까! 그리고 내가 투자 방법 하나를 알려주겠네"라고 말했다. 그리고는 "프랑스 프랑이 떨어지면 투자하게"라고 덧붙였다. 그의 첫 번째 조언은 뛰어난 선견지명이었고, 파리에서의 증권 공부는 정말 환상적이었다. 하지만 프랑화에 투자하라던 두 번째 조언은 그리 좋지 않았다.

프랑화의 평가절하를 노린 투자는 원래 알렉산드르의 아이디어가 아니었다. 이러한 투자 방식의 선구자는 프리츠 만하이머Fritz Mann-heimer 박사와 카미오 카스틸리오니Camillo Castiglioni라는 사람이었다. 만하이머는 1918년 종전 이후 독일제국의 마르크가 평가절하한 것을 계기로 엄청난 재산을 쌓은 인플레이션의 행운아였다.

슈투트가르트 출신인 그는 소상인의 아들로 태어났다. 1914년 이전에는 파리의 어느 한 회사에서 러시아 수출입 업무를 배웠다. 전쟁이 발발하자 독일로 돌아온 그는 라이히스방크에서 근무했고, 전쟁 이후에는 당시 중립국의 핵심 금융시장이었던 암스테르담으로 발령이 나 국제은행업의 전문가로 활약했다. 마르크가 평가절하되고 있던 그때 그의 과제는 노련한 외환 관리를 통해 마르크를 보호하는 것이었다. 암스테르담에서 대상인으로 거듭난 그는 마르크의 가치가 거의 0으로 떨어지는 동안에도 막대한 자산을 축적할 수 있었다. 마르크가 붕괴한 것은 당연히 만하이머 박사의 책임이 아니다. 그렇게 되기까지 수많은 요인이 있었기 때문이다. 어쨌거나 그는 거기서도 이익을 얻었다.

나는 그와 관련된 일화를 종종 들을 수 있었다. 대부분은 암스테르담에 있는 도엘렌 호텔의 도어맨에게서 들은 이야기였다(프로이센 장교처럼 단안경을 쓴 도어맨은 몹시 눈에 띄는 사람이었다). 몇 년 후 만하이머는 베를린에 본사를 두고 있는 멘델스존 은행(독일의 철학자인 모제스 멘델스존의 후손이 설립한 은행)의 네덜란드 지점을 열고 프랑스와 벨기에 정부와 거래하는 은행가가 되었다. 무관의 제왕으로 권좌를 누렸던 그는 금융가로서 특별한 위치에 올랐고 당시 금융계에 첫 발을 딛은 젊은 신입생이었던 내게 깊은 감명을 주었다. 그랬기에 그가 비극적인 종말을 맞이할 것이라고는 미처 상상도 하지 못했다. 그는 제2차 세계대전이 터지기 몇 주 전 사망했고, 이틀 뒤 그의 은행은 파산 신고를 했다. 당시 유럽에서 유례없는 가장 큰 파산 사건이었다.

한편, 프랑스 프랑화에 투자한 그의 동업자 카미오 카스틸리오니는 이탈리아 트리에스트 출신으로 랍비의 아들이었다. 그는 오스트리아의 인플레이션으로 큰 부를 쌓은 것으로 유명했다. 1914년 이전에 그는 젬페리트 타이어 제조 공장에서 무역 업무를 맡으면서 금융일을 시작했는데, 전쟁이 끝난 후 그는 화폐의 평가절하를 통해 큰 돈을 벌 가능성이 있다는 것을 깨닫고 여기에 적극적으로 뛰어들었다. 카스틸리오니는 오스트리아에서 신용으로 가격과 종목을 가리지 않고 유가물을 전부 사들인 뒤 훗날 평가절하된 화폐로 지급했다.

한동안 그는 그를 모르는 사람을 찾기 힘들 정도로 빈의 전설로 군림했다. 내가 기억하기로는 아마 1922년 무렵이었던 것 같다. 나는 그와 함께 빈 근처의 젬머링에서 산책을 하고 있었다. 그때 지나가던 사람들이 매번 그의 얼굴을 알아보고 고개를 숙였다. 그가 쥐드반 호텔의 로비나 연회장에 들어설 때면 "저분이 바로 그 카스틸리오니 야"라고 소근거렸다. 그는 인생을 즐겼으며 로칠드 성의 코너를 돌면 바로 나오는 프린츠 오이겐 거리에 위치한 그의 성에서 성주처럼 살 았다. 그는 예술광이었다. 그는 화려한 예술품을 수집했고, 특히 잘츠 부르크 축제가 개최되는 데 재정적인 후원을 아끼지 않았다. 막스 라 인하르트가 오늘날까지도 독일어권에서 가장 수준 높은 공연을 하는 것으로 정평이 난 유서 깊은 요제프슈테터 극장을 다시 개관했을 때, 그는 관람객들에게 허리 숙여 정중히 인사한 후 카스틸리오니가 있 는 특별석을 향해 한 번 더 인사를 했다. 마치 과거에 그 지역을 다스 리던 성주에게 했던 것처럼 말이다.

이러한 성공에도 불구하고 카스틸리오니의 커리어는 외환으로 게 임을 하던 여러 다른 투자자들처럼 비극적인 결말을 맞았다. 그의 침 몰은 친구인 만하이머 박사와 함께 프랑스 프랑의 추락을 노린 투자 가 연이어 실패하면서 비롯되었다.

이렇게 실패한 프랑화 말살 작전은 외환 투자의 역사에 매우 흥미 로운 사건으로 남아 있다. 프랑스에서는 이 사건을 '마르느 전투' 또 는 '마르느의 기적'이라고 불렀다(실제 '마르느 전투'는 제1차 세계대전 초 기인 1914년에 일어났다. 파리 참모부는 군인들을 마르느 강가로 이동시키기 위 해 파리 시민에게서 걷은 세금을 총동원했다. 이 전투의 성과가 어쩌면 전쟁의 경과에 결정적인 역할을 했을 것이다).

카스틸리오니의 동료였던 넬켄 박사는 수년 전 이들의 투자 계획에 대해 내게 설명해주었다. 1924년 2월 만하이머 박사는 카스틸리오니의 초대를 받아 빈을 방문했다. 카스틸리오니는 다음의 말로 두 갈래 길에 선 만하이머의 마음을 돌려놓았다고 한다. "우리 함께 프랑스 프랑으로 사업을 한번 해봅시다! 이건 확실한 사업입니다. 독일 마르크가 어떻게 됐는지 보시죠. 분명 프랑스에서도 같은 일이 반복될 겁니다. 프랑스는 이겼지만 전쟁에서 잃어버린 것이 많고, 출혈이 상당했습니다. 나라에 금은 있지만 경제는 밑바닥이죠. 분명 프랑스는 오래 버티지 못할 겁니다. 그러니 우리가 공동으로 1억 프랑을 공매도하는 것으로 시작합시다! 또 다른 1억 프랑을 조달할 수 있으니 상환을 몇 년 뒤로 연기할 수 있을 겁니다."

잠시 고민에 빠졌던 만하이머 박사는 마침내 그 제안을 받아들이고 그와 손을 잡았다. 카스틸리오니와 만하이머의 2인조 모임에 다른 은행가들과 암스테르담, 스위스, 빈 그리고 여러 다른 금융계의 투자자들이 동참했다. 이렇게 프랑화 절하에 투자하고 조작하기 위한 신디케이트가 결성되었다.

이들은 3개월 또는 6개월 단위로 수백만 프랑을 바젤, 암스테르담, 마드리드, 뉴욕, 런던에서 공격적으로 팔아치웠다. 그리고 끌어모을 수 있는 프랑을 전부 동원해 파리 미국 달러와 영국 파운드는 물론 파리 증권거래소에서 선물로 외국인 주식(금광, 국제 유가 등등)을 사들였다. 동시에 세계 언론을 통해 프랑스의 재정에 대한 경고 기사를 내보내게 했다. 그 결과 두려움에 빠진 프랑스 여론은 그들의 예금을 외국 유가증권으로 전환하고, 프랑스에서 자본이 국외로 빠져나갈 수 있기를 요구했다. 그리고 이것은 다시 프랑의 시세를 압박했다. 이 모든 것이 연쇄적으로 일어났다. 프랑스의 프랑이 하락하고 비관론이 확산되면서 이것이 다시 프랑 매도를 부추겼다. 30라펜(스위스 프랑)이던 1프랑이 바젤에서 몇 달 만에 20라펜으로 하락했다. 프랑스에 대한 경고 기사는 빠른 속도로 확산됐다. 특히 대형 금융기관은 물론 소규모 '도박꾼 모임'에 속한 빈의 금융가들이 개인적으로 발 벗고 나서서 이 프랑 노름판에 가세했다. 빈의 여론은 카스틸리오니의 손에 끌려다녔다. 상인, 기업가 할 것 없이 투자 의욕이 있는 사람은 누구나 이 게임에 동참하려 했다. 이것 말고는 도박을 할 만한 거래가 없었기 때문이다. 빈의 증권거래소는 이미 수개월 전부터 가파르게 하락하기 시작했다. 따라서 놀이하는 인간인 '호모 루덴스'들에게는 프랑화의 약세가 가장 뜨거운 감자였고 누구나 여기에 참여하려 했다. 이 순수한 투자의 열기는 프랑스, 프라하, 부다페스트까지 번져갔다. 여기저기에서 경제위기가 닥쳤지만 사람들은 여전히 수중에 있는 몇 푼의 돈을 위험한 게임에 베팅했다. 그러나 예상과는 달리 이 노름판에 뛰어든 게임꾼들은 눈앞에서 프랑이 아닌 그들의 화폐가 폭락하는 광경을 지켜봐야 했다.

이 게임에 동원된 방법은 몹시 다양했다. 앞서 말했듯이 일반적인 방식은 선물로 프랑을 파는 것이다. 그것은 빈의 증권거래소에서는 법적으로 금지하고 있었지만 프랑스의 프랑을 통한 수억대 규모의 외환 거래가 활발히 이뤄졌다. 사람들은 종목과 상관없이 프랑스에서 생산된 상품을 전부 신용으로 사들였다. 엄청난 양의 와인, 샴페인, 구매자도 찾기 힘든 최고급 자동차 등등 온갖 것들을 말이다. 내 친구 중 한 명은 내가 중국 한자를 한 글자도 알지 못하는 것처럼 도자기에 무지하면서도 도자기 공장을 통째로 매입했다. 당시에는 그것이 무엇이든 상관없이 모조리 신용으로 구매하는 것이 가장 중요했다.

당시 규모가 가장 큰 거래는 파리 상품선물거래소에서 이뤄졌다. 고무, 밀, 유채 그리고 특히 설탕이 장기 선물로 거래됐다. 프랑화가 하락하면 이 상품들의 가격이 오르는 것은 여러모로 확실했다(나의 부친도 친구 알렉산드르의 조언에 따라 설탕을 선물로 매입했다).

원론적으로 이러한 거래는 상품의 매수라 볼 수 없다. 1970년대 상품거래소에서 있었던 달러화에 대한 투기와 마찬가지로 순전한 외환 투기였다. 금리는 높았고, 계속해서 더 오르고 있었지만 사람들은 엄청난 시세 차익을 기대하며 전혀 개의치 않았다. 프랑스에서는 프랑스 은행Banque de France은 물론 정치가나 전문가들까지 이러한 프랑화의 추락 사태를 망연자실한 채 지켜보았다. 파리에서 미국 달러화는 나날이 상승해서 전쟁 이전에 1달러에 5프랑이었던 환율이 10프랑, 15프랑으로 거듭 오르더니 이윽고 1926년 3월에는 28프랑이라는 상상조차 하기 힘든 금액에 이르렀다. 그러자 프랑스 정부는 마침내 라자르 프레르Lazard Frères 은행(현재까지도 프랑스에서 가장 큰 대형 민간은행)에 외환시장에서 프랑화의 하락을 막기 위한 조치를 취할 것을 위임했다. 정부로부터 임무를 받은 은행은 모든 외환시장에 풀린 프랑을 사들이기 시작했다. 뉴욕의 JP 모건 은행이 사태 해결을 위해 프랑스 은행에 1억 달러(현재로 치면 20억 달러의 가치)를 빌려준다는 뉴스가 나오자, 마침내 풍선은 터지고 말았다. 프랑화 투기꾼들은 불안감에 빠지기 시작했다. 시장은 채 30분도 지나지 않아 판세가 뒤집혔다. 갑자기 전 세계에게서 프랑화를 사들이려는 매수 신청이 빗발쳤다. 바젤, 암스테르담, 제노바, 빈 등지에서 수백만 달러 이상의 매수 요청이 밀려들어왔다. 모든 직원이 매달려 끝없이 울리는 매수 신청 전화를 받느라 눈코 뜰 새조차 없었다. 거세게 몰아치던 폭풍이 갑자기 반대쪽으로 방향을 바꾼 것만 같았다. 파리에서 1달러에 28프랑 정도 하던 미국 달러화는 그로부터 며칠 뒤인 1924년 3월 8일에 15프랑으로 떨어졌다. 드디어 프랑화가 구제된 것이다. 이것이 바로 그 유명한 '마르느의 기적'으로, 세계 금융시장의 프랑화 말살 작전에서 프랑스가 승리를 거둔 순간이었다.

다른 사람들, 특히 빈 시민들은 이를 소위 '프랑크족의 파산'이라고 말한다. 하지만 이 사건에서 실상 파산한 것은 프랑화가 아닌 그들 자신이었다! 빈과 프라하 일대에 파산한 자들이 넘쳐났고 암스테르담의 유명 은행가들마저 막대한 손실을 입었으며, 그들 중 일부는 심각한 지경에 이르렀다. 외환에 투자했든 와인, 고급 차, 도자기 등 그 밖의 다른 것에 투자했든 프랑화로 진 채무는 이제 두 배의 가격으로 갚아야 했기 때문이다. 수백이 넘는 기업들, 수입업자, 은행가, 중개인도 막대한 손실을 피할 수 없었다. 그들의 고객이 예치한 수천이 넘는 예금이 그렇게 날아갔는데 투자 차액을 전부 변제할 수 없었기 때문이었다.

가장 큰 피해자는 물론 카스틸리오니였다. 그렇게 좌절을 맛본 후 고공행진을 이어가던 그의 커리어는 나락으로 떨어지기 시작했다. 그의 부와 명성은 서서히 잊혀갔고, 그의 이름은 빈의 대화 주제에서 자취를 감췄다. 제2차 세계대전 이후 그는 이탈리아에서 활동을 재개했지만 예전과 달리 전혀 주목받지 못했다.

나의 아버지도 손실을 보았지만 만하이머나 카스틸리오니에 비하면 그렇게 심각하지는 않았다. 나를 파리로 보내라는 알렉산드르의 첫 번째 조언을 따른 덕에 두 번째 조언으로 인한 손실은 차고 넘칠 만큼 보상받을 수 있었다. 파리에서 배운 증권투자와 이후 이어진 모든 투자활동으로 나는 제2차 세계대전 이후 전 재산을 잃은 부모님이 스위스에서 편안한 노후를 보내도록 재정적 지원을 할 수 있었다.

내가 굳이 이 이야기를 꺼낸 건 과거 외환시장이 얼마나 다채로웠는지 설명하기 위함이다.

나 역시 외환에 수차례 투자한 경험이 있다. 외환통제경제, 외환관리규정 등이 있었던 시절, 외환시장의 투자 가능성과 기회가 훨씬 더 크고 재미도 좋았다. 숙련되고 상상력이 풍부한 사람이라면 각 통화의 환율을 이용해 차익거래에 도전해볼 수도 있었다. 하지만 현재의 외환시장은 은행, 보험회사, 헤지펀드와 같은 빅 플레이어, 즉 대형 투자자들이 대거 참여한 카지노판과 같다. 더욱이 화폐의 종류도 점점 줄어들고 있다. 유로화의 도입으로 프랑과 마르크 사이의 외환 투기도 지나간 옛일이 되어버렸다. 소액 투자자들이 선물시장에서 거래할 수 있는 화폐의 종류는 이제 원칙적으로 손에 꼽을 정도가 되었다. 낯선 나라의 화폐를 살 때는 어떤 형태로든 해당 국가와 특별한 교류가 있어야 한다. 오늘날 아프리카나 어쩌면 동유럽에서 재미를 볼 가능성도 있지만 안타깝게도 난 그 지역의 전문가가 아니다.

우량 통화로 투자하려는 투자자는 수천만 명의 크고 작은 일반 투자자들, 게임꾼들과 싸워야 한다. 이제 투자에 관련된 뉴스는 세계 어디에서나 모든 사람들에게 동시에 공개된다. 기대했던 것보다 통계 자료가 더 좋게 나오면 사람들은 전부 그쪽으로 몰려간다. 외환 시세와 원래 가치 사이의 차이를 발견하는 것은 점점 어려워지고 있다. 게다가 그 차이를 알았다고 해도 이제는 크게 도움이 되지 않는다. 현 외환시장은 단기 게임에 의해 지배되고 있어 원래의 가치대로 시세를 되찾기까지 수년이 걸릴 수도 있다. 예컨대 나는 미 달러화가 15년 전부터 평가절하되었다고 생각한다.

그 밖에 모든 투자자는 외환 투자에서 환율 변동이 두 나라 화폐의 상대적인 가치 변동을 나타내는 것이므로 강세와 약세가 상반된 개념이라는 것을 제대로 이해해야 한다. 한쪽이 손해를 보면, 다른 한쪽이 이익을 얻는다. 이는 주식과 완전히 다르다. 지난 10년처럼 주식 시장이 장기적으로 강세를 보일 때 리스크를 제대로 조절하고 관리한 주식투자자는 이익을 얻을 것이다. 시세가 하락할 것이라 생각한 하락장 투자자들만이 손실을 보겠지만, 모든 주식투자자들의 수에 비교하면 아주 미미하다.

원자재: 투기꾼 대 투기꾼

원자재 투자에서도 매수 포지션Long Position과 매도 포지션Short Position이 서로 대립하고 있다. 한 투자자가 가격 상승에 돈을 건다면, 또 다른 투자자는 가격 하락을 예상하고 투자하는 것이다. 이는 리스크가 매우 큰, 대단히 위험한 사업이다. 사람들은 주로 선물에 투자한다. 비교적 적은 액수만 있어도 대량의 구리, 밀 등을 구매하는 것이

가능하다. 왜냐하면 이럴 경우 지급 총액은 매매 금액이 아니라 미래에 지급해야 할 금액의 일부인 증거금 명목이기 때문이다. 주가지수, 외환, 채권에 대한 선물 계약도 이와 동일하다. 판매자가 나중에 물건을 인도하고 구매자 역시 나중에 돈을 지급하기 때문에 이러한 선물을 'Future(미래)'라고도 부른다. 선물거래의 리스크는 투입되는 초기 자본이 워낙 적다 보니 그 위험성이 제대로 부각되지 않는다는 데 있다. 상품의 시세가 원하는 방향에서 아주 조금이라도 다르게 진행되면, 투자자는 곧바로 일정한 액수를 추가 부담해서 증거금을 높여야 한다. 그렇지 않으면 그의 포지션은 강제 해지되고, 그때까지 들어간 돈은 하나도 건질 수가 없게 된다.

지난 80여 년간 이어온 내 투자 활동을 되짚어보면 나는 원자재에 적극적으로 투자했었다. 어쩌면 이 원자재 부문에서 어린 시절 나를 괴롭힌 마음의 빚을 청산하기 위함이었을지도 모르겠다. 당시 헝가리에서는 곡류 거래가 몹시 활발하게 이뤄지고 있었다. 밀, 옥수수, 귀리를 대량생산하던 헝가리는 유럽에서 가장 활성화된 시장이었다. 대량의 거래가 이뤄지고 주문과 전보가 넘쳐나 부다페스트는 활기로 가득했다. 이러한 대규모 사업은 많은 사람들에게 누구나 참여할 수 있는 소액 투자 기회를 제공했는데, 이는 헝가리인들의 낙천적인 성격에 특히나 잘 맞아떨어졌다.

곡류뿐 아니라 그 시세에 영향을 미칠 만한 모든 것들이 사람들의 화제에서 빠지는 법이 없었다. 이 게임에서 가장 주된 관심사는 날씨였다. 하늘의 빛깔부터 곡식의 풍작에 방해가 되는 너무 강한 햇빛, 풍작에 도움을 줄 비 등에 많은 관심이 쏠렸다. 기상 관측용 청개구리가 사다리를 어떻게 오르내리는지(과거에는 유리병 안에 작은 사다리를 넣어 개구리가 오르내리는 움직임을 보고 날씨를 예측했다-역주), 날씨 정보가 어떤지에 따라 주가가 요동치곤 했다. 유독 메마르고 더운 여름날이면 시내의 여러 카페 테라스와 거리에서 구름 상태를 살피는 사람들이 많이 보였다. 비가 오지 않으면 귀리 작황이 좋지 않기 때문이었다. 과거 군대에서 말의 주된 사료로 쓰였던 귀리는 군대의 연료나 다름없었기에 날이 가물면 군의 고위 장교들까지도 불안감을 감추지 못했다. 당시 사람들에게는 날씨 걱정 외에 또 다른 걱정이 하나 있었다. 바로 헝가리와 오스트리아의 국가대표 선수단의 축구 시합이었다. 양국의 명예가 걸린 이 시합에 모두의 관심이 집중됐다. 오랫동안 염원해왔던 시합인 만큼 사람들은 뜨거운 여름의 숨막히는 공기를 잊을 수 있었다.

　나 역시 그날은 평소의 배로 흥분했다. 축구 시합을 실제로 관전하는 것은 처음이었던 데다가 내가 좋아하는 삼촌과 이 새로운 즐거움을 누리러 함께 가기로 했기 때문이었다. 경기 당일 아침 침대에서 벌떡 일어난 나는 가장 먼저 하늘을 살폈다. 그런데 지평선이 보이지 않을 정도로 검은 구름이 잔뜩 밀려오고 있었다. 당장이라도 비가 쏟아질 것만 같은 하늘에 공기는 무거웠고 천둥소리가 들려왔다. 나는 시합에 함께 가기로 했던 사촌과 함께 불안해했다.

오전 내내 기상 상태가 점점 악화되자 우리의 실망도 그만큼 커져 만 갔다. 그런데도 우리는 원래 약속했던 시간에 삼촌을 만났다. 나는 삼촌도 실망하고 있을 거라고 생각했다. 하지만 놀랍게도 삼촌은 반 짝이는 눈빛으로 행복한 미소를 머금고 있었다. 삼촌은 마치 좋은 일 이라도 생긴 것처럼 두 손을 만족스럽게 비볐다. 평소에 삼촌은 어린 아이라고 함부로 대하지도 않았고, 농담이라도 거짓말을 하는 사람 이 아니었다.

"얘들아, 오늘은 이렇게 폭풍우가 몰아치는구나. 그래서 축구 경기 가 취소됐다는구나."

사촌과 나는 한 마디도 할 수가 없었다. 축구 경기가 열리지 않는 다니! 그런데 삼촌은 어떻게 잔뜩 들떠서 꼭 좋은 날이라도 되는 양 얘기한단 말인가! 삼촌의 태도를 도무지 이해할 수 없었다. 이어진 삼촌의 말은 더욱 잔인했다. "정말 근사하지 않니? 이번 비는 너무 굉 장하구나!" 내 귀로 듣고서도 믿기지 않는 말이었다. 하지만 삼촌은 계속 말을 이어갔다. "너희는 무슨 말인지 모르겠지. 하지만 이 비는 행운이야! 내일이면 상품거래소의 귀리값이 내려가겠지. 내가 지난 몇 주 동안 이 순간만을 기다렸단다."

삼촌 말이 맞았다. 다음 날 귀리값이 떨어졌고, 비를 맞은 이 곡물은 여럿을 구제했다. 가격 하락에 투자한 사람들은 기대했던 수익을 얻었고, 불안해하던 군대 역시 가슴을 쓸어내릴 수 있었다. 이것이 전부 우리가 축구 경기를 보지 못한 대가였다. 빗방울과 함께 떨어진 기쁨에 증권시장이 들썩였지만 난 이다음에 커서 꼭 복수하겠다고 맹세했다.

훗날 나는 실제로 선물거래가 가능한 모든 원자재에 투자했다. 한동안은 시카고의 전설적인 곡류 선물거래소에 한자리를 차지하기도 했다. 하지만 결국은 손해를 본 것도, 이익을 본 것도 없었다.

원자재 투자는 사실 그 리스크를 제대로 알고 손실을 감당할 수 있는 노련한 투자자만을 위한 것이다. 특히 원자재는 전문적인 이유로 투자를 하고, 훗날 자신의 공장에 사용하려는 목적인 투자자들에게 적합하다. 제분소를 소유한 사람은 선물로 곡류를 사고, 초콜릿 공장 주인은 카카오나 설탕을 사고, 섬유업자는 목화나 털을 사들인다. 또 금속공예가는 금이나 은에 투자한다. 어쨌거나 원자재와 전혀 관련이 없는 개인 투자자라면 원자재 투자에서 행운을 찾으려는 생각을 버리라고 조언하고 싶다. 물론 상황에 따라 투자로 유인하는 상황이 더러 생길 수도 있지만 말이다.

그렇지만 숙련된 화술로 확실한 수익을 약속하는 '상품선물거래 회사'의 텔레마케터에게 넘어가는 것만큼은 절대 피해야 한다고 강조하고 싶다. 그랬다가는 완전히 손해 보고 말 거라는 한 가지만큼은 기정사실이다!

유가물: 수집가인가 아니면 투자자인가?

1970년대 말에서 1980년 초, 인플레이션 심리가 만연하던 시기에 유가물 투자는 안정적인 투자 수단으로 각광받았다. 많은 사람들이 화폐가치의 하락을 우려하여 힘들게 모은 돈을 보다 안정적인 방식으로 보관하려 했다. 사람들은 그림, 골동품, 우표, 동전, 다이아몬드 그리고 당연히 금도 사들였다. 나와 개인적인 친분이 있었던 한 지인은 낡은 커피 분쇄기에 돈을 투자하기도 했다.

이 시절 유가물의 가격은 형식적으로 폭등했다. 이러한 흐름을 제대로 예측했던 투자자들은 재산을 한몫 챙길 수 있었다. 하지만 투자자들이 마냥 행복했던 것만은 아니다. 과거에 이미 너무 높은 가격에 유가물을 매수하느라 실제로는 거의 20년 동안 돈을 잃은 셈이었기 때문이다. 예컨대 금 시세만 봐도 이들에게 닥친 처참한 불운을 제대로 보여준다. 1온스에 최고 850달러 하던 금값은 오늘날 300달러로 폭락했다. 그리고 현재로써는 앞으로 그리 나아질 전망이 보이지 않는다. 사실 나는 금 숭배에 반대하는 사람이라 이러한 전개에 만족하고 있다.

유가물로는 수익이 생기지 않는다. 그러므로 하이퍼 인플레이션 상황이 아니라면 유가물은 투자 종목으로 적절하지 않다. 이것은 원자재 투자 역시 마찬가지다. 특히 근래에는 주식 배당금이 아주 적은 편이지만, 그렇더라도 주식투자에서는 수익을 재투자하여 복리 효과를 통해 자동으로 가치 증식이 이뤄지며, 채권도 마찬가지다. 주식은 주식회사가 그리고 채권은 발행자(국가나 기업)가 돈을 운용하는 반면 유가물은 그렇지 않다. 그러므로 유가물에는 단순히 투자만 가능하다. 유가물 시세의 큰 흐름을 알아차리고, 적절한 시기에 탑승했다면 어느 정도의 수익을 올리고 난 뒤 재빨리 하차할 줄 알아야 한다. 오롯이 이러한 방식으로만 유가물 투자로 돈을 벌 수 있다. 하지만 솔직히 말해 가격 변동을 정확히 예측한다는 것 자체가 어불성설이다. 어쨌거나 가장 중요한 관건은 타이밍이다. 증권거래소에서는 모든 것이 항상 다른 양상으로 흘러가고, 그것을 깨닫는 순간 이미 늦어버린 경우가 허다하다.

이론적으로 말하자면 이 유가물에 대해 정말 제대로 파악하고 있고 경험이 풍부한 사람만이 이 부문에서 돈을 벌 수 있다. 내가 '이론적'이라고 언급한 이유는 그림, 도자기, 고가구, 다이아몬드, 우표, 동전 등 내가 언급한 유가물을 정말 잘 아는 사람은 수집가이기 때문이다. 심지어 수집품을 너무 애지중지하는 나머지 아침에 눈뜰 때부터 잠들 때까지 하루 종일 손에서 놓지 않는 사람도 있다. 그러나 소장하고 있는 수집품과 떨어질 수 없기 때문에 수집가는 결코 투자자가 될 수 없다. 이들은 장부상으로는 큰 수익을 달성한다 해도 실질적인 이익을 손에 쥐지는 못한다. 반면에 싼값에 사서 비싸게 팔려 하는 투기꾼들은 장기적인 성공을 거두기에 유가물에 대한 전문 지식이 부족하다.

부동산: 자본이 많은 투자자를 위한 것

유일하게 수익이 발생하는 유가물 투자 대상은 부동산이다. 집주인은 세를 놓아 돈을 벌 수 있고 자신이 소유한 집에 거주하는 경우 집세를 아낄 수도 있다. 나 역시 파리에 아파트 두 채, 코뜨 다 쥐르 Côte d'Azur에 별장 한 채, 부다페스트에 집 한 채를 보유하고 있다. 파리의 센 강변에 있는 집 한 채만 세를 놓고 다른 세 곳은 내가 번갈아 가며 생활하고 있다. 이런 경험에서 나는 집이든 아파트든 스스로 살집은 꼭 사라고 권하는 편이다. 부동산이 바로 첫 번째 투자 대상이다. 그래야만 나날이 오르는 집세와 집주인으로부터 자유로워질 수 있다.

나는 이 분야에 경험이 전무하지만 부동산 투자는 일반 투자와 완전히 다른 이야기라는 건 알고 있다. 나는 항상 증권, 외환 또는 원자재 등의 동산에 투자해왔다. 부동산은 이 투자 대상들과 정반대 성향을 가진다. 부동산은 그 명칭의 의미처럼 이동할 수 있는 것이 아니다. 더욱이 세계 어디에서나 팔거나 사용 가능한 것도 아니다. IBM 주식은 세계 어디에서나 값이 똑같지만, 60평방미터 크기의 주택 가격은 그렇지 않다. 동일한 크기와 설비를 갖춘 집이 뉴욕에서는 200만 달러인데 독일 북스테후데에 위치한 집은 21만 마르크다.

하지만 한 가지만큼은 확실하다. 부동산 시장이 매우 다르다 해도 다른 투자시장에 적용되는 법칙이 똑같이 통용된다. 부동산 시장에도 호황과 불황 그리고 양방향으로의 과장국면이 존재한다.

부동산에 투자하려는 사람은 우선 큰돈이 있어야 한다. 또한 부동산 거래 시 대금의 일부는 타인의 돈을 빌리는 경우가 일반적이므로 그 돈을 갚을 능력이 있어야 한다. 부동산 펀드가 있기는 하지만 내 생각으로는 투자에 적합하지 않다. 개방형 펀드는 투자 대상을 광범위하게 분산시키는 투자펀드다. 그런 만큼 위험이 적고 가치 증식이 지속적으로 진행된다. 반면 폐쇄형 부동산 펀드는 절세 목적으로 대부분 10년 또는 그 이상의 시간 동안 운용된다.

부동산 투자로 제대로 돈을 벌고 싶은 사람은 어느 도시와 지역 혹은 어느 나라의 부동산이 급격한 오름세를 눈앞에 두고 있는지 예측할 수 있어야 한다. 그래야 평균 이상의 수익을 달성할 수 있다.

일반적으로 부동산을 신뢰하는 독일인들은 앞으로도 계속 부동산 가격이 오를 것이라 믿고 있는데, 이는 실로 터무니없는 이야기다. 부동산 시세는 얼마든지 하락할 수 있다. 다만 주식처럼 아파트, 집 또는 사무실 건물의 가격이 매일 신문에 공시되거나 텔레비전 프로그램에서 공개되지 않기 때문에 집주인들이 그러한 시세 변동을 제대로 실감하지 못하는 것이다. 물론 장기적인 측면에서 보면 부동산 가격은 분명 올랐다. 하지만 독일 전체의 평균 시세를 보면 인플레율보다 더 빠르게 오르지는 않았기에 그저 명목적인 수익에 불과할 뿐 실제로 수익이 생겼다고 볼 수 없다.

하지만 무엇보다 부동산 시장에는 도박꾼이 없다는 것이 가장 마음에 든다. 그날에 사서 그다음 날 바로 되팔기에는 사고파는 데 드는 부대비용이 너무 큰 탓이다. 그런 이유로 부동산 시장은 증권, 외환, 원자재처럼 유동적이지 않은 것이다. 때로는 매물에 적절한 가격을 지불하려는 매수자를 찾기까지 몇 개월씩 걸리기도 한다.

간단히 말하면, 재정적으로 충분히 많은 자본을 보유하고 있으면서 부동산 시장을 잘 아는 투자자만이 이 분야에서 자신의 운을 걸어볼 수 있다. 도널드 트럼프처럼 부동산으로 큰 부자가 된 사람도 많다. 하지만 위르겐 슈나이더와 같은 사람들은 부동산 때문에 전 재산을 잃고 마지막에는 감옥에 가야 했다. 이 분야가 내 영역이 아니므로 나는 부동산 시장에 대해 더는 아는 것이 없다. 언제나 그랬듯 내 분야는 주식이기 때문이다.

주식: 진정한 투자 대상 그 자체

투자자들에게 가장 큰 투자 대상은 물어볼 것도 없이 단연 주식이다. 전 세계 증권거래소에 상장된 기업은 10만 개가 넘는다. 주식시장에서는 업계의 상승 및 하락, 경쟁에서의 성공, 국가의 법률 개정, 선거, 사회의 트랜드, 미래의 유행 그리고 기술적 진보에 투자가 이뤄진다. 한 기업은 광산에 기업의 명운을 걸고, 또 다른 기업은 우주에서 그 기회를 찾는다.

주식시장에서는 항상 저평가된 기업을 발견할 수 있다. 앞서 언급했던 미국의 억만장자 워런 버핏은 저평가된 기업에 투자해서 엄청난 부를 쌓은 사람이다. 아니면 반대로 고평가된 기업을 발견한다면 그 기업 주가의 하락에 투자하기도 한다. 한때 내가 크라이슬러 자동차 회사에 투자하며 겪었던 것처럼 일명 '턴어라운드turn arounds'로 큰 돈을 벌 수 있다(경제위기가 닥쳤을 때 크라이슬러의 주식을 3달러에 매수했는데 지금은 그 값이 150달러로 치솟았다). 또 마이크로소프트나 델과 같은 '고공 비행자high flyer'에 투자한 덕택에 부자의 대열에 합류하기도 한다.

앞에서 소개했던 다른 투자 대상들과 비교했을 때 주식이 지닌 장점은 바로 장기적인 상승운동을 한다는 것이다. 물론 모든 기업이 그런 것은 아니다. 일부는 주가가 바닥까지 추락하는 경우도 있지만, 대체로 장기적인 관점으로 볼 때 주식은 상승한다고 말할 수 있으므로 다른 투자 방식에 비해 성공을 거두기가 그리 어렵지 않다. 자신의 재산을 다소 분산시키고, 크고 튼튼한 우량기업에 투자하면 성공 가능성이 보다 커진다. 만약 기대만큼 주가가 상승하지 않더라도 전전긍긍하며 초조해하지 말고 인내하며 시세가 다시 오를 때까지 기다리기를 추천한다. 그런 식으로 투자를 이어가면 게임꾼처럼 단기투자를 노리고 주식시장에 들어왔을지라도 장기투자자로 거듭날 수 있다. 주식시장에서 100에 주식을 사서 110일 때 팔았다고 뽐내며 정말 제대로 투자했다고 자랑하는 사람들이 종종 있다. 하지만 반대로 주가가 100에서 60으로 떨어질 경우 그들은 손실을 봤다고 인정하고 싶지 않은 마음에 일시적인 현상에는 관심이 없다며 외면하려 한다. 이것은 자기 기만이다. 하지만 우리 모두 저마다 인간적인 약점이 있다. 따라서 투자자들도 예외는 아니다. 앞서 이야기했듯 요즘 나는 장기 주식투자만 하고 있지만, 과거에는 주식으로 수천 번의 다양한 모험을 시도했으며 결국 이렇게 살아남았다. 그리고 그중 몇 가지를 소개하려 한다.

증권거래소 - 시장경제의 신경 체계

탄생 시간

나에게만큼은 가장 매력적인 세상인 증권거래소를 어떤 말로 설명할 수 있을까? La bourse, la borsa, la bolsa, die Börse, Serka(증권거래소를 의미하는 프랑스어, 이탈리아어, 스페인어, 독일어, 러시아어 단어). 파리에서 밀라노, 부에노스아이레스, 프랑크푸르트 그리고 페테르부르크에 이르기까지 각 나라마다 증권거래소를 의미하는 단어는 전부 여성 명사다. 이것이 단순히 우연에 불과할까? 증권거래소는 도대체 뭘까? 한편으로는 부를, 다른 한편으로는 멸망을 의미하는 '사악한' 존재인 걸까?

독설가들은 악마가 증권거래소를 만들었다고 말한다. 신과 비슷한 모습의 인간도 신처럼 무無에서 무엇가를 창조해낼 수 있음을 보여주기 위해서라고 말이다. 하지만 그 말은 틀렸다! 증권거래소를 만든 건 결코 악마가 아니다. 증권거래소는 어느 날 갑자기 등장했다. 월스트리트와 마찬가지로 카페나 골목 입구, 나무 그늘 밑에서 자연스럽게 형성된 증권거래소는 어느덧 커다란 궁전에 이르렀다.

현대적 의미의 증권거래소는 17세기 초 식민주의가 지배했던 시절 암스테르담에 가장 먼저 등장했다. 인도회사의 주식이 그 투자 대상이었는데, 1602년 설립된 이 인도회사는 조직적으로 설립된 최초의 식민지 기업이었다. 기업주는 해상무역의 지배자로 비상하려는 의도를 지닌 네덜란드 자본가들이었다. 그들은 소유한 선박과 재화를 미지의 바다로 띄우기 전 항해사들의 보고를 주의 깊게 들었고, 남쪽 바다의 폭풍우에도 버텨낼 정도로 튼튼하게 선박을 만들었다. 필요한 자본은 각자가 부담하는 소액의 투자로 충당했다. 그렇게 모은 금이 총 64톤에 달했다. 그것을 자본으로 삼아 해상에서의 독점 거래를 확보했고, 동인도 지역의 많은 섬에서 절대적인 주권을 행사했다. 인도회사의 배는 경쟁에서 이웃 국가를 확실히 제압하기 위해 항상 진귀한 향신료, 섬유, 도자기 등을 가득 싣고 암스테르담 항으로 돌아왔다.

이 막강한 인도회사는 점점 확장되어 국가 안의 국가가 되었다. 인도의 토착 토후들과 싸우는 과정에서 인도회사는 더 높은 가격을 제시하며 포르투갈 사람들을 내쫓는 데 노련하고 교묘하게 처신했다. 암스테르담에서는 이 회사의 최고 간부 17명이 그들의 화려한 궁전에서 둥글고 무거운 비단을 덮은 책상 앞에 앉아 과거의 군주라도 되는 것처럼 그들의 법을 공표했다. 수년간 자금을 투자하여 바타비아에서 캘커타, 자바 그리고 마드라스에 이르는 그들의 지배력을 확고히 다진 인도회사는 처음으로 수익을 배분했다. 이익이 높아지면서 주식 시세와 배당도 올라갔다. 이에 따라 주주에게 현금과 채권이 배당되었고, 기업의 재정 상황에 따라 후추나 계피가 배분되기도 했다.

영국은 인도회사가 해상권을 장악하고, 네덜란드를 위협적인 경쟁자 반열에 올려놓을 정도로 부의 축적하는 인도회사를 보며 불안해졌다. 그래서 '동인도회사East India Company'를 설립하며 이 독점을 부수고, 자유경쟁을 시도해보려 했다. 하지만 인도회사보다 우위를 차지하는 데 실패했다. 육지와 바다, 주식시장을 넘나들며 서양의 두 강대국 사이에 치열한 싸움이 벌어졌다. 네덜란드의 인도회사와 영국의 동인도회사가 지금까지 존재했다면, 그들은 어떻게든 서로를 인수·합병하기 위해 끊임없이 다투고 있었을 것이다.

투자자들은 모임에서 체스를 두거나 부두의 단골 주점에서 커피나 코코아를 마시며 회항하는 선박의 소식을 기다렸다. 반면 오늘날의 투자자들은 주로 트레이딩 룸trading room이나 컴퓨터 앞에만 앉아 최근 소식이나 통계 및 분석 자료를 기다린다. 이제는 희소식이든 나쁜 소식이든 예전처럼 몇 주 혹은 몇 달 동안 마냥 기다리고 있지 않는다. 거의 1분마다 수많은 정보들이 새롭게 입수되기 때문이다.

과거에는 운송비에 따라 기업의 주가가 달라졌다. 암스테르담으로 들어오는 배에는 항상 진귀한 물건이 가득했고 갈수록 점점 더 가치 있는 물건들이 들어왔다. 투자자는 매일매일 더 흥분해갔다. 그러다가 1688년이 되어 네덜란드의 인도회사에 대혼란이 찾아왔다. 이것이 바로 사상 최초의 '주식 폭락'이라는 점에서 매우 흥미롭다. 당시 인도회사의 배에는 매우 중요한 물품들이 실려 있었고, 많은 투자자들이 최고의 주가를 기대했다. 사람들은 현물거래와 선물거래에 죽기 살기로 매달렸다. 하지만 얼마 지나지 않아 경종을 알리는 뉴스들이 쏟아졌다. 선박들이 심한 파손을 입어 바타비아로 회항했고, 네덜란드에 도착한 것은 단 몇 척에 불과했기 때문이었다. 더욱이 금 50톤을 받을 거라 계획했던 상품은 고작 금 35톤에 팔렸다. 이 정도면 크게 손해 본 정도는 아니었지만, 뜨거웠던 투자 열기는 식어버리고 말았다. 특정 주식의 배당금이 높을 것이라고 예상되는 순간 많은 투자자들이 그 주식에 몰려든다. 이때 배당금이 기대했던 것처럼 높다면, 그럼에도 불구하고 시세가 '페따 꼼블리Fait accompli(기정사실)'가 되는 것이므로 시세는 떨어질 수 있다. 하지만 배당금이 기대에 미치지 못하면 그 주식은 화약통의 불티처럼 위험 요소가 될 수 있다. 어느새 피어오른 불신은 무한해 보였던 신뢰를 집어삼켜버린다.

이런 이유에서 1950년대의 캐나다 우라늄 광산도 동일한 운명을 겪었다. 원자력 공학이 발달했지만 투자자들이 기대했던 수익을 달성하지 못했고, 장래에 이 상황이 개선되리라는 가능성도 전혀 보이지 않았다. 결국 투자자들은 그들의 환상에 비싼 대가를 치러야 했다. 투자 열풍으로 고점을 갱신하던 우라늄 광산 주식은 1957년 주가 폭락으로 단번에 원래 가치의 10분의 9가 증발해버렸다. 캐나다 증권거래소는 오랫동안 침체기를 벗어나지 못할 정도로 큰 타격을 입었다. 이웃 국가인 미국의 월 스트리트 또한 잃어버린 손실을 회복하지 못했다. 프랑스의 파리 증권거래소에도 유사한 사건이 벌어졌다. 당시 모두가 사하라의 원유 생산이 엄청난 수익을 가져다줄 것이라고 예견했다. 하지만 알제리 사태, 민족주의의 발흥 등 현지에서 일어난 정치적 사건으로 인해 그 희망이 처참히 부서지고 말았다.

17세기 중반부터 암스테르담 증권거래소는 현재의 증권거래소처럼 활기찬 모습을 보였다. 이때부터 이미 선물이나 옵션거래가 형성되었다. 청산일, 교역 시세, 인수와 이연거래移延去來, 매수 연합과 매도 신디케이트 등이 등장했다. 당시 암스테르담은 유럽에서 가장 중요한 국채 시장이었다. 민감하면서도 세련된 방식의 선물거래는 바로 이 암스테르담 증권거래소에서 탄생했다. 주변 커피숍에는 투자 결과를 기다리는 손님과 브로커를 연결하는 전담 중개인이 있었다. 시세에 영향을 미치는 소문과 잘못된 경고들이 퍼져 있었고, 상승장과 하락장을 활용하기 위한 여러 전략이 이미 구상되어 있었다.

인도회사의 주식은 지속적으로 오르고 있었다. 여기에 시장 연합 세력의 막강한 매수가 이어지며 강세를 조작할수록 주가는 천정부지로 치솟았다. 사실 선박의 귀환이 늦어질 거라는 소식은 그 자체로는 크게 위협적이지 않은, 그저 조금 좋지 않은 소식에 불과했지만 그것만으로도 전체 증권거래소가 들썩거렸다. 이런 소란의 희생자 중한 명이 바로 호세 드 라 베가José de la Vega였다. 그는 시인이면서 철학자이자 열정적인 투자자였다. 암스테르담에 살았던 스페인계 유대인 망명인의 아들로 태어난 그는 철학서이자 동시에 르포 문학인《혼돈 속의 혼돈》의 저자이기도 하다. 이 책에서 그는 17세기 암스테르담 증권거래소의 모습을 상세히 그려냈다. 나는 1921년에 독일어로 번역된 이 책을 벌써 여러 번 읽었고, 주식투자를 하는 모든 사람들에게 권하고 싶다. 투자에서 성공과 실패를 세 번이나 경험했던 호세 드 라 베가는 누구보다 이 주제를 전문적으로 다룰 수 있는 사람임을 몸소 증명했다.

앞에서도 이야기했지만 증권시장에서 적어도 두 번 이상의 실패를 경험해보지 않은 사람은 '투자자'라는 말을 들을 자격이 없다고 생각한다. 나 역시 수없이 많은 모험들을 강행했고, 불행한 경험도 수차례 겪었다. 하지만 다른 모든 주식투자자들처럼 나의 상처도 빠르게 아물었다. 사고를 당한 지 얼마 되지 않은 상황에서도 또 새로운 계획을 세우고 전장으로 다시 뛰어들었다.

호세 드 라 베가는 자신의 책에서 투자와 증권거래소의 메커니즘을 상세히 설명했다. 환상, 짜증, 낙관론과 비관론, 놀람과 신념, 희망과 두려움, 돈 또는 채무 등은 그가 책을 쓰던 당시뿐 아니라 언제나 시세를 널뛰게 만드는 요인들이었다. 이것은 컴퓨터와 인터넷을 사용하는 오늘날에도 마찬가지다. 투자의 이면에는 늘 미덕과 약점을 동시에 지닌 인간이 존재한다. 어느 시대에나 증권분석가나 기자들은 증권시장이 갈수록 더 불투명해진다고 말한다. 하지만 이는 완전히 틀린 말이다. 증권시장은 어느 때고 할 것 없이 항상 불투명했다. 그렇지 않다면 더는 증권시장이라 할 수 없을 것이다. 이미 300여 년 전에 호세 드 라 베가는 증권시장을 '혼돈 속의 혼돈'이라고 표현하지 않았는가(이 책은 1994년 뵈르젠부흐 출판사에서 재출간됐다)!

유감스럽게도 나는 아직까지도 1688년《Confusiones de la Confusiones》라는 제목으로 발행된 이 책의 스페인어 원본을 구하지 못했다. 이 주옥 같은 작품이 내 희귀도서 소장 목록에 오를 수 있었더라면 얼마나 좋았을까. 증권시장을 소재로 한 최초의 책인 이 책을 읽고 난 후 20여 년간 나는 원본을 구하려고 무던히 노력했다. 하지만 세계 최대 규모라의 경제서 전문 도서관인 보스턴 크레스 도서관에서도 이 책을 찾지 못했다.

몇 년 전에 내게 한 번의 기회가 있긴 했다. 뮌헨에서 머물던 시절 신문에 소더비가 소장한 그 책 한 부가 런던의 경매에 출품된다는 소식이 실린 것이다. 내가 그 책을 얼마나 찾아 헤맸는지 옆에서 전부 지켜본 아내가 내게 이 소식을 알려주었다. 나는 즉시 소더비의 뮌헨 지사를 방문하여 카탈로그를 보고 내가 그토록 원했던 스페인어 원본이 맞는지 진위 여부를 확인했다. 그리고 그것은 정말 그 책이 맞았다. 카탈로그에는 가격이 2천~3천 파운드로 기재되어 있었다. 소더비 직원에게 확실한 가격을 다시 물었더니 직원은 내게 3천 파운드면 충분할 것이라고 답했다. 하지만 그 책을 꼭 소장하고 싶었던 나는 입찰가로 5천 파운드를 제시했다. 그러자 직원은 "이 책은 확실히 당신의 것입니다"라고 말했다.

그런데 경매가 개시되자 상황이 달라졌다. 그 책은 무려 1만 8천 파운드에 낙찰되었고, 나는 아무것도 손에 넣지 못한 채 큰 실망감에 빠지고 말았다. 너무 허무해진 나머지 도대체 누가 그 가격으로 그 책을 샀는지 외에는 무엇도 궁금하지 않았다. 그러던 중 우연히 잡담을 하다가 어느 일본인이 그 책을 낙찰받았음을 알게 되었다. '일본인이 암스테르담 증권시장에 대해 스페인어로 쓰인 책을 사서 뭘 하려는 거지?'라는 의문이 떨쳐지지 않았다. 그 책이 내 서재에 놓였더라면 훨씬 더 진가를 발휘할 수 있지 않았을까?

자본주의의 신경 체계

비록 악마가 증권거래소를 만들지는 않았더라도, 인간을 '호모 사피엔스(생각하는 인간)'에서 '호모 루덴스(놀이하는 인간)'로 개조하는 데는 분명 일조했다. 그렇지 않았더라면 사람들이 증권거래소를 그렇게나 자주 게임장으로 만들 리가 없다. 그런 이유에서 많은 사람들에게 증권거래소는 음악이 없는 몬테카를로, 즉 자극적이고 예민한 분위기 속에서 단 하루 저녁에 엄청난 금액을 벌 수 있는 카지노나 다름없다. 하지만 내게 증권거래소는 음악이 가득한 몬테카를로다. 여기서 중요한 것은 그 음악을 감지하는 안테나가 있어야 한다는 사실이다.

실제로 증권거래소는 단순한 게임장이 아니라 자본주의 경제의 중추신경이자 동력이다. 많은 주식투자자들이 증권거래소를 게임장이라 여기겠지만, 이곳은 보통 게임장과는 달리 매우 중요한 역할을 한다. 특히 상품거래소와 외환거래소는 상품의 유통과 공정하고 투명한 가격 형성을 담당한다. 생산자와 수출업자, 수입업자들이 입을 수 있는 가격 손실의 위험도 최대한 줄여준다. 증권거래소라는 게임장에는 게임을 하는 투자자들이 필요한 만큼의 매출이 일어나도록 만든다. 유감스럽게도 요즘은 내가 게임꾼이나 '기생인'이라 부르는 투자자들이 매출에서 차지하는 비중이 너무 커져 그들의 주식만으로도 시세가 오르기도 하고 내려가기도 하는 상황에 이르렀다.

그럼에도 자본주의의 최고 동력은 주식시장이다. 그 기초는 주식회사이고, 주식투자가 그 연료다. 투자가 없었다면 산업사회의 혁명적 변화(기차, 자동차, 기름, 전기, 컴퓨터 그리고 현재의 인터넷)가 이뤄지지 못했을 것이다. 이자가 아니라 시세 차익을 얻을 수 있다는 기대만으로 크고 작은 투자자들의 주머니에서 필요한 자금을 긁어모을 수 있었다. 이렇게 모인 돈은 증권시장을 매개로 여러 경제 영역에 투자되었다. 한 마디로 증권거래소는 투자로 돈을 묶어놓았다가도 투자자가 자기 자본을 필요로 하면 언제라도 현금화할 수 있는 수단이다. 투자액을 현금화하는 것이 불확실하다면 증권에 투자할 투자자들이, 더불어 게임꾼들이 그리 많지 않을 것이다. 그런 식으로 증권투자는 자본주위 체제에서 실질적인 기능을 한다. 투자자들은 투자 수익을 보고 투자를 하는 것이지만, 결국은 자기 자본을 경제에 제공하는 셈이다. 경제성장, 고용, 진보를 위해 자본은 필수 불가결한 것이다.

기본적으로 기업가가 연구, 사업 확장, 설비 투자를 위한 재원을 확보하는 방법은 두 가지가 있다. 우선 빚을 얻는 방법으로, 주로 은행에서 대출을 받거나 채권을 발행받는 것이다. 다른 하나는 주식의 형태로 기업의 일부를 파는 것이다. 두 방법 모두 각각의 장단점이 있다. 기업가의 비전을 따라 대출을 받으면 다른 주주들과 이익을 배분하고 기업의 중대사를 결정할 때 주주들을 설득할 필요가 없다. 사

업이 순항하면 은행에 대출금과 더불어 수익에 비하면 아무것도 아
닌 수준의 이자만 내면 그만이다. 하지만 사업이 예상대로 흘러가지
않고, 계획과 달리 수익이 실현될 때까지 더 많은 시간이 소요될 경
우 기업은 큰 위험에 처할 수 있다. 은행은 대출금의 상환을 요구하
거나 신규 대출에 안정성을 보장받기 위해 기업이 감당할 수 없는 수
준의 확실한 담보를 요청한다. 그렇게 기업의 큰 비전은 비눗방울처
럼 터져버린다. 아무리 그 사업의 아이디어가 옳아도 말이다. 그런 뒤
기업은 매우 오랜 시간에 걸쳐, 어쩌면 평생 동안 그 빚을 갚아야 할
수도 있다.

반면 주식을 발행한다면 이자는 지불하지 않아도 되며, 주주의 자
본을 반환해야 할 의무도 없다. 그 대신 주주는 배당금 형식으로 수
익 배분에 대한 참여권을 요구한다. 만약 투자한 기업이 성장한다면
주주의 수익 또한 상당히 크게 늘어날 수 있다. 이런 수익 기회에 대
한 기대와 주식시장에서의 기업 평가 상승으로 주가가 오를 수 있다
는 기대는 투자자를 자극하여 은행에서 받는 약간의 이자를 포기하
고 기꺼이 위험을 감수하게 만든다.

세계 경제사의 위대한 발전은 언제나 위험 부담이 큰 모험에서 시
작되었고, 그것은 지금도 마찬가지다. 자기 자본이 아닌 대출만으로
는 이렇게 빠른 발전을 이룩하지 못했을 것이다. 기업가들 역시 고
액의 채무를 감당할 마음의 준비가 되어 있지 않았다. 더욱이 은행은

빨리 부자가 되고 싶은 기대감에 거액의 돈을 선뜻 내어놓는 주식투자자들처럼 그렇게 큰돈을 섣불리 내놓았을 리가 없다. 근래 들어 증권시장을 통해 신생 인터넷 기업에 엄청난 액수의 돈이 흘러들어가고 있음을 보면 알 수 있다. 오롯이 대출만으로는 상상조차 할 수 없는 수준이다.

그렇지만 난 이 인터넷 기업의 주주들이 결국에는 모두 승자가 되리라고는 생각하지 않는다. 지금 이 순간 병적인 황홀감에 취한 여러 인터넷 기업의 주식 가치는 1688년 동인도회사가 그러했던 것처럼 균형을 잃어버렸다. 게다가 시세가 조작된 경우도 여러 번이었다. 그렇지만 그것이 바로 주식시장이다.

증권인들이 모이는 만남의 장소

그러나 주식시장은 그 이상이다. 주식시장은 모든 주식 관계자, 중개인, 상인, 시장 조성자, 주식 게임꾼, 장기투자자, 크고 작은 일반 투자자, 은행가, 금융자본가, 기자 등 온갖 사람들이 모여드는 집합장이다. 물론 이들 모두가 증권거래소에 직접 오는 것은 아니다. 대다수는 송금만 하고, 상황에 따라 돈을 다시 인출해간다. 이러한 증권 계약 과정에서 그들의 걱정과 희망이 전부 그대로 표출된다. 증권거래소는 증권, 외환, 상품거래를 위한 시장이자 뉴스, 전보 그리고 안티 뉴스, 뜬소문, 유행하는 투자 유형, 내부 정보 등이 모이는 곳이기도 하다.

나는 다른 어떤 곳에서도 한 장소에 그렇게 많은 수의 어리석은 사람들이 모이는 것을 본 적이 없어서 증권거래소에 자주 방문했다. 내가 어리석은 사람들을 좋아해서가 아니라 그들과 정반대로 행동하기 위해서였다.

프랑스의 화가이자 판화가인 도미에Daumier가 그의 강판화에 멋지게 묘사하던 증권거래소는 안타깝게도 점점 사라지고 있다. 이제 증권거래소에도 점점 컴퓨터가 도입되기 시작했다. 1986년 런던 증권거래소에서 컴퓨터를 도입한 이후 얼마 지나지 않아 파리에서도 컴퓨터 시스템을 채택했으며 프랑크푸르트 증권거래소는 제트라 시스템Xetra System을 통해 거래를 시작했다. 나는 모든 증권거래소의 어머니 격인 월 스트리트마저 '소리 없는 화면'으로만 존속하게 되는 것도 이제 시간문제라고 생각한다. 그때가 되면 객장에서나 맡을 수 있었던 소문의 냄새와 증권거래소 특유의 분위기는 사라질 것이다. 하지만 아직까지도 시세판에 주가를 개제하는 증권거래소가 있긴 하다. 나는 평소 우스개소리로 내 자신을 '침몰하는 증권 세상의 마지막 남은 모히칸'이라 표현하곤 했다. 하지만 최근 몇 년간 증권거래소 내부를 내 두 눈으로 직접 본 적이 없다. 왜냐하면 그곳에 갔다가 때마침 지상을 둘러보며 증권거래소를 살피던 전지전능한 신이 그곳에서 날 발견하고는 이렇게 말할 것 같아서다.

"뭐야? 그 늙은 코스토가 왜 아직도 거기에 있지? 이제 그만 여기로 올라오라 해야겠군. 여기에도 그가 할 일이 많으니까. 하물며 그의 오랜 친구들도 전부 여기 와 있고, 그의 자리도 마련해놓았으니까."

세계사의 거울

증권시장에 열정을 가지게 된 사람은 그 안에서 세계사의 거울을 발견한다. 하지만 솔직히 말해 그것은 매우 뒤틀려진 거울이라서 노련한 투자자만이 알아채고 이해할 수 있다. 이 세상에서 벌어지는 모든 사건, 즉 중동이나 코소보의 전쟁 소식, 팔레스타인과 이스라엘 사이의 적대 및 친분 관계, 미국 대통령과 인턴 사원의 스캔들, 독일의 정권 교체 및 재정장관이 사퇴, 텔레커뮤니케이션과 인터넷의 지속적인 발전, 여성 패션의 변천사, 폐암 연구 등이 증권시장에 영향을 미친다. 이 모든 사건의 합 그리고 이 사건들과 연결된 희망과 공포가 바로 세계에서 벌어지는 사건이자 세계사이며, 증권시장에 그대로 반영된다. 이 거울에서 무언가를 읽어낼 수 있는 사람은 커다란 특권을 누릴 수 있다. 당장 내일 무슨 일이 일어날지 알지 못해도, 적어도 오늘과 어제가 어땠는지는 파악할 수 있다. 이것은 상당히 중요하다. 왜냐하면 그것조차 모르는 증권인들이 대다수이기 때문이다.

경제의 온도계?

주식을 잘 모르는 사람들은 흔히 주식시장을 경제의 온도계라고 표현하지만, 사실은 그렇지 않다. 주식시장은 현재 상황도 앞으로 다가올 미래의 경제 흐름도 보여주지 않는다. 그것을 증명하기 위해서 굳이 오래된 역사를 뒤질 필요도 없이 지난 5년만 살펴봐도 충분히 알 수 있다. 엄청난 경제성장을 이룬 독일의 실업률이 높은 수준에 고정되어 있을 때 독일의 주식시장은 무려 세 배나 성장했다. 그리고 이것이 바로 지난 연방의원 선거 유세 때 오스카 라퐁텐이 소리 높여 비판한 내용이었다. 그러나 그는 경제는 물론, 주식시장에 대해 조금도 이해하지 못하고 있다.

반면 미국에서는 완전고용 시에 경제가 성장했고 주식시장 역시 붐을 이뤘다. 하지만 경제는 최고 호황인데 주식시장은 침체되는 경우도 있었다. 경제와 주식시장이 항상 평행을 이루며 동반 성장하지는 않는다. 그렇다고 해서 서로 간의 상호작용이 없다는 의미도 아니다. 내가 수년 전에 떠올린 이야기를 사례로 들어 보다 쉽게 설명해보겠다.

한 남자가 반려견을 데리고 산책을 한다. 보통 개들이 그렇듯이 그의 반려견은 주인의 앞으로 달려 나갔다가 주인에게로 되돌아간다. 그런 뒤 다시 앞으로 달려간 후 자신이 주인에게서 멀어졌음을 알아채고는 주인에게로 또 돌아온다. 산책 내내 그런 행동이 계속 반복되다가 마지막에 둘은 같은 목표 지점에 함께 도착한다. 하지만 주인이 천천히 1킬로미터를 걷는 동안 주변을 달리며 돌아다닌 개는 4킬로미터를 산책했다. 여기서 주인은 경제이고 개는 증권시장이다. 1930년부터 1933년까지의 심각한 대공황을 겪은 미국 경제의 발전 과정을 보면 이와 같은 예가 얼마나 정확한지 알 수 있다. 경제는 지속적으로 발전하지만 한 걸음 또는 두 걸음 멈추기도 하고 때때로 뒷걸음질 치기도 한다. 하지만 주권시장은 같은 시기에 100번도 넘게 위아래로 널뛰듯 변동한다.

요컨대, 장기적인 관점에서 보면 경제와 주식시장은 같은 방향으로 발전하지만, 그 과정에서 때때로 정반대인 방향으로 나아가기도 한다.

주가를 움직이는 것들

주식시장의 논리

애널리스트들은 날마다 그날의 시세 변동을 설명하기 위해 노고를 아끼지 않는다. 주가 상승이나 하락의 원인을 추론하는 논리는 몹시 다양하다.

금리가 상승하면 주가가 떨어진다. 높은 이윤에도 불구하고 전문가가 기업의 장래를 어둡게 평가한 탓에 A사의 주식이 떨어지는 동안 예상보다 높은 수익률을 보인 B사의 주가는 상승한다. 다음 날 신문에 실린 애널리스트의 분석에 전날 수익을 낸 동일한 주식의 시세 하락이 예견되기도 한다. 달러 환율의 변동이 없다는 것을 주가가 오르는 이유로 꼽은 기사가 나간 다음 날, 같은 신문에서 그것을 다시 주가 하락의 주요 원인으로 지목하기도 한다. 이러한 분석은 투자자들에게 전혀 불필요하고 도움이 되지 않는다. 전문가들은 어떻게든 논리적인 근거를 찾아 입증하려고 노력한다. 하지만 주식시장에는 고유한 논리가 있으며, 여기에 일반 투자자는 크게 영향을 주지 못한다. 그것은 아름다운 여자나 날씨만큼이나 변덕스럽다. 주식시장은 먹이를 유인하기 위해 수천 가지 마법을 동원하고, 전혀 예기치 못했던 순간에 찬물을 끼얹기도 한다. 그래서 나는 주식시장의 이런 변덕에 항상 냉철하게 대처하고, 이에 대한 논리적인 설명을 찾으려 하지 말라고 제안하고 싶다.

애널리스트들이 주장하는 논리는 다음의 세 가지로 압축할 수 있다. 첫째, 주식의 공급이 수요보다 많으면 주가가 떨어진다. 둘째, 반대로 수요가 공급보다 크면 주가가 오른다. 셋째, 공급과 수요가 동일한 경우 주가는 큰 변동 없이 그 자리에 머무른다. 중단기적 시각으로 볼 때 우량 주식이면 무조건 오르고 부실 주식은 떨어진다는 보장은 없다. 상황에 따라 그 반대가 되는 경우도 있기 때문이다. 아무리 이윤이 좋고 배당금도 지급하며 향후 전망까지 유망한 기업이라도 주식시장에서 그 주가가 오르는 것은 공급보다 수요가 많을 때뿐이다. 이것이 주식시장에 적용되는 유일한 논리라고 할 수 있다.

공급과 수요의 원칙

내가 파리 증권거래소를 처음 방문했던 날이 아직도 생생하다. 나이가 지긋한 한 노신사가 다가와서 내게 물었다. "이보게, 젊은이. 여기에서 당신을 처음 보는 것 같은데 누구요?" 나는 "네, 사실 저는 오늘 이곳에 처음 왔습니다. X 회사에서 수습사원으로 일하고 있죠"라고 대답했다. 그러자 그는 이렇게 말했다. "그 회사 사장이 내 친구이니, 좋은 걸 하나 가르쳐주겠네. 주변을 한번 둘러보게나. 여기에서 중요한 건 딱 하나뿐이라네. 주식이 바보보다 더 많은지, 아니면 바보가 주식보다 더 많은지 말일세."

오늘날 나의 신조가 된 이 말은 다음과 같이 해석할 수 있을 것이다. 주가의 흐름은 주식을 팔려는 매도자가 주식을 사들이려는 매수자보다 더 급박한지 아닌지에 달려 있다. 주식을 보유한 사람이 심리적 또는 물질적 압박감에 주식을 내놓았는데 돈을 가진 사람은 반대로 사려는 마음은 있지만 꼭 사야 한다는 압박감을 느끼지 않는다면 주가는 하락한다. 하지만 돈을 가진 사람이 다급하게 주식을 찾는데 주식을 보유한 사람이 주식을 팔려는 심리적·물질적 압박감을 느끼지 않는다면 주가는 상승한다. 나는 이 가르침을 잊어본 적이 없다. 모든 것은 공급과 수요에 달려 있다. 내 모든 주식투자 이론은 여기에서 비롯됐다고 할 수 있다.

이러한 시각에서 보면 기업의 이익이 좋든 나쁘든, 전쟁 중이든 평화 상태든, 혹은 좌파가 권력을 잡았든 우파가 권력을 잡았든 전혀 상관없다. 물론 이러한 사건이 시세에 영향을 주는 것은 맞다. 하지만 그 영향은 간접적이다. 돈을 가진 사람과 주식을 보유한 사람이 그러한 상황에 특정한 의미를 부여하고 상황에 따라 투자를 해야만 비로소 그 사건들이 시세에 영향을 미치게 되는 것이다. 모든 주식투자자는 이러한 사실을 명심해야 한다. 그렇지 않으면 때때로 주가가 비논리적으로 움직일 때 그 이유를 전혀 납득하지 못할 것이기 때문이다.

장기적으로 영향을 미치는 요소들

단조 아니면 장조?

오페라나 심포니에 항상 반복되고 배경에 깔리는 주제가 있는 것처럼, 주식시장에도 장기적으로, 다시 말해 대개 약 10여 년간 지속되며 투자 트렌드를 결정하는 배경음악이 존재한다. 투자자가 이러한 투자 트렌드 범주 내에서 앞뒤로 움직이는 과정을 읽으며 그로부터 수익을 얻으려 한다면, 무엇보다 먼저 이 배경음악이 단조인지 혹은 장조인지 알아차려야 한다.

전쟁 또는 평화 그리고 장기적인 경제 발전, 이 두 가지 요소가 주식시장에 흐르는 주제음악을 결정한다.

평화가 세상에서 가장 중요하다

많은 사람들이 내게 지난 수십 년간 어떻게 그렇게 낙관적일 수 있었는지 묻곤 한다. 그들은 수면제를 언급했던 내 조언을 이미 들었다. 나는 소액 투자자든 대형 투자자든 가리지 않고 거의 모든 사람들에게 주식에 투자하라고 조언했다. 그러나 성공하려면 수면제를 복용한 뒤 몇 년은 푹 잠들어 주식시장을 보거나 듣지 말아야 한다고 말했다. 그래야 호황기를 목전에 둔 상황에서 바로 그 앞의 침체기를 견디지 못하고 모든 것을 잃을지도 모른다는 두려움에 주식을 파는 시장의 분위기를 뛰어넘을 수 있기 때문이다.

내가 시장을 낙관적으로 보는 이유는 아주 간단명료하다. 코소보·걸프·쿠르드 전쟁으로 비극적인 결과로 치달을 수도 있었지만 1912년 이후 더는 찾아볼 수 없었던 세계 평화가 마침내 확실해졌다. 10년 전만 해도 난 아침 7시가 되면 항상 나는 라디오 앞에 앉아 있었다. 어디선가 제3차 세계대전으로 번질 수 있는 긴장감이 조성되고 있는 것은 아닌지 전전긍긍하며 말이다. 나토와 바르샤바조약으로 형성된 냉전은 세계를 얼어붙게 했다. 그것도 이제는 지나간 이야기가 되었지만 말이다. 아침 10시가 되어서야 라디오를 껐다. 그다음에는 특별히 흥미로운 내용이 없었기 때문이다. 클라우디아 쉬퍼와 데이비드 코퍼필드가 결혼하지 않는다는 정도의 뉴스 외에 내 관심을 끄는 소식이 없었다. 유럽인의 마음에 들든 들지 않든, 새로운 시대는 미국만이 거대한 세계 강국이 되는 팍스 아메리카나다. 그것으로 장기적인 세계 평화가 보장되었다. 그것이 전 세계 주식시장에 그린라이트를 켰고, 지난 수년간 주식시장이 환상적으로 성장할 수 있었던 이유이기도 하다.

지난 80여 년간의 증권투자 경험으로 나는 정반대의 사례도 잘 알고 있다. 나는 제1·2차 세계대전과 냉전을 겪었고 거기서 살아남았다.

어디선가 화약 냄새가 풍겨오는 동안은 투자자들은 주식에 투자하려고 하지 않는다. 그런 시기에는 누구나 금과 같은 유가물을 안전한 금고 속에 깊숙이 넣어두고 싶어한다. 전쟁이 터지면 패전국인 독일이나 연이은 두 차례의 전쟁으로 막대한 손실을 입은 프랑스처럼 화폐의 가치가 완전히 추락할 수도 있기 때문이다. 이러한 상황이 닥치면 주식은 아무런 도움이 되지 않는다. 피신처인 나라에서는 기존에 자국에서 보유한 주식을 팔 수가 없고, 또 외환관리법 때문에 가져온 외국 화폐로는 시작할 수 있는 것이 아무것도 없다. 혹은 주식을 소유하고 있는 기업의 공장이 폭격으로 파괴되거나 국유화될 가능성도 있었다. 종전 후 헝가리가 공산주의국가가 되면서 내 아버지의 양조회사가 그랬던 것처럼 말이다. 여하튼 결과는 똑같다. 그때까지 투자한 것이 전부 사라지는 것이다. 이런 상황에서는 전쟁에 개입하지 않은 국가의 화폐 또는 금만이 유용했다.

상황이 불확실할수록 투자자는 주식투자를 하지 않고, 상황이 확실할수록 주식투자가 늘어난다. 현재 주식은 싸움에서 승기를 움켜쥐었고, 앞으로도 그럴 것이다. 나는 향후 10년은 계속 낙관적일 것이라 전망한다.

장기적인 시각으로 보는 경제 발전

앞서 언급했던 반려견과 주인의 이야기로 돌아가보자. 경제와 주식시장은 평행을 이루며 진행되지 않는다는 내용이었다. 하지만 장기적인 시각에서 볼 때 반려견을 데리고 나온 주인, 즉 경제와 주식은 같은 방향으로 나아가고 있다. 경제와 기업의 수익이 성장하지 않으면 주식 시세도 지속적으로 오르지만은 않는다. 다시 말해, 근본적인 경제성장이 뒷받침되지 않았다면 제너럴 모터스, IBM, 마이크로소프트의 주가는 오늘날처럼 오를 수 없었을 것이다. 개가 너무 멀리 앞서 나가 주인이 보이지 않는 곳까지 가버린 경우는 어떨까? 개를 잘 아는 사람이라면 이 네발 달린 친구가 늦더라도 다시 주인에게 돌아올 것을 잘 알고 있을 것이다.

주식도 이와 마찬가지다. 일본이 아주 좋은 사례인데, 일본의 경우

20년이 넘도록 주가가 경제 기초 지표와 기업 수익으로부터 너무 동떨어져 있었다. 최근에 경제 지표와 기업 수익이 계속 상승하기는 했지만 너무 앞질러 가는 주가의 템포와 보조를 맞출 수가 없었다. 그러다 1990년에 이르러 자신이 너무 앞서 나갔다는 것을 깨달은 개가 돌아오자 어느 누구도 예측하지 못했던 경제 불황이 찾아왔다. 지금까지도 닛케이지수는 최고치의 50퍼센트 수준에 머물러 있다.

장기적 관점에서 주식시장은 경제와 떼어놓을 수 없다. 그러므로 투자자는 국가의 경제를, 그리고 지금처럼 글로벌 시대에는 세계 경제를 면밀하게 관찰하고 분석해야 한다. 이때 과거가 아닌 미래가 더 중요하다는 사실에 주의해야 한다. 특별한 장애물 없이 경제가 발전한다면 때때로 시련과 동요가 찾아올 때 주식시장은 약간의 흔들림은 있어도 장기적으로는 성장할 것이다. 그 결과 주가는 하락할 때보다 상승할 때가 많아 투자자가 수익을 볼 기회도 늘어날 것이다. 이런 이유에서 지난 몇 년 동안 주식시장의 게임꾼인 단기투자자들이 적지 않은 이익을 볼 수 있었다. 시세가 지속적으로 상승하면 단기 거래로 주식을 샀다가 되파는 방식으로 수익을 얻을 수 있다. 하지만 그렇다고 교만해져서는 안 된다. 확실한 것은 도박성의 투자보다는 여러 해 동안 주식을 보유하는 것이 결과가 더 좋다는 것이다.

나는 경제성장의 추진력이 더 높은 생활수준에 도달하려는 인간의 욕구에서 비롯된다고 생각하며, 그래서 앞으로도 경제가 계속 성장할 것이라 확신한다. 부자들이 게으르고 나태해지는 순간, 더 높은 곳으로 신분 상승을 꾀하는 다른 사람들이 등장해 지속적인 성장을 끌어낼 것이다. 이렇게 세상은 계속 앞으로 나아간다.

하지만 때때로 이러한 흐름을 옥죄는 코르셋 같은 장애물이 등장하기도 한다. 만약 투자자가 이러한 장애 요인을 알아차리거나 미래에 그러한 일이 생길까 우려한다면 투자를 재고할 필요가 있다. 어쨌든 장기적인 관점에서 발생할 수 있는 여러 가능성을 따져봐야 한다. 그럴 때는 아주 노련하게 행동하며 주식시장의 상승 혹은 하강국면을 예의 주시하며 적기를 기다려야 한다.

경제성장의 또 다른 장애 요인으로는 모든 성과물에 대한 '처벌'이라 할 수 있는 부적절한 조세정책이 있다. 스웨덴처럼 자기 수입의 90퍼센트를 세금으로 내야 한다면, 언젠가는 사업을 하거나 투자하거나 하루에 14시간을 일하고 싶은 마음이 싹 사라질 것이다. 결국 스스로가 아닌 국가를 위해 일하는 셈일 테니 말이다. 그 밖에 지나친 법령, 복잡한 허가 절차, 과도한 규제 등도 경제 발전의 장애 요인이 될 수 있다. 그런데 이러한 규제의 대다수는 산업별로 나타난다. 독일에서 환영받지 못했던 유전공학의 경우 대부분의 관련 기업들이 결국 미국에 둥지를 틀었다. 하지만 경제성장을 가로막는 가장 큰 문제는 돈이 없다는 것이었다. 경제는 과거 헝가리의 떠돌이 집시와 악사들이 입버릇처럼 말했던 한 문장으로 설명할 수 있다.

"돈이 없으면 음악도 없어요Ka geld, ka music."

이 말이 의미하는 바를 제대로 마음에 새긴 사람이라면 경제학을 전공한 경제학자보다 경제를 더 잘 이해할 것이다. 돈이 없으면 경제는 성장할 수 없다.

수십 년간 금본위제도는 돈의 수급을 방해했다. 금본위제도 시기의 세계 경제는 매우 완만하게 성장했다. 나는 금본위제도를 반대하는 글을 이미 여러 차례 쓴 적이 있다. 실제로 금본위제도는 제 기능을 하지 못했으며 앞으로도 그럴 것이 분명하다. 이러한 과격한 디플레이션 시행이 요구되는 금본위제를 고집할 정부는 세계 어디에도 없을 것이다. 그것은 사회에 부정적인 결과를 가져오고 끝내 차기 선거에서 정부에 패배를 안겨줄 것이기 때문이다.

이 문제와 관련하여 나는 수년 전 자크 루에프Jacque Rueff(드골 정권 때 환율 전문가)와 논쟁을 벌인 적이 있다 그는 '미스터 금본위제'라는 별명으로 불릴 만큼 금본위제도에 푹 빠져 있었다. TV 토론에서 그는 금이 세계 경제의 질서를 유지하는 전제군주라고 주장했다. 이에 나는 그에게 "하지만 그 군주의 군대는 도대체 어디에 있습니까? 정부로 하여금 급진적인 디플레이션을 시행하도록 강제할 수 있는 군주의 군대 말입니다"라고 도전적으로 질문했다.

1932년 루에프는 소르본대학에서 열린 한 강연에서 또다시 금본위제를 찬양했다. 하지만 그가 자신의 주장을 입증하기 위해 소위 '성공적인 실례'라며 언급한 사례들은 정말이지 우스운 것들이었다. 그는 바이마르공화국 당시 브뤼닝-루터 정부가 시행한 디플레이션 정책을 꼽으며, 심각한 경제위기에도 불구하고 그 정책으로 인해 금 보유량이 증가했다고 감격스러워했다. 하지만 오늘날 우리는 이 정책이 실제로 얼마나 '성공적'이었는지 너무나 잘 알고 있다. 그로부터 딱 1년 뒤 히틀러가 권력을 장악했기 때문이다.

금본위제도에 대해 좀 더 생각해보자. 금본위제가 존재하지 않았더라면, 어쩌면 히틀러, 제3제국, 제2차 세계대전, 유대인 학살 같은 일은 아예 일어나지 않았을 수도 있다. 왜냐하면 그사이에 독일에 등장한 경제위기가 다소 완화되었던 시절에 히틀러가 이끄는 사회주의 독일 노동당에 대한 지지도가 바로 하락했기 때문이다. 경제 상황과 투표 결과 사이에 상관성이 있다는 것은 부인할 수 없는 사실이다. 사람들의 생존이 위협받을수록 혁명이 일어날 가능성이 커진다.

그 후에도 루에프는 자신이 연재하는 칼럼에서 전통적인 금본위제도(달러가 100퍼센트 금으로 환산되는 것)로 복귀하지 않으면 세계 경제가 붕괴될 것이라고 경고했다. 우리가 알고 있듯, 이러한 그의 경고는 사람들의 마음에 닿지 못했다. 그럼에도 불구하고 세계 경제는 그 어느 때보다 좋아지고 있다.

또한 인플레이션에 맞서기 위해 금본위제도가 필요한 것은 더더욱 아니다. 화폐가 금으로 환산되는지 또는 변동환율을 따르는지는 그리 중요하지 않다. 중요한 것은 민주주의 국가에서 정부가 권력을 누리는가, 아니면 신뢰를 누리는가 하는 점이다. 취임 후 디플레이션 정책을 시행했던 미국 레이건 대통령의 행보가 이를 증명한다. 처음에 그는 금리를 급격하게 높여 카터가 물려준 경제위기를 악화시켰지만, 이후 인플레이션을 잡고 경제를 활성화시키는 데 성공했다.

반대의 상황에서도 금본위제도는 제 기능을 하지 못했다. 이를테면 자국 화폐가 끊임없이 평가절상 압박을 받는 독일이나 스위스와 같은 나라는 자국 화폐의 수요를 충족시키기 위해 화폐시장에 개입하는 것이 허용되지 않았다. 만약 그랬다면 금 수입과 통화량이 증가하는 국면으로 치달았을 것이다. 그 대신 독일과 스위스는 자국 통화를 평가절상하고 한시적으로 은행 예금에 대해 마이너스 이자를 지급했다. 한 사회의 구성원들이 해당 제도의 규칙을 지키지 않는 상황에서 그 이름값을 제대로 해낼 수 있는 제도가 어디 있겠는가? 통화가 지속적으로 평가절상되거나 평가절하된다면 이는 변동환율제와 다를 것이 없다.

이야기를 하다 보니 매우 현명하고 노련한 상인 그륀이 카페에서한 친구와 전화 나누었다는 대화가 떠오른다. 그륀은 친구에게 밀을 선물로 매우 저렴한 가격에 사들였다고 말했다. 그러자 친구가 그륀에게 물었다.

"자네, 그 계약을 법적으로 잘 처리해놓은 거겠지?"

그러자 그륀이 답했다.

"뭐 하러 그런 수고를 한단 말인가? 밀 가격이 올라가면 그들은 어차피 내게 밀을 보내지 않을걸세. 그리고 밀 가격이 하락하면 내가 받지 않을 테고."

제2차 세계대전 이후 금본위제는 제 기능을 하지 못했다. 만약 이 제도가 그대로 있었다고 해도 우리 사회의 커다란 문제를 해결하기에는 역부족이었을 것이다. 금본위제가 실패한 원인은 현실을 제대로 파악하지 못한 데에 있다. 이 제도를 옹호하는 사람들은 통화의 질은 중앙은행 금고에 쌓인 금 보유고에 달려 있다고 생각한다. 하지만 이는 완전히 터무니없는 생각이다. 화폐의 강약을 결정하는 것은 우선 그 나라의 경제력이고, 그다음은 국가 재정의 경영이다. 신체가 건강한 사람은 감기에 걸려도 끄떡없지만 허약한 사람은 아무리 뛰어난 의사의 치료를 받아도 원래 튼튼하던 사람만큼 건강해지기 힘들다. 금은 부지런한 사람이 인정받고 미덕이 승리하는 나라로 흘러 들어간다. 악덕이 승리하면 이 세상에 있는 금을 전부 털어온다고 해도 통화를 구제할 수 없다.

독일연방은행은 금 보유고가 하나도 없는 상태에서 시작했지만, 불과 몇 년이 지나지 않아 세계에서 가장 안정적인 통화 중 하나로 손꼽히게 되었다. 드골 정부는 1968년까지 파리중앙은행에 어마어마한 양의 금을 쌓아두었지만 당시에 불어닥친 정치적 위기로 인해 마치 뜨거운 햇살에 녹아버린 버터처럼 단 14일 만에 녹아버렸다.

비스마르크는 비록 경제 전문가는 아니었지만 금 보유고에 대해 다음과 같은 매우 천재적인 정의를 내렸다. 어쩌면 그가 경제 전문가가 아니었기 때문에 이렇게 말할 수 있었을지도 모른다.

"금 보유고는 두 사람이 함께 덮고 있는 이불과 같다. 이때 두 사람 모두 이불을 자기 쪽으로 끌어당기려 애쓴다."

이제 외환 흐름의 규모가 워낙 거대해져 금본위제도를 도입하는 것은 아예 불가능해졌다. 19세기만 해도 금본위제는 그런 대로 기능을 했고, 어느 정도 효과가 있었다. 하지만 지난 세기와 현재의 경제 질서를 어떻게 비교할 수 있겠는가? 음악을 예로 들어보자. 어린아이가 처음 피아노를 배울 때는 앞에 메트로놈을 두고 그 추를 따라 박자를 맞춘다. 하지만 대형 오케스트라 공연에서는 메트로놈이 아닌 천재적인 지휘자가 필요하다.

그러므로 오늘날 우리의 경제에 필요한 것은 금본위제도가 아니라 금융시장의 지휘자인 훌륭한 중앙은행이다. 미국 연방준비제도이사회 의장인 앨런 그린스펀은 그런 측면에서 아주 훌륭한 지휘자라고 할 수 있다. 경제가 돈을 필요로 하면 경제에 돈을 내놓았고, 돈이 지나치게 많이 풀려 있으면 통화량을 축소시켰다. 마치 "주님이 주셨으니 주님이 가져가도다"라는 성경 말씀처럼 말이다.

하지만 독일연방은행은 유럽은행에 흡수되기 전까지 디플레이션 통화정책을 실행했는데, 나는 이것이 독일 통일 이후 제2의 경제기적을 가로막는 주된 원인이었다고 생각한다. 안정, 안정 그리고 또 안정. 이것이 바로 독일의 모토였고, 인플레이션율 제로가 목표였다. 몇 년 전부터 미국의 달러화는 독일의 마르크화에 비해 저평가되어 왔다. 그렇게 독일연방은행에서 계획한 대로 수입 원자재에 비해 수입 대금이 점차 낮아졌다. 그러나 생산물의 40퍼센트를 수출하고 지속적인 무역 흑자를 기록하고 있는 나라에서 이러한 정책은 수십만의 일자리만 사라지게 할 뿐이다. 갈수록 심해지는 경쟁 압력에 기업들은 계속 구조조정을 하거나, 많은 독일 기업이 이미 시행한 것처럼 생산 설비를 해외로 이전해야만 했다.

그러다 보니 어느덧 안정이 목적 그 자체가 되었지만 그것이 우리가 추구해야 할 삶의 가장 중요한 목표는 아니다. 삶의 목표는 오직 평화와 안락한 삶이 되어야 한다. 그래야만 정치적 급진주의자나 좌우로 대중을 흔드는 선동가들을 막을 수 있다. 무엇보다 최고의 목표는 통화가치의 안정이 아니라 정치적 안정이어야 한다. "5퍼센트의 실업보다는 차라리 5퍼센트의 인플레가 낫다!"라는 헬무트 슈미트의 말에 나 역시 동의한다. 약간의 인플레이션은 경제에 전혀 해가 되지 않는다. 언젠가 헝가리 지역을 방문한 프란츠 요셉 황제가 시장에게 질문했다. "그래, 소득은 얼마나 되는가?" 그러자 지혜로운 시장은 이렇게 대답했다. "폐하, 그럭저럭 나쁘지 않습니다. 하지만 약간의 부당이득 행위가 없으면 살 수 없을 수준입니다." 약간의 인플레이션도 이와 마찬가지다. 인플레이션이 없다면 경제는 성장할 수 없다.

그 밖에도 절대적인 안정이란 그저 환상에 불과하다. 에너지, 원자재, 식료품 가격은 물론 노동시장은 항상 변하기 마련이다. 또한 상품의 가격이 자연의 변화에 영향을 받아 변동되는 경우도 많다. 어느 때는 오렌지가 얼고, 또 어느 때는 폭염으로 커피 원두가 타버린다. 자유주의 경제 체제하에서 상품의 가격은 늘 오르고 떨어지기를 반복한다. 그리고 이 변화에는 자연적 환경과 대중의 심리적 반응이 크게 영향을 준다. 그러한데 이러한 환경에서 어떻게 절대적 안정에 도달할 수 있단 말인가?

이 가격안정 정책의 결과는 몹시 참혹했다. 거의 10년 전부터 실업률은 약 10퍼센트를 기록하고 있었고, 경제 활성화를 기대하기에 통화량 증가는 너무 미미했다. 독일 예금자와 투자자들은 마르크를 신성하게 숭배해야 한다고 교육을 받아왔으므로 돈은 소비되지도 투자되지도 않았다. 수년째 독일연방은행의 통화정책은 프랑스를 비롯한 다른 유럽 국가들의 불신을 사고 있다. 하지만 마르크화가 유럽통화시스템EWS에서 기축통화 역할을 맡고 있어 다른 국가들도 독일연방은행의 정책을 그대로 따를 수밖에 없었다. 유로화가 도입으로 프랑스가 노리는 제1의 목적은 바로 독일연방은행의 약화였다. 이것은 유럽중앙은행 총재 자리를 두고 벌어진 싸움에서 뚜렷이 드러났다. 자크 시라크는 동원 가능한 전력을 다해 프랑스의 후보 장클로드 트리셰를 그 자리에 앉히려고 노력했지만, 유럽연합의 화폐 안정성 규정 때문에 끝내 선거에서 패배하고 말았다. 화폐 안정성을 명시한 마스트리흐트 조약Maastricht Vertrag은 회원국이 디플레이션 정책을 실행하도록 강요하는 것이기에 사실 경기 부양에는 장애물이 된다.

유럽중앙은행이 미국 연방준비제도이사회처럼 현명한 통화정책을 펼칠 것인지, 아니면 독일연방은행처럼 안정성 중심으로 나아갈지는 곧 알게 될 것이다. 섣불리 예측하여 미리 진단을 내릴 수는 없지만 나는 아무쪼록 프랑스와 이탈리아가 경제 활성화 방향으로 힘을 싣기를 바라고 있다. 유럽중앙은행 내부에서 벌어지는 싸움의 결과에 유럽의 경제 발전이 달려 있다. 안정성에 더 중점을 둔다면 괄목할 만한 경제성장은 사실상 불가능하며 실업률 감소도 기대하기 힘들다. 지금까지 그랬던 것처럼 미국이 앞으로도 세계 경기를 끌고 가는 기관차 역할을 할 수 있을 때만 불황을 막을 수 있다. 또한 세계를 무대로 사업을 펼치는 대기업들만 살아남을 것이고, 지역 시장에서만 활동하는 작은 기업은 전망이 불투명해진다. 유럽중앙은행이 통화량뿐만 아니라 경제까지 고려하는 정책으로 돌아간다면 호황을 기대할 수 있다. 그러면 모든 걸림돌들은 사라질 것이고, 주가가 아무리 높이 오르더라도 주식시장은 장기적으로 계속 상승할 것이다.

중기적으로 영향을 미치는 요소들

돈 + 심리 = 트렌드

주식시장이 앞장에서 설명한 요소들에만 영향을 받는다면, 경제와 함께 완만하지만 서서히 오른다는 결론이 나온다. 그렇지만 우리가 잘 알고 있듯이 앞뒤로 정신없이 뛰어다니는 개의 모습처럼 주식시장은 장기적인 경제성장 과정에서 급속도로 올랐다가 다시 떨어지는 현상이 여러 번 되풀이된다.

주식시장이 상승장의 초기에 호황을 누린 뒤 다시 강세장 초기 수준으로 돌아가는 경우는 매우 드물다고 해도 이 시기에는 위와 아래를 오가며 극단적으로 요동친다. 이러한 동요는 중기적 영향 요소들에 의한 것들로 다음의 두 가지 요소가 결합되어 있다.

첫 번째 요소는 돈이다. 주식시장에서 돈이란 산소 또는 차를 움직이는 휘발유 같은 것이다. 돈이 없으면 제아무리 미래 전망이 좋고 평화가 지속되어 경기가 좋더라도 주식 거래가 활발해질 수 없다. 수중에 쓸 수 있는 돈이 없으니 당연히 주식을 살 수 없기 때문이다. 그러므로 돈은 주식시장의 엑기스라고 할 수 있다.

하지만 시장은 돈만 있다고 해서 움직이지 않는다. 두 번째 요소는 심리다. 여론의 투자 심리가 부정적이어서 어느 누구도 주식을 사려고 하지 않는다면 주가가 상승할 수 없다. 돈과 심리, 이 두 가지 요소가 긍정적이어야만 시세가 오른다. 반대로 두 요소가 부정적이면 떨어진다. 한 요소는 긍정적이지만 다른 한 요소가 부정적이면 트렌드가 중화되어 커다란 동요가 없고 재미도 없는 주식시장이 이어진다. 바로 여기에서 나의 신념이 된 공식이 탄생했는데, 그 공식은 다음과 같다.

돈 + 심리 = 트렌드

한 요소가 미약하게나마 다른 한 요소보다 더 강하면 둘 중 어떤 요소가 더 강한지에 따라 주가가 다소 상승하거나 다소 하락한다. 그러다가 둘 중 한 요소가 태세를 전환하여 두 요소가 전부 긍정적이거나 전부 부정적이 되면 급격한 강세장 또는 하락장이 온다.

요컨대, 크고 작은 투자자가 주식을 사려고 하고, 또 살 수 있어야 시세가 상승한다. 그들은 금융 상황과 경제 상황을 긍정적으로 판단했기 때문에 주식을 사려는 것이며, 주머니나 금고에 충분한 유동자금을 보유하고 있어 그 돈을 쓸 수 있기 때문이다. 이것이 바로 강세장의 비밀이다. 경제 뉴스나 기초적인 사실이 전부 이와 반대되더라도 이는 변하지 않는다.

물론 동일한 메커니즘이 반대의 경우에도 적용된다. 여론이 부정적이고, 미래도 깜깜하며, 부동산이나 금리가 높은 적금, 채권 같은 다른 영역에 돈을 투자하느라 금고에 여유 자금이 부족해 다른 신용거래마저 불투명하다면 주가는 하락한다. 상상력과 돈이 없으면 주가는 바닥으로 추락한다.

내 생각에 중기 주식 트렌드에서는 돈과 상상력이라는 두 요소가 경제 기초지표보다 훨씬 더 결정적인 역할을 한다. 이 두 요소 중에서는 돈이 좀 더 지배적이다. 돈이 있으면 언젠가 심리적 요소 또한 긍정적으로 변하기 마련이다. 나의 경험상 금융 순환과정에서 돈이 지나칠 정도로 넘쳐나면 예금주들의 대다수가 주식에 부정적일지라도 이 유동자금의 일부가 9~12개월 안에 주식시장으로 흘러들어온다. 이 시기에 첫 번째 매수는 바닥인 시장에서 시작하여 시세는 점차 오르기 시작한다. 주가가 오르면 다시 주식에 관심을 갖게 된 여론이 추가로 주식를 매수하고, 그것이 또다시 새로운 매수자를 주식시장으로 끌어당긴다. 당연히 그럴 때마다 증권 전문가와 애널리스트들은 그게 무엇이든 주가 상승을 일으킨 근본적인 요인을 분석하려 든다. 그것은 경기가 완전히 깜깜하거나 완전히 밝기만 한 적은 없기 때문이다. 그들은 만약 지금의 경기가 만족스럽지 않다면 미래의 긍정적인 발전 가능성이 현 상승 시세의 이유라고 주장한다. 이러한 긍정적인 논평에 힘입어 서서히 뒤집힌 여론을 따라 주식시장에 다시 자금이 들어오면 주가도 다시 올라간다.

반대의 경우도 동일하다. 돈이라는 요소가 부정적이면 9~12개월 후에 여론의 투자 심리도 부정적으로 바뀐다. 아무리 경제 전면에 매우 좋은 소식이 가득해도 새로운 자금이 유입되지 않으면 증시는 오르지 못한다. 주가가 기대치만큼 오르지 않고 제자리에 머물면 실망감에 주식시장에서 빠져나오는 투자자들이 생긴다. 이때 첫 번째 매도는 시세를 하락시키고 다른 매도들을 점점 더 부추긴다. 이때가 되면 증권 애널리스트들은 시세 하락에 대한 근거를 찾아 악재성 소식을 내놓는데 그것으로 시장의 분위기가 다시 뒤바뀐다.

돈이라는 요소는 중기 증시 트렌드에서 가장 중요한 역할을 한다. 그러므로 투자자는 돈에 영향을 미치는 다양한 요소들을 제대로 파악해야 한다. 이 요소들은 각기 맞물려 있어 서로에게 영향을 미친다. 그렇지만 나는 돈에 영향을 미치는 각각의 요소가 지닌 의미와 작용 방식을 설명해보려 한다.

경기: 중기적으로는 그리 중요하지 않다

주식시장은 경제 상황을 그대로 보여주는 온도계가 아니라는 것은 이미 설명한 바 있다. 심지어 주가가 경기 변동과 반대 방향으로 전개되는 경우도 빈번하다. 호경기에 들어서면 기업은 늘어난 수요를 충족시키기 위해 활용 가능한 모든 자금을 직접적인 시설 투자에 사용할 것이다. 지난 20년간 미국에서 그랬듯이 이런 시기는 주식 환매가 거의 일어나지 않는다. 오히려 기업은 투자를 위한 새로운 자금이 필요해지고, 이 자금을 조달하기 위해 주식시장에 의존하며 자본 증식을 시도한다. 그렇게 기업의 주식은 많아지고, 공급이 증가한다. 일부 기업은 보유하고 있는 다른 기업의 주식을 매도하기도 한다. 그 결과 상당량의 새로운 주식이 시장에 쏟아져 나온다.

이런 측면에서 주식시장은 중고차 시장과 유사하다. 자동차 회사는 항상 새롭고 매력적인 모델을 생산하고, 영업사원은 이 신차 판매를 위해 가격을 할인해주거나 특별 장치를 무상으로 제공하는 등 적극적인 판촉 활동을 한다. 이러한 판촉 활동이 성과를 거두면 중고차의 시세가 하락한다. 하지만 반대로 새 차가 배달되기까지 여러 주나 소요되는 데다가 새 모델이 그리 멋져 보이지도 않고 가격 혜택마저 없으면, 중고차 시장은 활성화되고 중고차의 가격도 상승한다.

증권거래소에 상장된 주식은 자본시장의 중고차나 다름없다. 만약 시장이 새롭고 주변의 흥미를 끄는 유가증권들로 가득하다면 앞서 증권거래소에 상장된 주식의 시세 하락은 막을 수 없다. 하지만 새로운 주식의 발생이 계속 줄어들면 증시는 자금 과잉 상태가 되어 중고차 시장처럼 움직이게 되어버린다.

후자는 불경기에 나타난다. 이때는 경제와 수요가 침체되므로 신규 투자의 수익성이 더는 보장되지 않는다. 따라서 기업은 자본 증가를 위해 새로운 주식을 발행하는 대신 남는 자본으로 자사의 주식을 사들여 주주들을 보호한다. 축적된 자금이 산업 투자에 대한 수요를 넘어서면 과잉 자금은 자동적으로 주식시장으로 흘러들어오고, 이미 상장된 주식에 투자된다.

불경기에는 많은 사람들이 자신의 지위와 수입을 잃을지도 모른다는 두려움에 열심히 저축한다. 그래서 소비는 줄어들고 저축액은 상승한다. 이 저축액 중 일부는 투자펀드나 펀드 연계 생명보험을 통해 직접적으로든 다른 방식으로든 증시로 흘러들어가게 된다. 그러므로 결과는 항상 같다. 주식에 대한 수요가 증가하는 것이다. 그 결과 주식 배당금이 줄어들고 기업 이윤이 감소하는 불경기여도 주식시장에서는 주가가 상승하며 강세장이 이어진다.

경기와 증시가 따로 가는 사례는 제2차 세계대전 후의 독일에서 찾아볼 수 있다. 독일은 1948년 시행된 화폐개혁으로 본격적인 경제 재건을 시작했다. 당시 심리적 요인은 긍정적이었지만 주식시장에는 돈이 없었고, 주가가 지나치게 완만히 오르는 바람에 원래 가치를 회복하는 수준 이상으로는 오르지 못했다.

1952년 이후 독일의 산업 발전은 대규모로 이뤄졌다. 이러한 대호황기가 융통 가능한 자본을 전부 산업 투자로 빨아들인 탓에 주식시장에는 흘러들어갈 돈이 전혀 없었다. 이 시기 나는 매일 아침 신문에서 기묘한 패러독스를 읽어야만 했다.

"기업은 괄목할 만한 성과를 기록하고 있고, 배당금은 늘어나고 있으며, 주가는 연이어 하락하고 있다."

이는 독일 정부가 호황 속에서 다가올 위협적인 인플레이션을 예방하는 데 필요한 조치를 취했기 때문이었다. 대출 규제로 인해 기업들은 새로운 주식이나 채권을 발행해야 하는 상황으로 몰렸다. 독일에서 가장 규모가 큰 대기업들은 8퍼센트 이상의 고금리로 채권을 발행했다. 당시로서는 상당히 높은 수준의 금리였다. 주식시장에는 채권이 넘쳐났고 낙관적인 전망에도 그것을 사들일 돈이 부족했다.

주식시장은 가망이 없어 보였다. 하지만 경제성장이 둔화되고 침체기에 접어들자, 연방은행은 대출 기준을 완화하고 자본시장의 숨통을 터줄 자금을 풀기 시작했다. 1차 '산소 공급'으로 주식시장에는 다시 활력이 넘쳐 흘렀고 사상 최고의 주가 상승세를 기록했다. 인위적으로 수년간 억눌려온 상승 잠재력이 터지면서 시세 폭등으로 이어졌다. 무엇보다 돈과 심리라는 두 요소가 동시에 긍정적으로 작용했기 때문이다. 내가 판단하기로는 그중에서도 특히 증시의 산소인 돈이 필요했던 것으로 보인다. 이러한 현상은 항상 그랬고 주식시장이 존재하는 한 앞으로도 그러할 것이다.

"돈, 돈, 오로지 돈denari, denari e poi denari!"

마샬 트리불지오스Marchall Trivulzios가 남긴 이 유명한 말은 모든 증권거래소 정문에 새겨져야 할 것이다.

인플레이션: 이것에 대항하는 싸움은 해로울 뿐이다

증권인은 악마가 성수를 꺼리는 것만큼 인플레이션을 싫어한다. 그들은 모든 소비자물가, 생산가, 시간당 임금, 임금비용지수 등을 날카롭게 주시한다. 이 수치가 오르면 주식시장의 분위기가 악화되고 시세도 떨어진다. 그래서 많은 사람들이 인플레이션이 증시에 해롭다고 말한다. 하지만 간접적으로만 그렇다. 인플레이션 자체는 주식에 어떤 부정적인 영향력도 행사하지 않는다. 오히려 반대로, 원래 유가물인 주식은 다른 유가물처럼 인플레이션에 의해 움직인다.

주식시장에 부정적인 영향을 미치는 요인은 인플레이션에 맞서기 위해 중앙은행에서 취하는 조치들뿐이다. 앞에서도 언급했던 제2차 세계대전 이후 독일의 사례처럼 말이다. 당시 경제 호황이 어마어마했기에 독일연방은행은 인플레이션을 막기 위해 고금리 정책 카드를 꺼내들며 어떻게든 경기를 억제하려고 시도했다.

앞서 이야기했듯 인플레이션이 경기 활성화의 자극제가 될 수도 있는데 굳이 중앙은행이 인플레이션을 막으려는 이유가 무엇이냐고 물을지도 모른다. 이는 술이나 담배와 비슷하다. 이 두 가지 모두 약간은 기분 좋은 자극이 되지만 지나치면 알코올 중독자나 니코틴 중독자가 될 수 있다. 좀 더 이해하기 쉽게 비유하자면 인플레이션은 따뜻한 목욕물과 같다. 따뜻한 물에 몸을 담그고 있을 때는 편안하지만 중간에 물 온도가 너무 뜨거워지지 않도록 주의해야 한다.

인플레이션이 통제되지 않는 상황에 이르면 바로 경제위기가 닥친다. 그러면 다음과 같은 일이 벌어질 수 있다. 호황은 기존의 생산과 서비스로는 충족시킬 수 없는 수준의 수요로 이어진다. 이때 공급과 수요 사이의 불균형으로 인해 가벼운 가격 상승이 일어난다. 동시에 산업적 수요 상승과 인위적 조절로 인해 핵심 원자재 가격이 상승한다. 여기서 인위적 조절이란 예컨대 OPEC이 1970년대 대규모의 원유 공급력을 무기 삼아 가격을 결정하려던 상황 같은 것을 말한다. 시간이 흐르면서 이러한 가격 상승은 소비자물가를 올리고 종래에는 생계비 상승을 초래한다. 그러면 노조는 화폐가치 하락에 상응하는 만큼의 임금 상승을 요구한다. 이 임금 상승은 다시 생산 비용과 서비스 비용을 높이는 원인이 된다. 그 영향으로 소비자 가격은 더 높아지고, 노조는 또다시 오른 물가에 맞춰 임금 인상을 요구한다. 이렇게 임금과 가격이 번갈아가며 오르다가 인플레이션이 되는 것이다.

마지막에는 화폐가치가 너무 하락하여 실질이자율(명목이자율-인플레이션율)이 마이너스가 되고 만다. 이러한 화폐가치 하락을 방지하기 위해 예금자들은 금을 비롯한 그림, 우표, 골동품 등의 유가물로 관심을 돌렸다. 이로 인해 금융계에서 돌던 돈이 다른 곳으로 빠져나가게 되었다. 경제에 투자할 수단이 사라지면서 대량 실업 사태가 벌어지고 결국에는 경제위기로 이르렀다. 프랑스의 금본위제도 시기가 바로 그러했다. 프랑스인들은 저축액의 상당 부분을 금에 투자할 정도로 금에 집착했다. 시장에 돈이 고갈되면서 그 여파로 1년간 경제가 무기력해졌다. 프랑스 경제는 1970년대에 들어 금본위제가 폐지된 후에야 다시 성장하기 시작했다.

앞서 서술한 인플레이션 시나리오가 현실이 되는 것을 막기 위해 독일연방은행은 벌써부터 수요 인플레이션이 지나치게 커지지 않도록 맞서 싸우고 있다. 그리고 그것이 올바른 조치이기는 하다. 하지만 독일연방은행은 마치 풍차와 맞서 싸우는 돈키호테처럼 무의미한 대항을 하고 있다. 인플레이션은 예나 지금이나 별다른 징후 없이 찾아온다. 독일연방은행은 과거 경제를 황폐화시켰던 두 차례의 인플레이션을 예로 들며 조치를 취하고 있으나, 지금을 그때와 비교한다는 것 자체가 터무니없다. 한 번은 전쟁 직후 나라 전체가 잿더미에 독일 마르크화로 살 수 있는 모든 것이 파괴된 상태였는데 어떻게 지금과 비교할 수 있단 말인가? 또한 1970년대의 인플레이션 또한 수요 인플레이션이 아닌 데다 두 번의 오일 쇼크라는 외적 요인에 의해 일어난 것이었다.

투자자가 인플레이션을 주의 깊게 살펴야 한다는 것에는 이론의 여지가 없다. 더불어 인플레이션에 대처하는 각 나라 중앙은행의 방안도 예측할 수 있어야 한다.

디플레이션: 증권시장의 가장 큰 재해

오늘날 디플레이션은 사실상 존재하지 않는다. 금본위제도 시절에는 중앙은행이 자국 화폐를 보호하려는 명목으로 디플레이션을 일부러 유도하기도 했었다. 디플레이션이 오면 화폐가치가 상승하는 반면 원자재, 상품, 증권의 가치는 하락한다. 게다가 계속되는 통화량 부족으로 자금 유동성이 거의 없다. 소비자는 내일이면 더 내려갈 것임을 알고 있기에 당장 아무것도 사려고 하지 않는다. 기업가들도 그들이 생산한 상품이나 서비스에 대한 수요가 없는 데다가 연이은 가격 하락에 더는 투자를 하지 않는다. 이러한 상황에서 주가가 동반 하락하는 것은 자명한 일이다.

중앙은행: 금리의 독재자들

미국 연방준비제도이사회의 의장을 역임한 앨런 그린스펀은 지난 몇 년 동안 세계 금융시장에서 가장 중요한 사람이 되었다. 다우존스 지수가 6천 포인트를 기록했을 당시 월 스트리트의 고조된 분위기를 전하는 그의 말에 모두가 주목하며 한 마디 한 마디를 놓치지 않고 분석했다. 금리의 독재자라고 불리는 그는 (실제로 그렇기도 했지만) 지나치게 과대평가된 면도 있다. 그 역시 막상 3개월 이후의 금리를 어떻게 결정해야 할지 모르기는 마찬가지였기 때문이다. 금리는 임금 상승, 원자재 가격, 소비, 생산력 향상 등 여러 가지 요소에 결정된다. 즉, 경제발전의 모든 요소와 관련이 있다. 그린스펀은 딱 다른 보통 사람들이 하는 만큼만 예견할 수 있었던 것이다. 월 스트리트 시세가 과대평가되었다고 여겨질 때도 그가 할 수 있는 조치는 그저 경고를 통해 며칠 동안 제동을 거는 것에 불과했다.

그런데도 금리가 변한다면, 이는 주식시장에 큰 영향을 끼친다. 중앙은행은 단기 이자를 기반으로 시중은행이 어느 정도의 이자율로 재할인할 수 있는지 결정한다. 은행은 이 이자율에 은행의 마진을 더하여 고객에게 이전한다. 따라서 이자는 돈의 가격인 셈이다. 금리가 높을수록, 다시 말해 돈의 가격이 높을수록 대출의 수요는 줄어들고 금리가 낮아질수록 대출의 수요는 늘어난다. 중앙은행은 이러한 방식으로 통화량을 조절한다.

경제에 불황이나 침체기가 찾아오면 중앙은행은 금리를 내린다. 그러면 기업들이 은행에서 대출을 받기가 쉬워진다. 기업 경영자들은 금리가 낮을 때 투자하는 것이 더 유리하므로 새로운 투자를 계획하게 된다. 한편으로는 충분한 자금 유동성이 확보한 상태라면, 기업은 금리가 낮을수록 더욱더 투자에 활용할 것이다. 소비자 역시 금리가 낮을 때 소비자 역시 집이나 자동차 등의 소비재를 구매하고자 대출을 받을 것이다. 은행에 내야 하는 대출금의 이자가 적기 때문이다. 따라서 금리가 낮을수록 소비재에 대한 수요가 늘어난다.

적어도 이론적으로는 그렇다. 하지만 현실에서는 경기 불황으로 수요가 없어지면 기업가들은 새로운 설비 투자나 상품 개발을 목표로 투자해야겠다는 계획이 좌절되는 경우가 허다하다. 경제 관련 뉴스가 부정적이면 기업가들 사이에는 비관론이 널리 퍼진다. 이러한 환경에서는 소비자들도 일자리를 잃을지도 모른다는 두려움에 지출을 멈추고 최대한 부채를 없애려고 노력한다.

중앙은행에서 발행한 화폐는 직접투자나 소비 대신 주식시장으로 흘러들어간다. 그러면 경제 뉴스가 아무리 부정적이고 기업의 이윤과 배당금이 줄어든다 해도 주가가 상승하게 되며, 이 과정이 1년 이상 지속될 수 있다.

경제의 상황이 전반적으로 호전되기 시작하면 투자, 소비, 기업 이윤이 늘기 시작한다. 경제가 완만한 속도로 성장하면 중앙은행은 금리를 곧바로 올리지 않고, 경제성장을 위협하지 않도록 낮은 수준을 유지한다. 이 단계에서는 직접투자와 소비가 자금 전부를 흡수하지 못하기 때문에 증권시장으로 흘러들어갈 돈이 확보된다. 그리고 계속 상승하는 주식 시세에 발맞춰 기업 이윤도 함께 늘어난다. 그러면 이제 기본적인 조건이 갖춰졌으므로 사람들은 엄청난 시세 차익을 꿈꾸게 되고, 시장은 급격한 상승세를 띠게 된다.

미국 연방준비제도이사회는 1980년대 초 유가로 인해 유발된 인플레이션을 막아낸 이후 이 균형을 유지하려고 노력하는 중이다. 약간의 동요는 있었지만 그래도 결국은 성공한 셈이다. 이는 원래 1,000 이하였던 다우존스 지수가 11,000 이상으로 급격히 뛰어오른 이유이기도 하다. 현시점에서 돌이켜보면 1987년 10월의 대폭락은 이러한 상승세 가운데 있었던 짧은 휴식기였다고 생각한다. 미국 연방준비제도이사회는 금리를 몇 차례 올렸고, 그로 인해 과잉 투자 열기에 불이 붙어 증시는 대폭락하고 말았다. 대폭락 직후 미국 연방준비제도이사회는 다시 금리를 내렸고 월 스트리트에서는 그로부터 얼마 지나지 않아 최고점을 기록했다.

중앙은행이 이러한 균형을 유지할 수 있는 동안은 주가가 오르락내리락하는 상황에서도 상승세를 유지하게 되고, 몇 년씩 계속되는 가파른 하락 추세는 발생하지 않는다. 이를 보면 중앙은행이 독립적

이어야 하는 이유를 알 수 있다. 만약 경제가 조금이라도 호황의 조짐을 보이면, 중앙은행이 약간의 조치만 취해도 경기가 과도하게 흘러가는 것을 쉽게 막을 수 있다. 또한 경제가 침체될 것 같으면 즉시 금리를 내릴 수 있다. 하지만 중앙은행이 불황과 호황의 균형을 잡지 못해 인플레이션율이 높아지면서 경제가 통제되지 않을 만큼 급속도로 성장하면(지금 미국에 이런 위험이 있다) 그 결과는 치명적이다.

이러한 상황에는 중앙은행이 나서서 엄격히 통제해야 한다. 걷잡을 수 없는 인플레이션을 진정시키기 위해 중앙은행은 금리부터 크게 올린다. 높은 금리는 시간이 흘러가면서 사람들의 심리뿐만 아니라 전반적인 경제와 증권시장에 엄청난 영향을 끼친다. 그중에서도 가장 극심한 타격을 입는 것은 증권시장이며, 그 작용은 몹시 부정적이다. 금리 상승으로 인해 통화량은 급속히 감소하고, 증권시장으로의 자금 유입 또한 고갈된다. 신용으로 주식을 산 투자자들은 급증하는 금융비용 때문에 주식을 되팔아야만 하는 상황에 처한다. 게다가 예금 이자가 높다 보니 은행으로 가는 돈이 많아지면서 예금이 주식 투자의 경쟁 상대로 떠오른다. 그렇게 되면 재계에서 여전히 긍정적인 뉴스들이 들려오더라도 주가가 하락하기 시작한다. 때문에 나는 주식의 매수나 매도를 결정할 때 기업의 결산 공고에 크게 연연하지 않는다. 우선 대차대조표의 대부분이 조작되거나 조작되지 않았다 하더라도 기업에서 원하는 방향에 맞게 포장되며, 설령 그 숫자가 맞다고 해도 공시되는 시점에는 이미 과거의 일이 되기 때문이다.

금리 인상이 초래한 경제위기는 다소 늦게 나타난다. 자금 조달 비용이 너무 올라버린 탓에 기업이 투자를 멈추거나 망설일 때까지 시간이 걸리기 때문이다. 같은 이유에서 소비자들 또한 신용으로는 사지 않으려 할 것이다. 그에 따라 수요도 위축된다. 그러면 일반적으로 인플레이션율이 다시 낮아져 중앙은행이 금리를 다시 내리게 된다. 하지만 인플레이션이 이미 만연하여 임금이 가격을 올리고 가격이 다시 임금을 올리는 상황이라면 화폐가치가 통제되기까지 상당히 오랜 시간이 걸릴 수 있다.

금리 인상이나 인하에 증권시장이 얼마나 빨리 반응하는지는 여론에 달려 있다. 지난 몇 년간 그랬던 것처럼 시장 참여자가 금리에 매우 예민하다면 인플레이션이 가속화될 기미가 보이는 즉시 주식을 팔거나 적어도 새로운 주식의 매수를 자제할 것이다. 그러면 중앙은행에서 실행 예정인 금리 인상이 이미 현실화된 것이나 다름없기에 실질적인 금리 상승에 대한 반응은 미미해진다.

반면 주식투자자들이 금리보다 긍정적인 기업의 수익과 전반적인 경제지표를 중요시한다면 중앙은행이 금리를 여러 차례 인상해도 주가가 계속 상승할 수 있다. 이런 경우 주가에 큰 차이가 나타나므로 투자자들에게 아주 좋은 기회가 될 수도 있다. 이미 언급했던 것처럼 늦어도 12개월 후에는 주식 시세가 '돈'이라는 요소를 쫓아갈 것이기 때문이다. 중앙은행에서 금리 인상을 결정했다면 주가가 하락하는 것은 시간문제다. 이전까지 분위기가 좋았던 만큼 하락하는 폭도 커진다. 이 차이를 제때 알아차리는 사람만이 적시에 빠져나온다. 하락장을 예상하고 주가가 바닥일 때 시장에 입성한 철두철미한 투자자는 큰 부를 축적할 수 있다.

1987년의 월 스트리트가 바로 이러한 시나리오를 보여주는 좋은 예다. 그해 미국 연방준비제도이사회는 이미 연초부터 수차례 금리를 인상했다. 그럼에도 주가는 기록을 갱신하며 계속 상승했다. 하지만 8월에 2,722 이상이었던 주가가 10월 19일에 약 1,800포인트로 폭락했다. 물론 투자자들 입장에서 보면 이러한 폭락은 아주 좋은 기회가 된다. 침체기에 중앙은행이 경기 활성화를 위해 금리를 낮추면, 그 직후에는 주가가 아예 오르지 않거나 아주 조금만 오른다. 이때 흘러나오는 경제 뉴스나 기업의 소식은 매우 부정적이다. 이런 상황에서는 오래된 일화에 나오는 그륀처럼 행동하는 것이 좋다.

한 친구가 그륀을 저녁 식사에 초대했다.
"월요일은 셔피로의 공연이 있어서 안 되겠네."
그륀이 거절했다.
"그러면 수요일은 어떤가?"
"그날도 안 되겠는데. 그때도 셔피로가 공연이 있거든."

친구는 슬슬 언짢아지기 시작했다.

"그럼 목요일이나 금요일은?"

"너무 아쉽지만 둘 다 안 돼. 그때도 셔피로의 공연이 있거든."

결국 화가 머리끝까지 난 그륀의 친구가 언성을 높이며 물었다.

"아니, 셔피로가 누군데 그러는 건가? 도대체 어디에서 무슨 공연을 하느냔 말일세!"

그러자 그륀은 의미심장한 표정을 지으며 이렇게 대답했다.

"그가 어디에서 무엇을 공연하는지는 나도 모른다네. 하지만 그가 공연을 하러 가야 내가 그의 아내와 함께 있을 수 있거든."

이제 금리가 떨어지면 '언제'나 '하지만' 같은 말은 꺼내지도 말고 곧장 주식시장에 뛰어 들어가야 한다. 이를테면 1991년 말과 1992년 초처럼 말이다. 이러한 상황은 늘 반복되어왔고, 1970년대에도 이런 일이 벌어졌던 것을 나는 아직도 뚜렷이 기억하고 있다. 1967년 초 미국의 존슨 대통령은 세금 인상으로 인플레이션을 통제하기 위해 관련 법안을 의회에 상정했다. 그로부터 얼마 동안은 금리를 낮은 수준으로 유지하고 통화량을 늘릴 수 있었다. 세금이 늘어나는 것도 주식시장에서 바라는 바는 아니지만 금리가 인상되는 것보다는 훨씬 덜 위험하다. 1967년 초 존슨 대통령은 다음과 같이 선언했다.

"나는 내 집권 기간 동안 금리를 낮추는 데 최선을 다할 것입니다

I will do everything in my power to reduce interest rates."

대통령의 이러한 발언이 공표되자마자 투자자들은 마치 도약판에 오른 다이빙 선수들처럼 월 스트리트로 뛰어들었다. 그 이후 세금 인상에 대한 법안이 의회에서 2년 이상 통과되지 않고 계류되면서 이어진 강세장의 움직임은 폭풍처럼 거셌다.

채권: 주식의 경쟁 상대

지금까지는 중앙은행이 결정하는 단기이자에만 국한하여 말했지만 '돈'이라는 요소에 있어 장기이자율도 중요한 역할을 한다. 장기이자율은 오블리게이션obligation이라고도 불리는 채권의 이자를 가리킨다. 이 이자가 높으면 높을수록 채권은 주식의 경쟁 상대가 된다. 모든 예금주들 그리고 대형 보험사나 연금보험의 펀드매니저들은 소액 예금주들과 마찬가지로 주식에 투자할 것인지 채권에 투자할 것인지를 결정해야 한다. 그 결정은 채권 이자가 얼마나 높은지에 달렸다. 채권 이자가 인플레이션율과 주식 배당금보다 더 높다면 투자자들은 당연히 채권을 선택한다. 반면 장기 채권의 이자가 낮은 데다 주식시장의 위험을 감수해보겠다는 마음의 준비가 되었다면 주식으로 갈아탈 것이다. 요컨대 채권시장의 이자가 높을수록 주식시장에 흘러들어가는 돈이 줄어들고, 그 반대도 마찬가지다.

　장기금리는 중앙은행이 아닌 수요와 공급에 의해 결정된다. 국가나 기업의 재정 충당 요구가 크면 다량의 채권을 발행한다. 예금주들에게 이 채권을 팔기 위해서는 그들의 구미가 당길 만한 이자를 제공해야 한다. 경제 호황기에는 이러한 현상이 종종 일어난다. 투자와 다른 기업의 인수를 위한 충분한 자금을 확보하고자 기업은 주식뿐만 아니라 채권을 발행한다. 이때 수요가 채권 발행량을 초과한다면 이자를 올려야 한다. 반대로 국가나 산업계에서 새로운 자금을 필요로 하는 경우가 줄어들면 장기금리도 내려간다.

　물론 단기금리와 장기금리는 서로 밀접한 관계에 있다. 예컨대 단기금리가 장기금리만큼 높다면 굳이 돈을 장기적으로 묶어둘 이유가 없다. 따라서 예금주들은 돈을 단기적으로 투자하려 할 것이고, 장기 채권에 대한 수요가 줄어들 것이다. 반대로 기업이 보통의 단기금리 수준으로 장기간 자금을 빌릴 수 있다면 채권을 발행할 것이다. 그러면 채권 공급이 늘어나게 되어 결국 주가는 떨어지고 장기금리는 다시 얼마 못 가 상승하게 된다.

　반면에 장기 채권의 이자가 단기이자율보다 확실히 높은 경우 기업은 싼 단기금리를 내고 자금을 충당하겠지만 투자자들은 채권에 몰린다. 그 결과 고정금리의 장기 채권 수요는 늘어나는 반면 공급이 줄면서 시세는 상승하고 이자는 떨어지게 된다. 이러한 상황에서 흔히 말하는 이자 차익거래가 이뤄지는데, 그 진행 과정은 다음과 같다.

어떤 사람이 3.75퍼센트의 금리로 단기 대출을 받았다고 가정해보자. 그리고 이것을 10년 만기에 이자율이 7퍼센트인 장기 채권에 투자했다. 자기 자본은 거의 들이지 않았지만 이런 식으로 매년 3.5퍼센트의 이자를 차익으로 벌어들일 수 있다. 많은 투자자, 펀드매니저, 자산 관리인들이 이런 방식에 의존한다면 당연히 10년 만기 채권에 대한 수요도 늘어날 것이다. 그러면 결과적으로 채권의 시세는 오를 수밖에 없고 거기서 나오는 이자 차익도 그만큼 줄어든다.

하지만 금리 차익거래는 생각보다 위험 요소가 다분하므로 주의해야 한다. 단기금리가 갑자기 큰 폭으로 상승한다면, 10년간 보유해야 하는 이 채권의 보유 비용이 수익을 넘어설 것이기 때문이다. 물론 투자자는 이 채권을 언제라도 매도할 수 있다. 하지만 단기금리가 크게 오른 상황에서는 어떻게 해도 손실을 피할 수 없다. 왜냐하면 채권 시세는 당시의 금리에 따라 매번 오르내리며 변동하기 때문이다.

이러한 단기금리와 장기금리의 관계는 일반적으로 수요와 공급에 따라 움직이는 채권 시장에서 이미 결정된다. 인플레이션이 어느 정도 심화되면 중앙은행이 금리 인상을 할 것이라는 기대에 따라 장기금리는 곧바로 상승한다. 반면 경기가 침체되어 중앙은행이 금리를 내릴 것이라는 기대가 확산되면 채권의 금리가 인하된다. 그래서 때로는 일정 기간 동안 장기금리가 단기이자율보다 낮아지기도 한다.

외화: 달러로 무엇을 할 수 있을까?

유로화가 도입되었을 때 나는 그것이 증권시장에 좋을지 나쁠지 곰곰이 생각해보았다. 그에 대한 내 대답은 항상 같았다. 그것은 나도 모르고 어느 누구도 모른다는 것이다. 막 태어난 신생아가 앞으로 천재가 될지 아니면 바보가 될지 아무도 모르는 것처럼 말이다.

하지만 그런데도 이 질문은 한번 던져볼 만하다. 왜냐하면 외환 시세는 '돈'이라는 요소에 간접적인 영향을 미칠 수 있기 때문이다. 중앙은행은 자국의 화폐가치 안정성만 주시하는 것이 아니라 자국의 환율 변동도 주목한다. 그렇지 않다면 중앙은행을 왜 환율 파수꾼이라고 부르겠는가? 인플레이션으로 인해 환율이 약해지면, 중앙은행은 타국 화폐로 자국 화폐를 사들이는 방식으로 외환시장에 개입하여 이를 저지하려 시도한다. 하지만 외환 보유고가 충분하지 않을 경우, 중앙은행이 자국 통화의 투자 매력도를 다시 높이려면 금리를 올리는 수밖에 없다. 반대로 수출 산업이 위험에 빠질 정도로 환율이 지나치게 높아 세계 시장에서 경쟁력을 잃고 있는 나라는 우선 금리부터 낮춘다. 스위스와 독일은 이 문제로 수년간 골머리를 앓았다. 하지만 독일연방은행은 늘 화폐가치 안정에만 주력했던 탓에 수십만 개의 일자리가 사라지고 말았다.

그 밖에 돈에 영향을 주는 또 다른 요소로 두 나라 통화 사이의 이자 차익거래가 있다. 둘 중 한 국가의 금리가 유독 낮고 다른 한 나라의 이자가 높다면, 당연히 금리가 낮은 화폐로 돈을 빌려서 다른 나라에 예금하거나 투자함으로써 손쉽게 수익을 얻을 수 있다. 지난 몇 년 동안 엔화와 달러화 사이에서 이런 식의 거래가 엄청난 규모로 빈번히 이뤄졌다. 대형 투자자와 거의 모든 헤지펀드가 저렴한 엔화로 수십 억대의 달러 채권을 사들였다.

당시 금리가 1~2퍼센트인 엔화로 자금을 대출받아 금리가 6퍼센트인 미국 채권을 사야겠다는 생각은 굳이 수학자가 아니더라도 누구나 할 수 있었다. 딱 40년만 젊었더라도 나 역시 그렇게 했을 것이다. 7퍼센트의 이자를 받고 1퍼센트의 이자만 내면 되니 이런 쏠쏠한 사업이 또 어디 있겠는가! 어린아이도 계산해낼 수 있는 그런 사업이었다. 다만 어느 날 갑자기 엔화가 폭등하면 금리 차익보다 환 손실이 많아질 수도 있다는 위험이 도사리고 있다. 이 경우 헤지펀드는 서둘러 보유하고 있는 미국 채권을 팔아치우려 들 것이다. 그 결과 채권시장에 상당한 압박이 가해지고, 미국 장기금리는 폭등할 것이다. 이렇게 엔화 강세라는 한 가지 원인만으로 갑자기 시장 내 돈의 흐름이 막히게 된다. 언젠가 일본 경기가 나아지거나 엔화가 너무 약화되지 않도록 보호하기 위해 일본 중앙은행이 금리를 다시 인상할 수도 있다. 반대의 경우도 결과는 동일하다. 엔화 대출 비용이 턱없이 오르는 경우에도 투자자들은 태세를 바꿔 미국 채권을 팔 것이다.

이와 유사한 경우를 우리는 미국 연방준비제도이사회가 금리를 약간 인상했던 1994년 미국의 채권시장에서 경험했다. 사람들은 저렴한 단기 달러 대출을 받아 수십억에 달하는 채권을 매수했다. 하지만 연방준비제도이사회가 금리를 올리자 시장은 충격에 빠졌고, 달러 채권 매매가 뚝 끊긴 날들이 이어졌다. 어느 헤지펀드는 몇 십억 달러에 달하는 손해를 입기도 했다.

여러분도 이미 파악했겠지만 돈에 영향을 미치는 요소는 이 밖에도 헤아릴 수 없을 정도로 많다. 투자자는 항상 이 모든 것을 예민하게 관찰하며 거기서 자신만의 결론을 내야 한다. 그 판단이 옳고, 더불어 '돈'과 관련된 요소들이 기대한 것처럼 진행된다고 해도 주식시장의 미래 트렌드를 예측하기 위해서는 무엇보다 시장의 심리를 '분석'할 수 있어야 한다.

대중의 심리

1987년에 무슨 일이 벌어졌었는지는 앞서 설명한 바 있다. 당시 자금의 흐름이 막히자 그로부터 9개월 뒤 증시가 폭락했다. 1994년에도 채권시장이 폭락하면서 금리가 1987년만큼 치솟았지만 증시가 입은 타격은 크지 않았고, 돈의 흐름이 다시 풀리자마자 폭등했다. 그렇다면 1994년과 1987년의 차이는 무엇일까? 바로 대중의 심리다. 돈의 흐름이 유동적이든 아니든 돈이라는 요소에 증권시장이 얼마나 민감하게 반응하는지 그 여부는 전부 대중의 '심리'에 달려 있다.

1987년은 여기저기서 샴페인 터트리는 소리가 들려오던 한 해였다. 25세의 하버드 졸업생은 투자은행에 입사하기만 하면 BMW, 포르셰, 벤츠, 재규어 등 최고급 승용차를 원하는 대로 살 수 있었다. 반면 1994년에는 다우존스 지수가 최고점에 도달했음에도 낙관론자보다는 비관론자가 훨씬 더 많았다.

시간이 흐른 뒤에 그때 왜 그랬는지를 분석하는 것은 그리 어렵지 않다. 하지만 대중이 미래에 보일 심리적 반응을 과연 예측할 수 있을까? 대중은 한순간에 180도 태세를 바꾸기도 한다. 여기에 필요한 분석은 원칙적으로 어느 개개인이 아닌 대중, 그러니까 집단의 심리 분석이어야 한다. 증권시장은 그야말로 대중의 심리 그 자체이기 때문이다. 이 현상에 대해 더 자세히 알고 싶다면 귀스타브 르봉Gustave Le Bon의 《군중심리》를 일독해보기를 권한다.

1962년 출간된 나의 첫 번째 책 《이것이 주식시장이다》에서 나는 인간의 심리란 절대 예측할 수 없다는 입장을 표명했다. 나는 이 책을 나의 사촌인 조지 카토나George Katona에게 보냈다. 미국의 대학에서 경제학과 교수로 재직 중인 그는 독일에서 경제학을 공부했으며, 특히 경제심리학을 전공한 전문가다. 내가 보낸 책을 읽은 그가 답장을 보내왔다. 그는 내 책을 매우 즐겁게 읽었으며 무척 동감한다고 했지만, 한 가지만큼은 동의할 수 없다고 했다. 바로 내가 '주식투자자들의 집단적인 혹은 개인적인 심리 반응을 파악하거나 미리 예측할 수 없다'고 쓴 내용에 관한 것이었다. 그에 대해 '충분히 측정 가능하고 예측할 수 있다'고 덧붙인 그는 '다음 여름에 파리에 방문하면 알려주겠다'고도 적었는데, 안타깝게도 그 편지를 쓰고 얼마 지나지 않아 갑작스레 세상을 떠나는 바람에 내게 설명을 빚진 셈이 되었다.

그 후 나는 종종 그가 대중의 심리를 측정할 수 있다고 주장한 근거가 무엇이었을지 곰곰이 생각해보곤 했다. 모든 투자자에게 중요한 이 문제에 대해 심사숙고한 결과, 특정 상황에서 개인과 집단의 심리적 동기나 반응은 예측할 수 없다는 입장은 변하지 않았다. 하지만 노련한 주식투자자라면 개개인이 내리는 결정의 합이 가지는 강도, 다시 말해 대중심리적 반응이 얼마나 격렬한 것인지와 대략적인 시기 정도는 일정 부분 예감할 수 있다는 결론에 이르렀다.

증권심리학

당신은 부화뇌동파인가, 소신파인가?

증시가 호재성 또는 악재성 뉴스에 반응하는 강도를 이해하는 것을 나는 '시장의 기술적 이해'라고 부른다. 대다수의 사람들과 달리 시장 기술을 증권수학자들이 고안해낸 차트나 오실레이터oscillator, 모형 등으로 판단하지 않는다. 나에게 있어 기술적 이해란 오롯이 다음의 한 가지 질문에 달려있다. 현재 증권의 대다수가 누구의 손에 있는가?

그런 이유에서 나는 증권투자자를 부화뇌동파와 소신파 두 부류로 분류한다. 소신파는 말 그대로 장기투자자와 단기투자자, 즉 투자자를 지칭한다. 장기적인 측면에서 보면 그들은 증권시장의 승자에 속한다. 그들이 수익을 내는 경우는 부화뇌동파의 덕일 때가 많다. 앞서 소개한 증권을 가지고 노는 게임꾼들이 부화뇌동파라고 할 수 있다.

그러면 부회뇌동파와 소신파의 차이는 무엇일까? 소신파는 과거 프로이센의 몰트케 원수가 전쟁에서 승리하기 위해 꼭 필요하다고 강조했던 네 가지 요소, 즉 '4G'를 가지고 있다. 4G란 돈Geld, 생각Gedanken, 인내Geduld, 그리고 행운Glück을 의미한다.

돈

어떤 사람이 돈Geld을 가지고 있는지 아닌지의 여부는 그가 보유한 재산의 규모로 결정되지 않는다. 내 정의를 말하자면, 돈이 있다는 것은 온전한 자기 자본을 보유하고 있으며 부채가 없음을 가리킨다. 이를테면 1만 마르크의 재산이 있는데 그중 증권이 5천 마르크이고 부채가 없다면, 그 사람은 돈이 있는 것이다. 반면 1억 마르크를 보유한 재력가라도 2억 마르크의 주식을 구매했다면 그는 돈이 없다고 할 수 있다. 그에게는 그저 마이너스 잔고만이 있을 뿐이고(주식을 사는 데 쓴 2억 마르크에서 자기 자본 1억 마르크를 빼면 1억 마르크의 빚만 남는다), 그 결과는 대부분 부정적으로 끝난다. 특히 1950년대에 겪었던 경험은 아직도 매우 쓰라린 기억으로 남아 있다. 그때 뉴욕 증시는 상승세에 있었다. 당시만 해도 혁명적인 신산업이었던 전기와 컴퓨터 분야가 몹시 유망 종목으로 보였다. 그래서 나는 관련 기업의 주식을 사들였다. 그리고 더 많은 수익을 얻으려는 욕심에 나의 한계를 넘어섰음에도 불구하고 신용으로 추가 매수까지 했다.

당시 미국 대통령은 아이젠하워였는데 그는 전쟁 영웅이었을 뿐 그 밖의 다른 부문에서는 크게 두각을 드러내지 못했다. 그런데도 미국에서 그의 위세는 대단했고, 그래서인지 독일의 여배우 마를레네 디트리히와의 스캔들도 그를 실각시키지 못했다. 월 스트리트에서는 자국민이 대통령을 신뢰하는 것을 매우 중요시했다. 집권당이 어느 정당이냐는 그리 중요하지 않았다. 공화당이든 민주당이든 자본주의 철학이 확고했기 때문이었다. 다음 대선을 1년 앞둔 그 시점에는 당연히 아이젠하워가 재선에 성공할 것이라는 데 의심의 여지가 없는 분위기였다. 그래서 나는 증시도 그의 재임을 확실한 뉴스로 받아들일 거라고 생각했다.

그런데 아무도 예상하지 못한 일이 벌어졌다. 1955년 아이젠하워에게 심장마비가 온 것이다. 바로 그다음 날 월 스트리트의 주가는 10~20퍼센트씩 폭락했다. 아이젠하워가 대선 후보로 다시 오를 수 있을지조차 미지수였고, 상황이 어떻게 전개될지 불투명했다. 나는 중개인에게 추가 증거금을 지급해야 하는 상황에 처했다. 내가 사용 가능한 신용을 한계까지 끌어 쓴 탓에 더 이상 대출을 받을 수도 없었다. 결국 내 주식의 상당량을 손해를 보고 팔아야 했다. 나처럼 신용으로 주식을 샀던 많은 동료들도 주식을 되팔아야 했고, 그 결과 폭락은 가속화되었다. 그런데 며칠 뒤 아이젠하워의 건강 상태가 빠르게 회복됐다. 그러자 증시는 다시 상승하기 시작했고 빠르게 옛 시세를 되찾았다. 몇몇 주식은 시세가 무려 10배나 뛰었지만, 유감스럽게도 나는 이미 시기를 놓친 뒤였다.

몇 년 뒤인 1962년 2월, 나는 이와 유사한 경험을 또 한 번 겪었다. 당시 나는 파리 증권시장에서 활동 중이었다. 물론 이번에는 신용거래를 하지 않아 빚은 없었다. 단돈 1프랑까지 전부 내 보유 자금으로 주식을 매수했다. 당시 알제리는 전쟁 중이었는데, 프랑스의 드골 대통령은 알제리를 독립시키려고 했다. 하지만 프랑스 내의 반대 여론에 밀려 그는 이러지도 저러지도 못하는 상황이었다. 이때 예기치 못했던 일이 벌어졌다. 네 명의 프랑스 장군들이 드골 정부에 반기를 들고 쿠데타를 일으킨 것이다. 그들은 드골이 알제리를 해방시키는 것을 막으려고 했다. 그야말로 국가 위기 사태였다. 그날 저녁 공포에 빠진 여론이 조성되며 공수부대가 파리를 점령할 거라는 소문이 떠돌았다.

나는 다음 날 아침 아예 증권거래소에 가지 않기로 결심했다. 왜 내가 이런 일에 신경을 써야 한단 말인가? 대신 나는 평소 즐겨 가던 쉐루이Chez Louis 레스토랑으로 향했다. 유명한 체코 술집인 그곳은 당대의 유명한 영화배우, 방송인, 언론인들의 모임 장소였다. 잠시 증시에 대한 생각은 접어두고 메뉴판을 열심히 들여다보고 있는데, 우연히 그곳에 들른 증권거래소의 한 동료가 내게 소식을 전해주었다. 주가가 급락해 주식시장이 진정한 '피바다'가 되었다는 것이다. 그의 말에 나는 "그런가?"라고 무심히 대꾸하고는 평온하게 점심 식사를 즐겼다.

나는 드골 대통령이 이 전쟁의 승리자가 될 것이라 믿어 의심치 않았다. 더군다나 아무런 빚도 없었던 나는 걱정할 이유가 전혀 없었다. 위기는 내가 생각했던 것보다 빠르게 마무리됐다. 그날 저녁 TV 프로그램에 출연한 드골은 역사적으로 길이 남은 대국민 호소문을 발표했다. 이 순간만큼은 프랑스 전체가 그의 결정을 따랐다. 네 명의 장군들은 항복했고 주식시장은 손실의 절반을 회복했다. 그다음 날이 되자 '피바다'는 이미 사람들 머릿속에서 지워진 단어가 되었다.

이 두 차례의 경험을 통해 내가 확실하게 깨달은 것이 하나 있다. 어떠한 상황이라도 빚을 내서 주식을 사는 것은 금물이라는 것!

생각

지적으로 거래하는 주식투자자는 자신만의 생각Gedanken이 있다.

그것이 옳든 그르든 그것은 문제가 되지 않는다. 중요한 것은 그가 거래를 하는 데 있어 심사숙고하는 동시에 상상력을 지녀야 한다는 것이다. 그리고 자신의 생각을 신뢰해야 한다. 전략을 세웠다면 친구나 여론, 일상생활 등에 흔들려서는 안 된다. 그러면 제 아무리 천재적인 사고를 지녔더라도 아무 쓸모가 없어진다. 그러므로 나는 몰트케가 언급한 네 가지 요소에 '신념Glaube'이라는 요소를 추가하고 싶다.

때로는 이 '생각'을 '상상력'으로 해석할 수도 있다. 예컨대 나는 차르 시대의 러시아 채권과 독일의 채권을 이야기하며 투자자에게 있어 상상력이 얼마나 중요한지 설명한 바 있다. 이와 관련해 나는 아인슈타인이 남긴 명언에 절대적으로 찬성한다.

"상상력은 지식보다 중요하다!"

다음의 이야기는 투자자의 상상력이 때때로 얼마나 멀리까지 내다볼 수 있는지를 보여준다. 종전 후 이탈리아는 독특한 상황에 처해 있었다. 나라 자체에는 전쟁의 피해가 거의 없었고 공장의 대부분이 온전했는데, 원자재 부족으로 공장이 가동될 수 없었던 것이다. 외화고가 바닥나 원자재를 살 수가 없었기 때문이었다. 이탈리아는 미국과 협력함으로써 이 악순환에서 벗어나고자 했다. 미국은 임가공 수출 조건으로 이탈리아에 모, 면, 인조 비단 등의 원자재를 공급해주었다. 이탈리아 공장에서 가공한 뒤 일부는 미국에 수출하고 나머지는 내수 시장이나 다른 유럽 국가에서 판매했다. 1946년부터 이탈리아의 섬유 산업은 전성기를 누렸고 밀라노의 증시 또한 부활했다. 전쟁 전 유럽에서 가장 활발한 주식시장 중 하나로 꼽혔던 밀라노가 서서히 과거의 활기를 되찾아가고 있었다. 하지만 이러한 부흥은 백화점이나 관련 설비 등 섬유 산업과 직·간접적으로 관계가 있는 제조 및 판매 부분에만 국한되었다.

내가 미국에서 이탈리아로 건너올 무렵 미국에는 유럽에 대한 비관론이 만연해 있었다. 그런데 막상 이탈리아에 도착해보니 밀라노 대성당 근처에 있는, 근사한 인테리어가 인상적인 상점들에서 모, 면, 비단 가공품을 쌓아놓고 판매하고 있어 놀라지 않을 수 없었다. 그것을 보자 내 투자욕이 끓어오르기 시작했다. 나는 밀라노 증권거래소에서 중개인으로 일하던 친구에게 조언을 구했다. 그는 "여기에 발을 들여놓기는 너무 늦었다네. 이미 좋은 물건은 시세가 너무 올라서 매수하기에 너무 비싸졌거든. 그리고 지금 비싸지 않은 것들은 앞으로도 오를 이유가 없지"라고 말했다. 당시 나는 미국에서 막 되돌아온 터라 유럽의 정세에 대해 자세히 알지 못했다. 그래서 그 친구가 나보다 훨씬 더 잘 알고 있을 것이라 생각했다. 나는 그의 주장에 동감하며 이 '케이크'를 포기하기로 결정했다.

그로부터 몇 주 후, 취리히 신문에 실린 기사 하나가 나의 흥미를 끌었다. 캘리포니아의 거대 자동차 회사인 카이저 프레이저Kaiser-Frazer 가 토리노에 소재한 피아트Fiat 사와 계약을 맺고 매년 임가공의 형태로 10만 대의 자동차를 생산하기로 했다는 내용이었다. 그때 나는 이렇게 생각했다

'섬유 산업의 사례 이후 이런 방법이 하나의 패턴으로 자리를 잡았다는 거로군. 그럼 섬유 산업 다음은 자동차라는 뜻이겠지.'

내가 계획을 세우는 데는 몇 분밖에 걸리지 않았다. 그리고 증권거래소가 문을 열자마자 나는 중개인에게 물었다.

"지금 가장 형편없는 자동차 주식이 뭡니까?"

"그러니까 최고인 주식을 물으시는 건가요? 그건 피아트입니다."

"아니, 시세가 가장 낮은 것 말입니다. 아마 당신에게는 좀 이상하게 들릴 테지만 나는 최악인 것에 관심이 많소."

알아보겠다고 답하고 자리를 비운 중개인은 몇 분 뒤에 돌아왔다.

"이소타 프라스키니Isotta-Fraschini, IF라는 회사가 있습니다. 그 회사가 파산 직전이라는 소문이 파다합니다."

그 이름을 듣는 순간 전쟁 전 유명 영화배우와 갑부들이 즐겨 타던 최고급 리무진의 모습이 기억 저편에서 떠올랐다. 한때 사치스러움의 상징과도 같았던 IF가 '재정 위기에 있는 기업'이라니?

"확실합니까?"

"네, 확실합니다. IF 사는 거의 파산 상태입니다."

"좋소. 그러면 그걸 사겠습니다."

중개인의 얼굴에는 걱정이 가득했지만 내 주문에 따라 약 150리라에 IF의 주식을 매수했다. 그렇게 투자욕을 채운 나는 증권거래소를 떠났고 며칠 뒤에는 아예 그 도시를 떠났다. 그리고 몇 개월이 흐른 뒤에 다시 밀라노를 방문했다. 그러자 중개인에게서 전화가 왔다.

"축하드립니다! 정말 대단한 선견지명이었습니다. 도대체 어떻게 아신 거죠? 아무 정보도 없이 그런 투자를 했다는 말씀은 하지 마십시오. 정말 믿을 수가 없군요. 현재 IF의 시세는 무려 450리라입니다. 이제 매도하실 거죠?"

"아니오!"

나는 오히려 중개인에게 IF의 주식을 더 사들이라고 요구했다. 이번에도 그는 놀란 기색을 애써 감추며 내 말대로 주식을 추가 매수했다. 나 또한 상상력에 근거했던 나의 생각이 이렇게나 빨리 성공을 거둔 것에 상당히 놀랐기에 시세 변동 내역을 꼼꼼히 살펴보기 시작했다.

알고 보니 IF의 주식은 아주 예외적인 경우였다. 장에서 급등한 것은 오직 이 주식뿐이었고, 피아트를 비롯한 나머지 주가에는 거의 변동이 없었다. 결국 150리라에 매수한 주식은 중간에 1,900리라를 찍더니 다시 1,500리라 언저리로 떨어졌다. 이 기적 같은 일은 이렇게 설명할 수 있다. 바로 내 생각이 옳았다고 말이다. 경제 재건 과정에서 각 산업 부문은 일정한 순서에 따라 투자가 이뤄진다. 이탈리아는 자동차 산업으로 잘 알려진 나라였고 그 명성을 계속 유지하고 싶어했다. 여기저기서 나타난 외국인 투자자들과 사업가들이 이탈리아 자동차 산업을 검토하고 활성화를 위한 투자 계획을 세웠다. 이 그룹 중 하나가 IF를 인수하여 재조직하고 정상화하기로 결정한 것이다. 현재 그 기업은 다른 기업과 합병되어 존재하지 않는다. 하지만 내 기억 속에는 여전히 가장 성공적인 투자 대상으로 남아 있다.

인내

"증권거래소에서는 머리가 아니라 엉덩이로 돈을 버는 것이다"라고 나이가 지긋한 프랑크푸르트의 어느 증권거래인이 말한 바 있다. 그 말은 옳다. 아마도 인내Geduld는 증권거래소에서 가장 중요한 요소일 것이다. 인내는 가장 흔하게 일어나는 실수를 줄여준다. 인내심이 없는 사람은 애초에 증권거래소 근처에도 가지 말아야 한다.

투자에 있어서 인내에 대한 나의 생각은 '투자를 통해서 번 돈은 고통의 결과물이다. 처음에 힘든 시간을 보내야 나중에 돈이 생긴다'라는 것이다. 처음에는 항상 생각했던 것과 다르게 전개되다가 마지막이 되어서야 생각했던 대로 이뤄진다. 투자의 근거가 되는 분석이 맞다면, 그러니까 올바른 전제에서 시작되었다면 그 투자는 성과를 볼 것이다. 언제? 그것은 사건들, 뉴스, 트렌드 등 한 마디로 계산할 수 없는 요소들이 그때의 근본적인 사실을 어떻게 덮어버리는지에 달렸다. 투자라는 건물의 기초가 튼튼하면 모든 것은 시간문제다. 하지만 대다수의 주식투자자들에게는 그사이에 벌어지는 폭풍과 악천후를 버텨낼 인내와 정신력이 부족하다. 시세가 하락하면 심리적 혼란에 빠져 보유한 모든 주식을 팔아버린다.

나는 증권시장에 맞는 나만의 수학 공식을 고안해보았다.

$$2 \times 2 = 5 - 1$$

이 공식을 통해 내가 하고 싶은 말은 결국 끝에 가서는 원래 나와야 할 값이 나온다는 것이다. 2 곱하기 2는 4이고, 결론 역시 4다. 하지만 이 최종 결과는 직선이 아니라 우회로를 통해 나온다. 이는 과학적 기술과는 다르다. 수학에서는 이와 같은 공식을 쓰지 않기 때문이다. 엔지니어가 다리를 건설할 때 사용되는 공식은 수학적으로 확실히 산출되어야 한다. 만약 $2 \times 2 = 5 - 1$ 방식으로 다리를 짓는다면 최종 결과인 4에 이르기도 전인 5가 나오는 지점에서 다리가 무너져버릴 것이기 때문이다. 이와 마찬가지로 인내가 부족한 투자자는 '빼기

1' 구간이 등장하기 전에 (미심쩍은 5의 지점에서) 무너지고 만다. 마지막에 가서 자신의 논리가 옳았음을 확인할 수는 있겠지만 그것으로 수익을 얻지는 못한다.

행운

물론 투자자에게는 행운Glück도 필요하다. 전쟁, 자연재해, 정치적 혼란, 새로운 발명, 사기 등 온갖 요소들이 투자자가 자신의 투자를 결정하는 밑바탕이 되었던 기본 전제 조건들을 무너뜨리기 때문이다.

한 투자자가 류머티즘과 같은 중증 질병을 완화시키는 약을 생산하는 제약회사에 투자를 했다고 가정해보자. 그런데 얼마 지나지 않아 혜성처럼 등장한 경쟁 회사가 이 질병의 치료제를 내놓는다면 그 투자자가 내린 초기 진단은 기대와 어긋나기 마련이다. 그의 분석은 분명 맞았지만 그가 절대 예측할 수 없는 부문인 경쟁사의 신약 개발이 그의 전제를 무너뜨리고 무의미하게 만들어버렸다. 따라서 소신파 투자자에게는 앞서 언급한 3G인 돈, 생각, 인내 외에 네 번째 G인 행운도 필요하다. 이 네 가지 G 요소 중에서 단 한 가지라도 부족하면 그대로 부화뇌동파 투자자가 되어버린다.

돈이 없거나, 심지어 빚이 있는 투자자는 인내할 여력이 없다. 항상 그렇듯 처음에는 모든 것이 기대와 다르게 흘러가고 시세가 예측과 다르게 변하면 그 즉시 포지션을 바꿀 수밖에 없다. 나중에 시장이 그에게 유리하게 바뀌는 순간이 오더라도 말이다.

자신만의 생각이 없으면 전략도 세울 수 없다. 그런 경우 감정적으로 대세를 따르는 경향을 보이므로 인내를 갖출 수 없다. 이런 투자자는 남들이 파는 대로 따라 팔고, 사는 대로 따라 산다.

인내가 없는 투자자에게는 돈과 생각 역시 별 도움이 되지 않는다. '빼기 1'의 순간이 올 때까지 기다리지 못하는 그는 미처 생각을 실현시키기 전에 아주 작은 문제만 등장해도 거기에 휩쓸려 손실을 피하지 못한다. 투자자에게 계속 행운이 따르지 않으면 언젠가는 자신에 대한 신뢰와 생각을 잃어버리게 되고, 결국 인내마저 없어진다.

기술적 이해, 즉 주식시장이 호재성 혹은 악재성 정보에 어떻게 반응하는지는 오롯이 '증권이 소신파 투자자의 수중에 있는가? 아니면 부화뇌동파 투자자의 수중에 있는가?'라는 질문에 달려 있다. 증권이 부화뇌동파의 수중에 있으면 시장에 특별한 호재가 있어도 증시에 큰 영향을 미치지 않는다. 반면 나쁜 소식에는 붕괴가 올 만큼 즉각적으로 동요된다. 또한 반대로 소신파 투자자들이 증권의 다수를 보유하고 있으면 호재성 소식은 매우 좋은 결과로 이어지는 반면 나쁜 소식에는 큰 반응을 보이지 않는다. 이에 나는 전자를 '과매수 시장', 후자를 '과매도 시장'이라고 부른다.

코스톨라니의 달걀

시장이 과매수 상태인지 아니면 과매도 상태인지 판단하려면 우선 주식시장의 상승운동과 하강운동의 해부도를 이해해야 한다. 주식시장에서 이 두 가지 운동은 서로 떼려야 뗄 수 없는 짝이므로 같이 살펴봐야 한다. 하강운동의 끝을 파악하지 못하면 상승운동의 시작도 알아차릴 수 없다.

나의 경험에 따르면 투자시장(주식, 채권, 원자재, 보석 등 투자가 이뤄지는 모든 시장)의 강세장과 약세장은 크게 세 가지 국면으로 구분된다.

- 조정국면
- 적응국면 혹은 동행국면
- 과장국면

서로 다른 양상을 보이는 국면이 위아래로 오르내리며 나타나기 때문에 원형으로 그려볼 수 있는데, 이 원형에 나는 '코스톨라니의 달걀'이라는 이름을 붙였다.

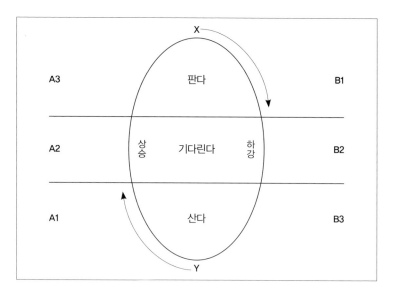

A1＝조정국면(거래량도 적고 주식 소유자의 수도 적다)

A2＝동행국면(거래량과 주식 소유자의 수가 늘어난다)

A3＝과장국면(거래량이 폭증하고 주식 소유자의 수도 증가하여 X에서 최고점을 찍는다)

B1＝조정국면(거래량이 감소하고 주식 소유자의 수가 서서히 줄어든다)

B2＝동행국면(거래량은 증가하지만 주식 소유자의 수는 계속 줄어든다)

B3＝과장국면(거래량은 폭증하지만 주식 소유자의 수는 감소하여 Y에서 최저점을 찍는다)

A1 국면과 B3 국면에 이르면 매수한다.

A2 국면에서는 기다리거나 보유한 주식을 계속 유지한다.

A3 국면과 B1국면에 이르면 매도한다.

B2 국면에 이르면 기다리거나 현금을 보유한다.

1982년에서 1987년 8월까지의 강세장과 그 이후 이어진 1987년 8월부터 10월까지의 약세장을 예로 들어 하나의 완전한 증권시장 사이클을 설명하고자 한다.

1982년 우리는 원형의 최저점, 즉 과장국면의 끝에 위치해 있었다. 이미 1년이 넘도록 시세는 바닥을 기고 있었다. 이 극심한 위기에 당시 《비즈니스 위크》의 표지에는 '주식의 죽음'이라는 헤드라인이 등장하기까지 했다. 어느 누구도 주식을 사려고 하지 않았으며 사람들은 금, 부동산 등 모든 종류의 유가물에만 관심을 두고 있다는 것이 그 기사의 주요 골자였다.

이런 상황 설명이 그렇게 틀린 것만은 아니었다. 인플레이션 지수는 유가 급등으로 두 자릿대로 치솟았고, 그 시절 누구나 화폐 절하의 위험에서 자신의 재산을 지키려고 발버둥쳤다. 하지만 이 설명이 완전히 옳다고도 할 수 없다. 증권시장에서 절반의 진실은 이미 완전한 거짓말이나 다름없다. 왜냐하면 아무도 더는 주식을 원하지 않는다는 기사에도 불구하고 월 스트리트에서는 날마다 5천만 주씩 거래되었기 때문이다. 그것은 다시 말해 누군가가 5천만 주를 팔았고, 또 다른 누군가는 그 5천만 주를 샀다는 의미였다. 증권거래소에서 매수와 매도는 동시에 일어난다. 그렇지 않으면 거래량이나 주가란 말 자체가 없었을 것이다. 그러므로 "아무도 사려고 하지 않는다" 혹은 "아무도 팔려고 하지 않는다"라는 이야기는 주식 논평에서 가장 어리석은 말이다.

그런데 그토록 불투명했던 1982년의 주식시장에서 5천만 주나 사들인 사람들은 도대체 누구였을까? 당연히 소신파 투자자들이었다. 그들은 뉴스에서 경제 상황이 최악으로 치닫고 있다는 소식이 들려올 때 덤핑가로 주식을 산다. 그러면 그 이후부터 상승운동의 제1국면인 조정국면이 시작되는 것이다.

최하로 떨어진 주가는 조정국면 시기를 거치면서 적은 거래량 속에서도 어느 정도 현실적이고 적정한 수준으로 조정된다. 이때 주식을 매수하는 사람들은 여전히 소신파 투자자들이다. 1982년 말 돈이라는 요소가 긍정적으로 돌아서면서 금융시장이 서서히 제자리를 찾아갔다. 미국 연방준비제도이사회가 인플레이션을 막으려 내건 고금리 정책이 성과를 내기 시작했고, 금리 정책의 고삐를 다소 느슨하게 풀자 장기금리가 인하된 것이다.

그 후 경제와 정치 상황은 점차 회복되었다. 미국은 월남전과 이란의 수도 테헤란에서 벌어진 미대사관 인질극의 상처를 조금씩 극복해나가고 있었다. 미국이라는 거인이 다시 깨어나고 있었던 것이다. 대다수의 사람들이 이제 미국은 죽었다고 이야기했지만, 제2차 세계대전 중에 뉴욕으로 망명해 거주했던 개인적 경험에 비춰본 바 나는 미국이 단지 잠들어 있는 것이라고 생각했다. 레이건은 그런 미국에 다시 생기를 불어넣었고 미국인들에게 자신감을 되돌려주었다. 이 시기에 시장은 내가 동행국면이라고 이름 붙인 두 번째 국면으로 들어서고 있었다. 이 시기의 주가는 주변에서 벌어지는 사건들과 평행선을 이루며 가볍게 동반 상승했다. 상황이 좋으면 주가도 올라갔고, 상황이 나쁘면 주가도 다시 하락했다.

1980년대 중반의 상황은 매우 긍정적이었다. 마침내 국제 유가가 하락한 것이다. 서구 사회를 심각한 에너지 위기로 몰아넣었던 OPEC의 힘이 약화되었다. 인플레이션 지수가 거의 0으로 떨어졌고, 당시 미국 연방준비제도이사회의 의장이었던 폴 볼커Paul Volcker는 계속 금리를 인하했다. 경제는 왕성한 성장률을 보였고 세제 개혁으로 기업의 수익이 폭발적으로 늘어났다. 그로써 1백만 개가 넘는 일자리가 새롭게 창출됐다.

이러한 긍정적인 소식과 함께 주가는 상승했고, 이는 다시 매수자들을 자극했다. 동행국면 시기인 두 번째 국면의 매수자를 나는 '혼혈아'라고 부른다. 그들은 반은 소신파 투자자이면서 반은 부화뇌동파 투자자의 성향을 지녔기 때문이다. 이들은 전통적으로 투자에 관심을 가지고 있고, 이미 투자를 해본 경험이 있으며, 시세 상승을 알아차릴 만큼의 판단력을 보유하고 있어 적시에 주식을 매수하고 올라탈 줄 아는 사람들이었다. 이러한 매수는 주가를 계속 상승시킨다.

이 두 번째 국면의 단계에 다다르면 연이어 벌어지는 긍정적인 사건들로 인해 자동적으로 그다음 단계인 제3국면으로 넘어가게 된다는 위험이 있다. 이 세 번째 국면이 바로 부화뇌동파 투자자들이 매수에 참여하는 시기다. 거래량이 늘어나며 주가는 시간 단위로 상승한다. 여기에 시세와 고조된 분위기가 서로를 자극하며 이미 오른 주가가 분위기를 고조시키고, 그 분위기가 다시 주가를 상승시킨다. 여기에는 사실 큰 의미가 없으며 오직 대중의 흥분만이 이를 결정하는 요소로 작용한다.

한때 아주 열정적인 투자자였지만 런던 공황 때 전 재산을 날려버린 아이작 뉴턴 경은 이러한 분위기에 대해 다음과 같이 설명했다.

"천체 운동은 센티미터와 초 단위로 측정할 수 있지만 정신 나간 군중이 시세를 어떻게 끌고 갈지는 도무지 알 길이 없다."

그렇게 1987년 초에 이르러 시장은 세 번째 국면, 즉 과장국면에 들어섰다. 주가가 약 200퍼센트까지 오르는 상승장에 5년간 이어진 매수세는 수많은 일반 대중들을 매료시키며 증시로 끌어들였다. 1980년에서 1982년 사이에 낮은 시세에 황급히 주식을 전부 팔아버리고 유가물에 투자했던 부화뇌동파 투자자들이 이제 다시 주식시장에 입성하려고 기웃거렸다. 언론은 대규모 주식 상승장에 대해 연일 보도하고, 사교 모임에서 주식이 가장 핫한 이슈로 거론될 때마다 그들은 주식을 살 때가 되었다고 생각했다. 친구들이 주식투자로 수익을 냈다고 자랑하는 것을 보면서 부화뇌동파 투자자들은 어떻게든 그 일원이 되고 싶어했다. 그렇게 그들은 정신없이 이미 올라갈 대로 올라간 주식을 전부 매수했다. 그들은 아직 눈에 띄지 않거나 저평가된 주식에는 손도 대지 않았고, 친구들이 큰돈을 번 주식에만 몰두했다. 다시 말해 지금 유행인 주식만 사들인 것이다. 그러면 누가 이 부화뇌동파 투자자들에게 기록적인 값의 주식을 파는 것일까? 당연히 주가가 낮을 때 주식을 매수해둔 소신파 투자자들이다.

과장국면은 오랫동안 지속될 수 있고, 돈이라는 요소가 긍정적인 한 상승장 역시 계속 이어진다. 이 국면은 모든 주식이 소신파 투자자의 손에서 부화뇌동파 투자자에게로 넘어가면서 끝이 난다. 그 결과 부화뇌동파 투자자들의 수중에는 돈이 사라지고 신용 구매까지 감행하며 매수한 증권만이 가득해진다. 현금은 소신파 투자자들에게 넘어간 뒤다. 그때부터 부화뇌동파 투자자는 그들이 산 가격보다 더 높은 금액에 주식을 살 투자자를 기다리지만 그럴 사람은 없다. 이제 현금으로 만든 돈방석 위에 앉은 소신파 투자자는 그 시세에서 주식을 매수하지 않는다. 여기에 돈이라는 요소까지 부정적으로 바뀌면 주식시장의 붕괴는 예정된 것이나 마찬가지다.

1987년에 한 강연에서 당시 너무 많은 주식이 부화뇌동파 투자자의 손에 있다고 판단한 내가 주식시장의 과잉 열기에 대해 경고하자 한 청년이 내게 도전적으로 질문했다.

"코스톨라니 선생님, 제가 알기로는 현재 주식의 90퍼센트가 펀드 매니저와 기관투자자들에 의해서 거래되고 있는데, 그럼 그들이 부화뇌동파 투자자라는 건가요?"

그 질문에 대한 내 답은 간단했다.

"물론 그들도 부화뇌동파 투자자요. 그들은 일확천금을 노리는 것도 아니면서 대중의 뒤를 쫓아다니며 대중처럼 행동하고 있소. '생각'도 '인내'도 없이 말이오."

기관투자의 책임을 맡고 있는 머니매니저들은 1980년 여피족의 상징인 일명 '골든 보이'들이다. 투자은행, 펀드회사, 보험회사 등은 최고의 연봉을 제안하며 하버드대학교나 런던 경제학교를 졸업한 엘리트를 데려왔다. 고용계약서에 서명한 이들은 메르세데스, BMW, 재규어, 포르쉐 중에서 원하는 차를 골라 가질 수 있었다. 이제 불과 25세에서 30세 안팎인 이 사회초년생들은 투자 경험이 거의 전무했으나 억대의 돈을 관리해야만 했다. 그리고 1987년 8월이 되자 그런 '돈'마저 없었다. 그들은 주식시장이 아니라 선물시장에 과잉투자를 했기 때문이다.

원자재 강세장이 지나가자 선물에 투자하던 그들은 무언가 새로운 것을 고안해내야만 했다. 그렇게 주가지수 선물거래 계약을 시작했다. 주가지수는 항상 존재해왔다. 가장 오래되고 잘 알려진 것은 바로 다우존스 지수Dow Jones industrial average로, 30개 기업의 평균 주가를 보여준다. 또 다른 주가지수로 S&P 500Standard & Poor's 500 지수가 있다. 이는 다우존스 지수에 포함되는 30개 기업 외에 470개 더하여 총

500개 기업의 평균 주가를 나타낸다. 주가지수 선물거래는 이 S&P 500 지수를 기준으로 이뤄진다. 계약을 체결하면 투자자는 지수에 500을 곱한 만큼의 계약량을 갖게 된다. 따라서 지수가 350포인트였던 당시에는 그 가치가 약 17만 달러에 달했다. 하지만 선물 계약을 체결하기 위해 걸어야 하는 증거금은 총액의 5퍼센트 미만에 해당하는 6천 달러였다. 다시 말해 5퍼센트도 되지 않는 자기 자본과 95퍼센트의 신용으로 투자하는 것과 같았다. 적어도 10퍼센트의 자기 자본을 납부해야 했던 1929년보다 훨씬 더 떨어진 비율이었다.

하지만 선물시장의 거래 방식은 1929년의 주식시장보다 훨씬 빠르고 효과적이었다. 예컨대 선물 계약을 체결한 상태에서 시장이 후퇴하여 손실을 입으면 브로커는 곧바로 소위 '마진'이라 불리는 추가 증거금을 채워줄 것을 요구한다. 이 추가 증거금 요청Margin Call을 따르지 않으면 그의 포지션은 자동적으로 해지된다. 고객이 다른 중개 회사에 예금이나 거액의 부동산을 보유하고 있음을 입증해도 아무런 도움이 되지 않는다. 추가 증거금을 바로 납부하지 못하면 선물거래소의 규칙에 따라 반대 매매를 하여 거래를 끝내고 브로커는 그 고객을 추방해버린다.

이런 새로운 방식의 투자는 차익거래에 새로운 활동 영역을 열어주었다. 시카고의 선물 계약이 뉴욕 주식시장보다 싸면 컴퓨터로 시카고의 선물 계약을 사들였고, 반대의 경우도 마찬가지였다. 주가지

수 차익거래는 뉴욕의 주식시장과 시카고의 선물시장을 연결된 두 개의 파이프처럼 이어주었다.

주가지수 선물거래를 위한 증거금 비율이 매우 낮았던 탓에 1987년에는 이 시장이 마치 고삐 풀린 망아지처럼 날뛰었다. 하루 동안 시카고에서 체결된 S&P 500 지수 선물 계약이 같은 기간 뉴욕 증시에서 거래된 주식 가치보다 많은 날도 있었다. 이런 일이 거듭되면서 선물시장이 주도권을 쥐게 되었다. 개가 꼬리를 흔드는 것이 아니라 꼬리가 개를 흔드는 양상이 되어버린 것이다. 거의 모든 골든 보이들이 선물시장에 참여하여 주가지수 선물을 매수하며 시장을 계속 위로 끌어올렸다. 다우존스 지수가 기록을 경신할 때마다 여기저기서 샴페인이 터졌다. 브로커는 계속해서 늘어나는 거래량에 환호했으며 더 많은 투자자를 이 투기의 지옥으로 끌어들이려고 노력했다. 엘리엇 파동Elliot Wave 이론을 통해 1988년 다우존스 지수가 3,686포인트가 될 것이라고 예견한 로버트 프레히터Robert Prechter는 투자자들의 스타가 되었다. 그의 유명세는 많은 증권이 이미 부화뇌동파 투자자의 손에 들어가 있다는 것을 증명하는 명백한 징표였다. 어느 정도 경험이 있는 주식투자자라면, 특정 시점의 다우존스 지수를 콕 찍어 예견하는 '자칭' 주식계의 스승을 절대 따르지 않을 것이다. 사람에 따라 낙관적일수도, 비관적일 수도 있다. 하지만 프레히터가 벌인 행태는 건강한 인간 이성에 대한 모욕이었다.

허황된 기쁨에 빠진 부화뇌동파 투자자들은 당시 돈이라는 요소가 부정적이라는 사실을 깨닫지 못했다. 지금까지 팽창한 통화량이 바로 지난 몇 해 동안 이어진 강세장의 원동력이었다. 그사이 미국 연방준비제도이사회의 의장으로 선출된 앨런 그린스펀은 인플레이션의 위험을 예방하려는 의지가 강했다. 그래서 1987년 연초부터 그해 여름까지 여러 차례 금리를 인상했다. 자금시장에서는 장기 채권의 이자율이 2퍼센트 정도 상승했다. 8월이 되자 다우존스 지수는 2,722포인트에서 더 버티지 못했다. 그렇게 시장은 하강운동의 첫 번째 국면인 조정국면에 접어들었다. 새로운 매수자가 없었으므로 약간의 매도 계약만으로도 시세가 하락했다. 8월부터 10월 사이에는 시세가 서서히 떨어졌다. 주식투자자들은 점점 예민해졌고 계속 추락하는 시세에 더 많은 매도 신청이 이어졌다. 10월 중순이 되자 주식시장은 동행국면으로 접어들었다. 미국과 독일 간에 긴장감이 흘렀다. 미국은 유럽, 특히 독일과의 무역에서 엄청난 적자를 보고 있었고, 독일에게 국내 경기를 활성화해서 미국 상품을 유럽에 수출할 수 있도록 허용해줄 것을 요구했다. 이는 매우 정당한 요구였다. 왜냐하면 당시 헬무트 슐레징거Helmut Schlesinger가 부총재로 있었던 독일연방은행이 전 세계에서 비난받을 정도로 규제가 많은 자금 정책을 실시하고 있었기 때문이었다.

목요일과 금요일에 시세가 100포인트씩 떨어졌다. 이는 당시 시가 총액의 4퍼센트에 해당하는 수준이었다. 시장 분위기는 극도로 예민해졌고 긴장감이 가득했다. 그 주말에 당시 미국의 재무장관 제임스 베이커가 독일연방은행 총재에게 금리 인하로 내수시장 활성화를 장려하지 않는다면 달러를 더 떨어트리겠다고 위협하자, 시장은 하강 운동의 세 번째 국면, 즉 과장국면으로 들어섰다. 시장에는 비관주의가 팽배했고, 이는 다시 가격을 압박하여 시세가 가을날의 낙엽처럼 우수수 떨어졌다. 이러한 마지막 국면의 약세장 흐름은 대개 심리적 전기 충격을 받고 정신을 차려서 어느 방향이든 이 악순환 고리를 끊고 나올 때까지 이어진다. 방향을 반대로 바꿔야 한다는 주장이 있어도 전기 충격이 없으면 시세는 나날이 곤두박질친다.

10월 19일까지 전기 충격은 없었다. 골든 보이들에게는 마지막 G 요소인 '행운'마저 따르지 않았던 것이다. 이미 전 주에 시세가 하락하며 손실이 발생했기에 선물 포지션을 유지하려면 추가 증거금을 납부해야만 했다. 하지만 그들에게는 추가 지급의 의사도 그럴 만한 능력도 없었다. 10월 19일이 되자 포지션의 강제 해지가 시작되었고 그에 따라 S&P 500 선물 시세도 바닥을 치기 시작했다. 연이은 시세 하락에 추가 증거금 요구가 빗발치면서 강제 해지가 이어졌고 그것은 또 다른 시세 하락을 불러왔다. 이 눈사태는 더는 막을 수 없는 지경에 이르렀다. 결국 골든 보이들은 월 스트리트에서 차지하고 있는 주식 포지션을 공고히 하기 위해서 선물 계약을 매도했다. 보유한 주식 포지션을 전부 매도하느니 차라리 비용이 저렴한 선물 계약을 공매도하는 것이 훨씬 간단하고 빠르다고 판단한 것이다.

이 전략은 지금까지도 젊은 머니매니저들 사이에서 유행하는 방법으로 그들은 이것을 '포트폴리오 보험Portfolio Insurance'이라고 부른다. 정말 말도 안 되는 소리다. 이 보험은 마치 집에 불이 날까 봐 예방하기 위해 집을 판다는 식이기 때문이다. 나는 경험이 많고 노련한 동료들마저 이것으로 선물시장에 대한 보험을 들었다고 말하는 걸 도저히 이해할 수 없다.

포트폴리오 보험에 따른 매도는 시장을 계속 하락시켰다. 그사이 지수 차익거래는 당연히 성행 중이었다. 선물시장은 현물시장에 비해 계속 하락했다. 그에 따라 월 스트리트에서는 매도가, 시카고 선물거래소에서는 매수가 이어졌다. 그렇지만 이러한 선물 매수도 수많은 투자자들의 강제 해지로 인해 생긴 지수 선물시장의 시세 하락을 멈추지는 못했다. 모두가 문 하나로 전부 빠져나가려는 셈이었다. 마치 화재가 난 영화 상영관에서 모두가 하나뿐인 비상구로 우르르 몰려드는 것처럼 말이다. 이렇게 되면 실제로는 불이 나지 않았어도 사망자와 부상자가 속출하게 된다. 우연찮게도 10월 19일에 나는 브로커와 함께 있었는데, 그의 전화기가 쉴 새 없이 울렸다. 흥분된 목소리로 전화를 걸어온 고객들은 평소와는 다른 주문을 했다.

얼마 전 주가 상승기에 합류한 부화뇌동파 투자자들의 주문은 단

하나였다.

"전부 팔아주시오!"

증권거래소가 폐장되는 오후 4시가 되자 다우존스 지수는 508포인트가 하락한 채로 마감되었다. 시장이 폭락한 것이다.

그렇다면 1987년 10월 19일, 이 말도 안 되는 덤핑 가격에 주식을 산 사람은 누구였을까? 바로 소신파 투자자들이다. 당연하지 않은가! 그들은 수중에 현금을 보유하고 있었을뿐더러 인내력까지 갖추고 있었다. 이와 달리 부화뇌동파 투자자들은 주식을 덤핑 가격에 던져놓고는 자신이 입은 상처를 어루만지고 있었다. 보통 그럴 때 사람들은 희생양을 찾는다. 원래 주식투자자들은 수익을 얻으면 그것이 자기 자신이 이뤄낸 성과라 하고, 손실을 보면 항상 남의 탓을 한다. 책임을 지울 희생양은 곧바로 정해졌다. 다름 아닌 프로그램 매매를 주도하던 컴퓨터였다. 이는 신선하지 못한 생선을 먹어서 생긴 복통을 사용한 포크와 나이프에게 돌리는 셈이다. 잘못된 문제의 근원은 신선하지 않은 생선이듯이, 이 사태의 문제는 골든 보이들이었다.

어쨌거나 제임스 베이커의 발언이 옳았든 그렇지 않았든 그것은 바람이 잔뜩 들어간 풍선을 바늘로 찌른 격이 되었고, 증권거래소는 무너졌다. 그것은 내가 예견했던 바였다. 주식이 소신파 투자자들의 손에 있었다면, 베이커의 발언은 증권거래소에서 전혀 주목받지 못했을 것이다. 무엇보다 나를 놀라게 했던 사실은 제3국면이 단 하루

만에 진행되었다는 사실이다. 지금까지 시세가 무려 22퍼센트 혹은 그 이상 폭락하는 경험이야 여러 번 겪었지만 이런 속도는 아니었다. 그건 마치 미국에서 사는 유럽인이 뉴욕의 친구에게 변덕스러운 미국 날씨에 대해 불평할 때와 비슷한 심정이었다.

"겨울은 너무 추워. 여름은 너무 덥고 봄과 가을은 별 소용이 없지."

그러자 뉴욕 친구가 물었다.

"그러면 유럽에는 사계절이 없단 말인가?"

"물론 있지. 하지만 단 하루에 사계절이 다 지나가지는 않는다네."

당시 많은 기자들이 내게 얼마나 많은 손실을 입었는지 물었다. 그 질문에 나는 이렇게 대답했다. "잃었냐고 물었습니까? 설마 농담이시겠죠. 나는 잃은 게 없소. 내가 보유한 주식은 살 때보다 무려 네 배 이상 올랐으니 말이오."

이 '증권 동물원'을 어슬렁거리는 많은 사람들이 얼마나 어리석은지 무엇으로 알아볼 수 있을까? 자신이 주식을 팔면 주식시장이 하락할 것이라 생각해서 주식을 매도하지 않는 사람도 있다. 만약 그런 사람이 주식을 팔았는데 마침 주가가 하락하면 그것이 단지 그 이유 때문이라고 믿는다. 하지만 실제로 손실을 보는 사람은 비싸게 사서 싸게 판 사람들뿐이다. 나는 그렇게 하지 않았다. 그러므로 불안한 적도 없었다. 1987년 10월 19일 이후로 많은 친구들이 내 아내에게 나의 안부를 물어보았다.

"앙드레는 요즘 어떻습니까? 신경이 날카롭지는 않은가요?"

"신경이 날카롭냐고요? 전혀요. 그이는 언제나 그랬던 것처럼 소파에 앉아 음악을 감상하고 있답니다."

온전히 내 돈으로 산 주식이라면 시세가 하락해도 나는 항상 평온할 수 있었고, 또 평온했다. 이것은 지난 수년간 이어져온 나의 철칙이다. 그런데도 내 안에 일말의 불안이 엄습해오면 나는 오랜 친구이자 열 살 때부터 투자를 시작한 증권시장의 거물, 오이게네 바인렙 Eugene Weinreb을 떠올린다.

어느 날 그의 비서가 흥분한 상태로 그를 찾아왔다.

"주가가 급격하게 하락하고 있습니다. 어떻게 하면 좋을까요?"

노련한 그는 매우 평온하게 대답했다.

"주가가 떨어지고 있다고? 고작 그걸로 내가 흥분해야 하나? 나는 아우슈비츠에 3년이나 있었다네."

그러나 나의 친구들 모두가 그처럼 평온하지는 않았다. 그때 주식시장이 폭락한 이후 아주 똑똑한 친구인 하이코 티메Heiko Thieme와 공항에서 우연히 마주친 적이 있다. 그는 수년간 도이체방크에서 월 스트리트 전문가로 일했으며, 현재 뉴욕에서 자신의 펀드를 운영하고 있다. 나는 평소 나처럼 낙관론자인 그를 높이 평가하고 있었다. 사실 그는 좀 지나치게 낙천적인 편이지만, 위기를 부르짖으며 사태를 부정적으로 보는 비관론자보다는 천 배쯤 낫다고 생각한다. 하지만 그날 공항에서 만난 그는 잔뜩 스트레스 받고 신경이 곤두서 보였다. 무엇이 그를 그렇게 만들었는지 나는 모른다. 아마도 내 친구는 당시 유행이었던 S&P 500 지수 선물을 샀거나 아니면 증권을 사느라 빚을 냈을지도 모른다. 그것으로 얼마나 진땀을 흘렸을지 지난 나의 경험을 통해 충분히 그려볼 수 있었다.

1987년에 나는 매수자의 입장이 아니었고 현금도 보유하고 있었던 터라 마음이 매우 편한 상태였다. 더욱이 대규모 폭락을 예견하고 몇몇 주식은 매도한 뒤이기도 했다. 물론 시간이 지나면 누구나 그럴 줄 알았었다고 말할 수도 있겠지만, 내게는 증거가 있다. 나는 지금까지 30여 년간 《캐피탈》지에 칼럼을 기고하고 있는데, 9월의 마지막 주 금요일에 발행된 10월 호에는 다음과 같은 내 글이 실려 있다.

"월 스트리트 또한 일방 통행로가 아니다. 그러므로 폭락은 이미 예정된 일이다."

이를 두고 누구나 할 수 있는 말이라고 할 수도 있다. 왜냐하면 폭락 사태는 언젠가는 일어나기 때문이다. 하지만 독자들은 내가 그런 위험을 감지했기에 그러한 경고를 했다는 것을 알고 있다. 나는 칼럼을 통해 강세장이 이어지던 1980년대의 월 스트리트에 대한 의견을 자주 써왔지만, 그때 내가 쓴 글은 평소와 분위기가 달랐다. 나는 정신적으로, 감정적으로 그리고 물질적으로 준비되어 있었다. 당시 내 수중에는 현금이 있었다. 그로부터 주가 폭락이 오기까지 한 달이 채 걸리지 않은 것이 내게는 큰 행운이었다. 그 시기만큼은 나도 정확히 알 수 없었지만 숙련된 내 코가 파산의 냄새를 감지했던 것이다.

나는《캐피탈》지의 칼럼에 이 밖에도 여러 가지 진단들을 담았다. 그중 하나에는 다음과 같은 내용이 실려 있었다.

"미국 주식시장은 소련 덕분에 지속적으로 상승할 것이다."

이 예측은 적중했다. 우리 모두가 알고 있듯, 다우존스 지수는 오늘날 1987년 이전보다 네 배가량 올랐다. 소련과 미국 양국 사이에 흐르던 긴장이 완화되면서 나는 무척이나 낙관적이 되었던 것이다.

주식시장 붕괴가 일어난 다음 날 나는 독일 뮌헨의 한 박물관에서 강연을 했다. 당시 나와 함께 초대받은 강연자는 독일 외무부 장관인 한스 디트리히 겐셔였다. 그는 외교 정책에 대해 강연했고, 나는 언제나 그랬듯이 증권에 대해 강연을 했다. 그때 나는 금융시장과 세계 경제와 관련해 상당한 낙관론을 펼쳤다. 그다음 날《쥐트도이체 차이퉁》은 신문 지면의 반을 나의 낙관론을 소개하는 데 할애했다. 기사에 언급했던 것처럼 그들은 마침내 들려온 이 낙관적인 소식을 매우 반겼다. 증시가 폭락한 바로 다음 날이었음에도 내가 그렇게 낙관적일 수 있었던 것은 당시 미국 연방준비제도이사회 의장이었던 앨런 그린스펀이 한 말 덕분이었다.

"미국 연방준비제도이사회는 경제 및 금융시장의 지원을 위해 모든 수단을 동원하여 자금 유동성을 늘릴 계획입니다."

그 말로 나는 위기가 이미 해결된 것이라 판단했다. 1929년의 대공황 같은 사태는 일어나지 않을 것이다. 그린스펀의 발언은 소신파 투자자들에게 다시 증시에 진입하라는 신호가 되었다. 돈이라는 요소가 다시 긍정적으로 돌아선 만큼, 다음 호황은 이제 시간문제였다.

하지만 경제학자들은 이것을 매우 다른 시각으로 보았다. 그들은 심각한 경제위기를 예견하고 있었다. 이에 대해 33인의 경제학자들이 워싱턴에 모여 진지하게 논의했는데, 당시 나는 이들을 두고 짧지만 많은 것을 시사하는 평가를 했다.

"33인의 교수들이라니, 참으로 대단한 사람들이야. 하지만 당신들은 졌소."

1987년 10월 19일 이후 이 센세이션에 빠져든 '증권여행객'들이 뉴욕으로 순례 여행을 왔다. 그들은 월 스트리트를 움직인 사람들이 1929년처럼 창문에서 뛰어내려야 한다고 생각했다. 하지만 그런 일은 일어나지 않았다. 약 5만 명에 달하는 골든 보이들이 직장에서 해고됐지만 다행히 목숨을 잃지는 않았던 것이다. 하지만 이러한 해고의 바람은 안타깝고 고통스러운 일이 아니라 건강한 정화 작업의 일환이었다. 월 스트리트를 카지노판으로 만든 것이 이 골든 보이들이었으니 말이다.

증권시장의 거물 로버트 프레히터도 비관론자들의 편에 섰다. 그때부터 그는 다우존스 지수가 1천 포인트 아래로 하락할 것이라고 예견했다. 실제로 10월 19일에 주가가 최저점을 찍었다. 하지만 곧 시장은 조정국면으로 이어졌고, 경제학 교수들의 예측과는 달리 경제는 계속 성장했으며, 마침 들려온 희소식에 주가가 상승하여 동행국면으로 넘어갈 수 있었다. 무슨 소식이었을까? 바로 소련의 붕괴와 독일의 통일, 그리고 신기술 시대로의 편입이었다.

1998년에 시장은 다시 과장국면에 들어섰다. 이 시기에는 누구나 시장에 참여하기를 원했다. 특히 독일의 벤처시장New Market은 거친 노름판이 되어버렸다. 2년 전만 해도 증권시장이 무엇인지 조금도 알지 못하던 사람들마저 군침을 흘렸고, 종국에는 정신없이 달려들어 먹어치우려고 했다. 말하자면 주식 중독증에 걸린 셈이었다.

이제 반격할 때가 와야만 했다. 바람을 불어넣어 팽창한 풍선을 찌를 바늘만 있으면 모든 조건이 갖춰질 터였다. 그리고 마침 세 종류의 바늘이 등장했다. 동남아시아의 경제위기, 심각한 상황의 러시아 재정, 과장된 투기 열풍에 대한 앨런 그린스펀의 경고가 이어지자 시세가 하락한 것이다. 다시 세계적인 경제 침체와 디플레이션이 예견되었다. 미국 연방준비제도이사회는 세계 경제 시스템의 붕괴를 막기 위해 서둘러 자금을 풀었다. 이 조치는 소신파 투자자들에게 시장의 회복을 알리는 확실한 신호가 되었다. 첫 번째 요소인 돈이 다시 긍정적으로 변했다. 시세는 하락했던 만큼 빠른 속도로 회복했으며, 경제학자들이 머리를 맞대고 예견했던 경제위기와 디플레이션은 오지 않았다.

그렇다면 지금 우리는 어디에 서 있을까? 1998년의 위기는 1987년처럼 시장을 싹 쓸어내며 정화하지는 않았다. 이번에는 과장국면에 있어서도 앞서 설명했던 '위로의 과장'이나 '아래로의 과장'이 그리 심하지 않았다. 더욱이 시장에서 모든 부화뇌동파 투자자들을 밀어내기에는 경기가 너무 빠르게 회복되었다. 1998년 이후 1년이라는 시간이 흘렀고 과거의 지수를 회복했음에도 불구하고 두려움은 오히려 더 커졌다. 내가 판단하기로 지금 우리는 제2국면의 끝자락에 서 있다. 호황의 조짐은 아직 보이지 않는다.

1년 전의 증권거래인들이 디플레이션을 우려했다면 지금은 인플레이션과 금리 상승을 두려워한다. 먼저 경제가 급격한 생산성 향상에 의해 인플레이션 없이 성장할 것이라는 점부터 확실해져야 환호할 분위기가 조성되고 시장은 상승운동의 세 번째 국면으로 접어들 것이다. 그러면 언제나 그랬듯이 유행 뒤에 한 차례의 후퇴는 피할 수 없다.

붐과 주가 폭락: 분리할 수 없는 한 쌍

1982년과 1987년 사이에 있었던 증권시장의 변동은 사이클 순환의 대표적인 사례다. 이런 예는 오랜 시간에 걸쳐 수없이 많이 있어왔다. 주식이든 채권이든 원자재이든 혹은 부동산이든 증권시장의 모든 사이클은 동일한 패턴으로 움직인다. 과장국면에 나타나는 상승운동 및 하강운동은 두려움과 무모함 사이에서 춤을 추는 인간의 심리를 비춰준다. 붐과 주가 폭락은 서로 분리할 수 없는 한 쌍이고, 하나가 없는 다른 하나는 절대 떠올릴 수 없다. 경기가 호황에 접어들면 붐은 풍선처럼 부풀어 오르기 시작한다. 그리고 결국에는 어디선가 등장한 바늘에 찔려 터져버린다. 이는 피할 수 없는 숙명이며 영원불변의 법칙이다. 붐 없이는 폭락도 없고, 또 폭락 없이는 붐도 없다.

400여 년에 이르는 주식시장의 역사는 붐과 폭락이 끊임없이 반복되며 만들어낸 결과물이다. 그중 대부분은 사람들의 기억에서 잊혔지만 일부는 세상을 변화시켰고 역사서에 기록되기도 했다.

17세기의 튤립 투기 사건

튤립처럼 섬세하고 부드러운 꽃이 붐과 위기의 전통적인 상징이
되었다는 것은 참으로 아이러니한 일이 아닐 수 없다. 이 이야기는
오늘날 미숙한 증권투자자, 머니매니저 그리고 투자 상담가에게 좋
은 교훈이 될 것이다. 튤립은 17세기 네덜란드의 경제를 거의 송두리
째 흔들어놓았다. 그 내막은 다음과 같다.

독일 황제가 터키로 파견한 대사였던 부스베크는 터키인들이 '투
르반'이라고 부르는 꽃을 보고 봐도 봐도 질리지 않을 만큼 푹 빠졌
다. 그래서 그는 귀국하면서 그 꽃은 고국으로 가지고 왔는데, 그 과
정에서 이름이 '튤립판'으로 바뀌었다. 얼마 지나지 않아 아우크스부
르크에 소재한 정원에 핀 이 꽃을 보며 사람들은 감탄했다. 이어 식
물학자들이 이 연약한 꽃이 북유럽의 거친 기후에 적응하도록 개량
하는 데 성공했다. 그로부터 몇 년이 지나 네덜란드인들은 이 꽃에
완전히 매료되고 말았다. 수년간 주로 시민들이 집에서 기르는 꽃에
불과했던 튤립은 차츰 사회적 지위의 상징으로 변해갔다. 고상한 귀
족 여성들은 화장실 타일 색에 가장 잘 어울리는 튤립을 심사숙고하
여 골랐고, 그들이 머무는 빌라 정원에 펼쳐진 튤립 카펫의 화려함은
아라비아산 카펫을 능가했다. 사람들은 튤립으로 장식한 마차를 타
고 산책에 나섰으며, 거의 매일 열리는 튤립 축제에서 어느 가문의

튤립이 더 우아한지 겨뤘다. 이때 이웃에게 없는 희귀한 튤립을 수집하는 것이 관건이었다. 오늘날 미술품을 수집하는 것처럼 당시 네덜란드 사람들에게 튤립은 사회적 지위를 보여주는 상징으로 자리 잡았다.

그러던 중 자신을 더욱 돋보이게 하고 싶었던 어느 부유한 선주가 한 가지 방법을 떠올렸다. 딸의 결혼식에서 아름다운 최고급 다이아몬드 대신에 매우 희귀한 튤립 구근을 선물하는 것이었다. 그는 그 '보석'에 감탄할 친구들을 초대한 후 특별히 테이블 하나를 중앙에 놓고 장식했다. 그리고 튤립 구근을 그가 소유한 가장 값지고 아름다운 접시에 올려 테이블의 정중앙에 놓았다. 그가 친구들과 정원에서 시간을 보내는 동안 한 항해사가 그의 집으로 들어섰다. 그는 아직 튤립에 대한 이 집 주인의 사랑이 얼마나 대단한지 잘 모르는 신출내기였다. 빵 한쪽과 절인 청어를 다 먹어갈 즈음 그의 시선이 테이블 위에 놓인 양파에 닿았다. 화려한 접시에 올려진 그 양파는 무척이나 먹음직스러워 보였다. 그는 덥석 양파를 집더니 통째로 입안에 넣어버렸다. 그때 주인이 돌아왔다. 아아, 하지만 때는 이미 너무 늦어버렸다. 그렇게 애써 마련한 결혼선물이 혼인서약서에 서명하기도 전에 누군가의 뱃속으로 들어가버렸다. 그 후 그 선주가 화병으로 죽었는지 노환으로 죽었는지는 전해지지 않았지만, 전자였대도 충분히 그럼직했다.

튤립 히스테리는 이후 수년간 이어졌다. 시민 계급이 부를 쌓은 뒤로 부르주아 계급은 튤립을 이용하여 점점 사회적 지위를 올리려고 했다. 귀족을 모방하고 싶었던 속물들이 헤이그 귀족들이 하던 어리석은 행동을 따라 했던 것이다. 그들의 정원이 튤립으로 가득 채워지는 사이 튤립의 가격이 오르기 시작했다. 그리고 자국에서 생산하는 양만으로는 충족하기 어려울 정도로 수요가 폭등했다. 상승세가 완만하긴 했지만 튤립의 가격은 계속 올랐다. 그러다 튤립 구근이 거래되는 시기인 8~9월에는 그 값이 천청부지로 치솟았다. 곧 셈이 빠르고 돈이 있는 사람들은 이를 기회로 삼아 튤립 구근에 투자했다. 시장은 금세 제3국면에 이르렀다. 거래가 폭등하자 그때까지 암스테르담 주식시장에서 주식을 거래하던 투자자들까지 전부 몰려들었다. 튤립 구근의 값이 치솟다 못해 폭발할 지경에 이르렀다.

1637년에 이르자 부풀 대로 부푼 풍선이 마침내 터져버렸다. 많은 고객들이 튤립 공급자들로부터 납품받은 350가지 종류의 튤립이 이미 시장에 대량으로 풀려 더는 귀한 품종이 아니라는 말을 듣고 만 것이다. 그제서야 투자자들은 튤립 인플레이션이 온 것을 깨달았다.

올 것이 오고야 말았다. 한 투자자가 "불이야!"라고 외치면 모두가 비상구를 향해 돌진한다. 이제는 모두가 팔고 싶어했지만 사려는 사람이 없었다. 그렇게 거대해진 튤립 풍선이 터지고 튤립 구근의 가치는 한순간에 정말 양파와 다름없는 수준으로 전락해버렸다. 어제까지만 해도 백만장자였던 투자자들은 단번에 '우수憂愁의 기사(돈키호테의 별명-역주)'처럼 알거지가 되어버린 것이다. 주식시장의 붕괴도 그러했다. 거대하게 부풀었던 풍선이 터져버리고 난 뒤 그 자리에는 파산, 근심, 고통만이 남았다.

'무가치한 것'을 대상으로 한 비이성적인 게임은 경제 붐의 끝, 즉 번영기의 마지막 국면이자 돈이 줄줄 흘러나가는 강세장의 제3국면에 접어들었음을 알려주는 징후다. 이 현상은 계속 반복적으로 일어난다. 초기의 상승운동은 전통적인 범주 내에서 온건하게 진행되다가 비이성적인 수치로 흘러간다. 상승 흐름은 중간 정도의 주식을 비논리적인 수준으로 올려놓더니 종국에는 무가치한 주식까지도 이 상승운동에 대거 포함시킨다. 새 자본이 유입되면서 수요와 공급의 균형이 무너진다. 세상의 모든 사람들이 돈을 벌려는 마음에 이 말도 안 되는 금액을 선뜻 지불한다. 전 유럽에서 행운을 좇는 사람들이 네덜란드로 몰려와 튤립에 투자하다 보니 그 가격이 오르는 것은 당연지사였다. 마치 오늘날 많은 개인투자자들이 금액에 개의치 않고 인터넷 주식을 사 모으려는 것과 비슷했다. 곧이어 현금이 바닥난 사람들은 신용으로 튤립을 샀다. 왜 그렇지 않겠는가? 성공이 보장된 투자인 게 분명해 보였으니 말이다. 튤립은 네덜란드의 강세장 사이클을 따라 이 손에서 저 손으로 빠르게 건네졌다. 어느 날은 붉은 튤립, 또 어느 날은 노란 튤립을 찾는 수요가 늘어나며 가격이 치솟았다. 또 핑크색이나 검정색의 표본종도 등장했다. 현대의 투자자들이 어느 날은 하이테크주에, 그다음 날은 은행주에 몰리는 것처럼 말이다.

튤립은 더 이상 꽃이 아니라 투자 대상일 뿐이었다. 시장에는 연이어 신품종의 튤립이 나왔고, 위태로운 상황으로 치닫고 있었다. 무가치한 것이 인플레이션에 의해 비싸진 것이다. 이는 주식시장이 붕괴되기 전 항상 나타나는 전조였다.

상승하는 시세에 눈이 먼 소액 투자자들은 이 위험한 주식 게임에서 빠져나오지 못했다. 튤립의 가격이 오르는 것은 가치 상승의 결과가 아니라 그저 무책임한 선전 때문이었다. 이런 상황을 우려하는 경고는 소액 투자자들의 귀에 전혀 들리지 않았다. 그들은 어떻게든 이 주식 게임에 동참하기만을 원했다. 튤립 투자자들은 단 한순간이라도 생산이 소비를 넘어서거나 네덜란드에 튤립이 넘쳐나는 일은 상상도 하지 못했다. 그렇게 튤립 투자 풍선은 터지기 일보 직전까지 부풀어올랐다.

역사는 빠르게 흘러가고, 지난 몇 년간 있었던 경제 변화의 속도는 이루 말할 수 없을 정도로 빨랐다. 하지만 사람의 세포가 변하지 않듯 증권거래소의 세포 역시 변하지 않는다. 17세기 증권거래소든 아니면 유명한 월 스트리트든, 작은 국가의 소규모 증권거래소든 그곳에서 일어나는 현상은 항상 동일하다. 이것은 쥐나 개구리로 실행한

실험 결과를 토대로 비슷한 구조를 지닌 커다란 코끼리를 치료하는 것과 같은 이치인 것이다.

프랑스의 목을 부러뜨린 수학 천재

프랑스 역시 국고가 비어가던 18세기에 잊을 수 없는 주식 대폭락을 겪었다. 어린 루이 15세의 섭정을 맡은 왕의 삼촌은 스코틀랜드 출신인 존 로우John Law의 이야기를 듣고 어떻게 하면 국고를 채울 수 있을지 깊이 고민했다. 어려서부터 특히 계산에 특출났던 존 로우는 이미 여러 나라에서 상당한 수익을 얻었다. 파리에서 그는 금융업, 무역 그리고 외화 부문의 대단한 전문가로 통했고 이 소문을 들은 프랑스의 군주는 그와 만나고 싶어했다. 귀부인들의 말처럼 영리하고 사랑스러운 존 로우가 루이 15세의 눈에도 처참한 상황에 빠진 프랑스를 도울 수 있는 인물로 보였다. 존 로우는 군주와 절친한 친구가 되었다. 왕으로부터 채권을 발행할 수 있는 무제한의 권한을 위임받은 존 로우는 (근대적 의미에서) 프랑스 최초의 은행인 중앙은행을 설립했다. 그 후 금융 자본가로 전환한 그는 미시시피 회사를 세우고 루이지애나의 식민지화와 광물의 발굴 및 무역 업무에 관여했다.

존 로우는 탁월한 능력을 지닌 금융가인 동시에 사람들로 하여금 수익의 기쁨을 느끼게 하는 데 능한 심리학자였다. 그는 어떻게 하면 무에서 유를 창조할 수 있고 국민의 모든 계층이 많은 증권을 소유하게 할 수 있는지를 이해한 최초의 인물이었다. 투자 열기가 비등점에 도달해 끓어 넘칠 때까지 존 로우는 아주 서서히 프랑스에 투자 열기를 불러일으켰다. 미시시피 회사의 홍보 책자에 이 새로운 영역에서 축적 가능한 부에 대해 세세히 묘사함으로써 사람들을 유혹했다. 미국의 전원적인 풍경과 금과 은이 산처럼 쌓여 있는 광경을 보여주며 개발을 기다리는 이 새로운 지역으로 사람들을 이끌었다. 순진한 원주민들이 한 모금의 술이나 세 개의 유리구슬을 받고 금덩어리를 내어주는 꿈 같은 일이 실현된 것이라며 말이다.

이렇듯 탁월한 광고 덕택에 18세기부터 은행가들이 모여 있는 깡포아 거리Rue Quincampox로 자금이 흘러들어왔다. 상승장이 펼쳐질 거라는 기대 속에 기업들은 조심스럽지만 계속해서 새로운 주식을 발행했다. 존 로우의 주식을 살 수 있는 파리로 향하는 우편마차의 자리는 몇 달 전에 예약해야만 탈 수 있었다. 어느 곱사등이는 주식 주문표를 쓰기 위한 받침대로 자신의 등을 빌려주고 적지 않은 수익을 얻기까지 했다. 궁정의 귀부인들마저 주식을 사야겠다는 굳은 결심에 사로잡혀 이런 기괴한 방법에도 놀라지 않았다. 3주 동안 시장에서 무려 30만 주에 달하는 주식이 발행됐는데, 잉크가 마르기도 전에 전부 매진되었다. 사실 사람들은 존 로우의 주식이 가져다줄 배당금에는 관심이 없었다. 그들은 발행가의 20배까지 치솟을 경우 얻게 될 시세 차익에만 관심이 있었다. 그리고 1719년에 그 기록이 갱신되었다. 주식은 명목가치의 무려 36배에 달하는 1만 8천 파운드를 찍었다. 유럽 전체가 숨을 죽인 채 이 연극의 클라이맥스를 지켜보았다. 학자들은 존 로우의 시스템을 두고 토론을 벌였는데, 그 토론이 미처 끝이 나기도 전에 그것이 아무것도 아니라는 것을 깨달았다. 그저 연필을 들고 배당금을 계산해보거나 배당금이나 당기수익을 얻을 수 있을지 단순히 질문을 던져보기만 해도 그 실체를 파악할 수 있었다. 그렇다면 실제로 손에 연필을 쥐고 계산을 해본 사람은 누구였을까? 물론 소신파 투자자들이었다!

여기저기서 주식 매도가 일어나면서 위기의 조짐이 시작됐다. 존 로우는 사람들 사이에 확산되는 공황을 어떻게든 막아보려 애를 썼지만 소용이 없었다. 결국 주가는 폭락했다. 빈의 증권거래소에는 옛날부터 다음과 같은 금언이 전해져 내려온다.

"한 명의 로스차일드가 강세장을 만들 수는 있을지는 몰라도 약세장은 막을 수 없다."

1720년 10월, 무려 1만 8천 파운드였던 주식은 어떻게 해도 팔리지 않았고 결국 40파운드까지 떨어졌다. 사람들은 하루 종일 깡포아 거리에 줄을 지어 서 있었다. 이제 그들은 원금이라도 되돌려 받을 수 있기를 간절히 바랐다. 얼마 전까지 넘쳐흐르던 환희는 이런 초라

한 광경으로 바뀌어버렸다.

몽테키스외Montesquieu는 이 충격적인 사건에 대해 "불과 6주 전까지만 해도 부자였던 사람들이 지금은 가난해졌다. 존 로우는 옷장수가 옷을 뒤집듯 나라 전체를 뒤집어놓았다"라는 글을 남겼다. 그런가 하면 파리의 신문들은 다음과 같이 존 로우를 풍자하는 글을 실었다.

"이곳에 스코틀랜드의 유명하고 계산에 뛰어난 아들이 쉬고 있으니, 그의 천재적인 수학 실력이 프랑스의 목을 부러뜨렸노라."

하룻밤 사이에 실패한 빈털터리가 된 존 로우는 안개 낀 밤을 틈타 야반도주해야 했다. 그에게 보복하려는 성난 군중이 몰려올까 두려웠기 때문이다. 그 후 그는 내내 빈곤에 시달리다 1729년 쓸쓸히 사망했다. 그의 시신은 약 100년이 흐른 뒤에야 그의 조카에 의해 성 모이제 교회로 옮겨졌고 지금까지 그곳에 있다. 나는 그 지역을 방문할 때마다 그의 무덤에 꽃다발을 놓고 오는 것을 잊지 않는다.

사실 존 로우는 사기꾼이 아니라 거물 투자자였다. 국정 운영에 필요한 돈을 점점 더 많이 요구하는 그의 친구에게 자금을 바쳐야 했던 그는 어떻게 보면 군주의 희생양이었다. 이 사건은 국가가 중앙은행의 보증 없이 대출을 요구하면 생길 수 있는 은행권 인플레이션의 전형적인 사건이었다. 그 영향으로 프랑스에서는 50년이 넘도록 투자와 증권에 대한 거부감이 지속되었다.

1929년 주식 대폭락의 본질

미 대륙의 발견이나 프랑스혁명처럼 1929년 미국의 경제위기는 서구 사회의 모습과 사회구조를 완전히 바꿔놓았다. 그때의 일은 오늘날까지도 유령처럼 우리 사회를 떠돌고 있다. 그 시기를 살았던 사람들에게 1929년은 엄청난 전환점이었다. 그 이후 수십 년 동안 사람들은 습관처럼 "기억하세요? 1929년 이전에는⋯⋯"이라거나 "1929년 이후에는⋯⋯"이라고 말하곤 했다.

참혹한 10월의 '검은 목요일'이 오기 전까지 사람들은 그래도 아름답고 행복한 시간을 보내고 있었다. '신의 나라'인 미국은 되찾은 번영의 낙원처럼 살기 좋고 활기가 넘쳤다. 제1차 세계대전 이전만 해도 채무국이었던 미국은 전 세계의 채권국이 되었다. 산업 생산이 꾸준히 증가했고 소비 또한 늘어났다. 이 두 분야가 성장할 수 있었던 건 전부 기적의 약, 바로 '신용' 덕분이었다. 원자재와 증권의 가격은 계속해서 올랐다. 월 스트리트의 텔레타이프는 무감각한 리듬으로 몇 킬로미터가 훌쩍 넘는 길이의 흰 종이를 토해냈다. 중산층, 서민, 막 건너온 이민자 할 것 없이 모든 미국인들은 부자들이 하는 투자를 모방했다. 덕분에 시장은 계속 상승하며 상승운동의 제3국면에 위치했다. 하지만 투자 구조를 살펴보면 몹시 연약한 다리를 가진 거인이나 다름없었다. 그것을 제대로 파악한 사람은 극소수에 불과했다. 어쨌거나 삶은 아름다웠으니까 말이다!

헨리 포드 1세는 새로운 자동차 모델을 출시했다. 사람들은 밤마다 지그펠트 극장에서 '돌리 시스터즈'의 공연에 박수갈채를 보냈고, '랩소디 인 블루'로 스타덤에 오른 당대의 유명 작곡가 조지 거슈윈이 쓴 멜로디를 폴 위더만과 함께 따라 불렀다. 가난한 이민자의 아들인 조지 거슈윈은 뉴욕 5번가에서 열리는 귀족 파티에 초청되는 손님이 되었다. 또한 진 할로우가 워너브라더스 사의 영화에서 최고의 여배우로 명성을 날리고 있었다. 맑은 하늘빛 눈, 은색 머리, 부드러운 몸짓으로 할리우드를 사로잡은 그녀는 당대 최고의 글래머 여배우로 자리 잡았다. 사람들은 유명한 '트웬티 원' 카페에서 찻잔에 위스키를 따라 홀짝이며 축음기에서 흘러나오는 알 존슨과 에디 칸토의 음악에 귀를 기울였다. 아름답고 자유분방한 존 배리모어가 얽힌 스캔들은 사람들 사이에서 언제나 화젯거리였다. 하지만 사실 이 매혹적인 쇼를 조종하는 보이지 않는 자들, 즉 월 스트리트의 사람들(지금으로 치면 펀드매니저나 투자 회사)이 그 뒤에서 주식시장의 위험한 징후들을 사람들이 눈치채지 못하도록 연막을 치고 있었던 것이다. 캘빈 쿨리지 대통령, 그의 후임인 허버트 후버, 그리고 재정부 장관 멜론은 미국 정부의 공식적인 성명에서 앞으로 이런 태평성대가 계속될 거라고 선언했다.

그러나 1929년 마침내 세계사에 길이 남은 대공황이 도래했다. 많은 역사학자와 경제학자들이 1929년의 공황을 세계 역사상 가장 큰 금융위기로 꼽는데, 나도 이에 동의한다. 공황은 경제적 태평성대의 분위기 한가운데서 마치 자연재해처럼 터져버렸다. 하지만 이 호황은 후버 대통령이 인위적으로 조작한 결과물이었다. 영미 계열의 경제학자들은 각자의 관점에 따라 1929년의 경제위기를 다르게 설명하려고 했다. 몇몇 학자들은 영국 은행의 할인율 상승이 그 시발점이라고 주장했고, 또 다른 학자들은 미국 연방준비제도이사회가 금리를 여러 차례 인상했는데도 월 스트리트는 활기차게 움직였다고 반박했다. 일부 학자들은 런던의 포토마텐 주식의 주가 폭락이 촉발한 신용위기 때문이라고 주장했다. 포토마텐 사건은 제1차 세계대전 이후 처음으로 일어난 대규모 금융 사건으로 스캔들이나 다름없는 사건이었다. 이 계기로 포토마텐의 대표인 클레런스 해트리는 사기꾼이라고 불렸는데, 훗날 이 말은 다른 주식 거물에게도 자주 사용되었다.

1929년 9월에 터진 포토마텐 스캔들의 심리적 영향은 실로 엄청나서 단 한 번에 신뢰가 무너졌다. 사람들은 "새로이 건설되는 산업도 사기가 아닐까?", "너무 빠르게 성장한 라디오, 인조 비단, 자동차 산업도 어느 날 갑자기 그렇게 손해 보는 것은 아닐까(어쩌면 언젠가 인터넷 분야에 이와 똑같은 질문을 하게 될지도 모른다)?" 등의 질문을 쏟아냈다. 그리고 대형 자본의 집중이 정말 수익성이 있는지 의문을 갖기 시작했다. 다시 말해, 트러스트나 지주회사의 정직성을 의심하기 시작한 것이다. 이미 그때부터 콘체른과 투자펀드가 지주회사를 만들어 운영하는 방식이 성행 중이었다(하지만 몇 년 뒤 대부분의 지주회사는 루즈벨트 대통령 재임 중에 해체되었다). 모회사는 자회사를 설립하고, 자회사는 가장 먼저 모회사의 주식을 사들였다. 그러면서 누가 모회사이고 자회사인지 구분이 불투명해졌다. 하지만 주가가 오른다는 것 하나만큼은 분명했다. 그것이 옳든 그르든, 혹은 그 회사에 수익이 있든 없든 상관없이 말이다. 지금도 그렇지만 대중에게 약속이야 무엇이든 못 할 게 없었기 때문이었다. 사람들에게 주가가 오른 증권을 파는 것은 식은 죽 먹기였다. 하지만 주식이 하락했거나 최저가일 때는 그 주식에 관심을 갖도록 만드는 것조차 힘들었다. 대중의 변덕은 주가의 변덕을 따라가기 때문이다. 주가가 오를 때만 주식을 사는 대중에 의해 주가는 더욱더 올라갔다.

1929년 10월 22일, 결국 대공황이 찾아왔다. 전날 기압계는 화창한 날씨를 가리킨 것과 달리 그날 하늘에는 천둥 번개가 쳤다. 금융역사상 그런 일은 비일비재했기 때문에 노련한 증권거래인들은 전혀 놀라지 않았다. 증시의 붐은 유입되는 돈과 주식투자를 목적으로 한 대출에 의해 커다란 풍선처럼 부풀다가 바늘에 찔려 터지고 만다. 그리고 풍선을 터트리는 바늘은 절대 피할 수 없는 숙명과 같다. 다시 한번 말하지만, 증시의 붐을 거치지 않은 공황은 없으며 공황으로 끝나지 않은 불도 없다. 사건은 다음과 같이 전개됐다.

10월 22일, 월 스트리트에서 대규모의 매도 분위기가 조성됐고 투자자들의 신경이 매우 예민해졌다.

10월 23일, 주식시장의 거래가 멈추고 몇몇의 투자자만이 주가가 하락한 주식을 사들였다.

10월 24일, 폭풍 전야의 고요가 흐른 뒤 세계 종말이 온 것처럼 공황이 왔다. 남은 매도자들이 눈사태처럼 밀려와 남은 주식을 전부 팔아 치우려고 혈안이 되었지만 매수자는 없었다.

우연히 그 시기에 월 스트리트를 방문한 윈스턴 처칠은 두려움에 휩싸인 채 흥분한 대중의 모습을 목격했다고 한다. 브로드 스트리트 쪽에서 사람들이 외치는 소리가 커지더니 대중이 폭동을 일으켰는데 경찰도 그들을 제지할 수가 없었다.

당시 내셔널 시티 뱅크의 총재이자 월 스트리트의 배후에 존재했던 조종자 중 한 사람인 찰스 미첼은 모자와 우산도 없이 월 스트리트 23번지에 있는 JP 모건 사무실로 서둘러 달려갔다. 방음 시설이 잘 되어 있는 모건의 사무실은 세상에서 가장 비싼 땅에 지어진 마천루 사이의 고급주택 2층에 있었다. 존 모건 2세는 우선 몹시 흥분한 방문객을 진정시켰다. 그리고 1907년에 닥쳤던 대공황에서 월 스트리트를 구했던 자신의 아버지 모건 1세를 떠올렸다. 그로부터 22년이 지난 지금 사람들은 또다시 도움을 구하려 모건을 찾은 것이다.

"무슨 조치를 취해야만 해. 이러다가 전부 망하고 말겠어." 미첼이 떨리는 목소리로 말하자 모건이 대답했다. "그럼 우선 은행가들을 소집해 회의를 해보시죠."

사람들은 아직 이 사태가 어떻게 흘러가고 있는지조차 제대로 알지 못했다. 그다음 날《월 스트리트 저널》은 다음과 같이 보도했다.

"그것은 주식시장에서 일어나는 건강하고 자연적인 반응일 뿐이다. 특정 종목의 주가가 과도하게 오른 면도 있기에 어느 정도의 조정국면은 필수 불가결하다."

순진하다 못해 정말 말도 안 되는 발상이었다. 언제나 그랬듯이 시장은 처음에는 조정국면으로 시작하고, 조정이 끝나면 제2국면, 이어서 제3국면으로 넘어가는 것이 수순인데 이를 놓친 것이다.

뉴욕의 5대 은행가들이 회의를 위해 JP 모건 사무실에 모였다. 이제 더는 허비할 시간이 없었다. 무엇보다 심리적 요소인 공포를 잠재워야 했고, 최대한 빨리 치료제인 돈을 구해야만 했다. 회의가 시작된지 한 시간도 채 안 되어 전략이 세워졌다. 월 스트리트의 재생을 위해 은행가들이 펀드를 조성하여 당시로써는 엄청난 금액이었던 2억 4천만 달러를 마련하기로 합의한 것이다. 뉴욕 증권거래소의 부소장 리차드 위드니가 이 구제활동의 총책임을 맡았다. 직접 증권거래소를 방문한 그는 모두가 들을 수 있도록 큰소리로 주식을 매수하겠다고 외쳤다. 그날 온종일 들을 수 없었던 진귀한 주문이었다. 190에도 전혀 매수자가 없던 철강 주식을 205에 그것도 무려 1천 주나 사겠다는 사람이 나타났으니 말이다.

하지만 너무 늦어버린 탓에 이러한 응급 수혈만으로는 턱없이 부족했다. 결국 끝없는 낙관론이 끝없는 비관론으로 뒤집혔다. 며칠 뒤주가는 공급 과잉으로 다시 하락했고, 시세 하락은 또 다른 매도를 촉진했다. 흡사 1년 전 상승하는 시세에 주문이 쏟아지던 것과 같은 형국이었다.

한밤중에도 불이 환하게 켜진 월 스트리트의 빌딩에서 증권사 직원들은 고객의 예탁금을 검토하느라 밤을 지새우며 일했다. 중개인들은 고객들에게 서둘러 증거금을 더 내야 한다는 메시지를 보냈고, '예수금을 송금하십시오'라는 전보가 빗발쳤다. 하지만 답장 봉투 안에는 수표가 아니라 '보유한 주식을 전부 팔아주시오!'라는 위임장만덩그러니 들어 있었다. 시중에 돈이 말라버린 것이다.

1929년 10월 29일, 이번에는 증권거래소 지하에 있는 회의실에서비공개 회담이 열렸다. 그러면 증권거래소를 닫아야 하는가? 그것조차 무의미하다는 것이 은행가들이 내린 결론이었다. 손실은 까무러칠 정도로 어마어마했다. 피할 수 없는 엄청난 타격에 주식시장은 휘청거렸고, 경제활동이 송두리째 흔들렸다. 사람들은 조금이라도 돈을 건지고자 갖은 애를 썼다. 언론에서는 신뢰와 희망이란 말로 위장한 공식적인 해명, 평정심을 지키라는 캠페인을 연일 시도했지만 전부 소용이 없었다. 투자자와 대중은 이성을 잃어버린 상태였고 좀처럼 심리적인 충격에서 벗어나지 못했다. 좋은 말로 설득하기에는 이미 너무 늦어버린 것이다. 절망감은 앞서 근사한 미래에 대한 환상이 그랬던 것처럼 사람들 사이에 널리 퍼져나갔다. 그 양상은 무척 빠르게 전염되는 세균 같았다.

주식시장의 막대한 손실과 더불어 상품 구매력도 나날이 떨어졌다. 아파트, 자동차, 라디오, 냉장고를 신용으로 구매하는 것조차 월 스트리트의 호황 여부에 따라 결정됐다. 붐 시기에는 주식의 차익거래로 번 돈으로 할부금을 충당하면 된다는 생각에 말단 직원조차 예산을 초과하는 금액을 지출하는 것을 아무렇지 않게 생각했었다. 하지만 그런 시절은 이제 끝나버렸다. 위기는 소비자에서 생산자에게로 넘어갔다. 여유 있는 삶, 안락한 분위기 등은 잿더미가 되어버렸다. 낙관론자들이 "그럼 구걸이라도 합시다!"라고 말하면 비관론자들은 "누구에게 구걸한단 말이오?"라고 빈정거리듯 받아쳤다.

한 치 앞도 보이지 않아 암울하기만 하던 이 시절을 조롱하는 유머는 이것 말고도 수백 개는 족히 넘게 들 수 있다. 한 투자자가 월 스트리트에 위치한 레스토랑에 방문하여 굴 요리, 수프, 스테이크, 그리고 커피와 쿠키를 주문했다. 셰프가 굴을 까느라 조리 시간이 지체되자 그는 그사이에 시세판을 확인하러 객장에 다녀왔다.

"굴 요리는 취소하겠소!"

레스토랑으로 돌아온 그가 소리쳤다. 그리고 다시 객장의 시세판으로 달려갔다. 가격이 점점 폭락하고 있었던 것이다. 다시 돌아온 그는 다급하게 외쳤다.

"수프도 취소요!"

또다시 객장에 다녀온 그가 소리쳤다.

"스테이크도!"

그렇게 그는 마지막 커피까지 주문을 전부 취소해버렸다. 근사한 점심식사를 먹기는커녕 돈을 다 잃어버린 투자자는 레스토랑 주인에게 물 한 잔과 아스피린을 가져다달라고 부탁했다.

어제까지만 해도 부의 상징이었던 마천루가 텅 비어버렸다. 자살률이 급속도로 높아졌다. 호텔 고층에서 뉴욕의 전경을 즐기고 싶었던 한 영국인이 호텔의 제일 꼭대기 층에 있는 방을 달라고 요구하자 호텔 지배인이 미심쩍은 표정으로 "주무실 겁니까? 아니면 뛰어내리실 겁니까?"라고 물었다는 일화도 있다.

호황이든 불황이든 평소 통계에 약한 미국인들조차도 이 대참사를 숫자로 기억하는 것만큼은 잊지 않았다. 예전에 고급 캐딜락을 타고 월 스트리트를 누비던 123,884명의 투자자들은 이제 걸어다녀야 했다. 173,397명의 유부남들이 애인을 버리고 아내에게 돌아갔다. 예전에 지하철을 이용하지 않던 사람들이 지하철을 타기 시작했으므로 111,835,248개의 5센트 동전을 새로 발행해야 했다.

사회는 붕괴되었다. 어제 백만장자였던 사람들이 길거리에서 사과를 팔아야 하는 처지에 놓였다. 이민자는 특유의 억양을 비롯해서 그들이 소유했던 거의 모든 것을 잃어버렸다. 공장들은 줄줄이 도산했고, 직장을 잃은 수백만 명의 실직자들이 무능력한 정부에 지원을 요청했다. 디플레이션은 미국을 더욱더 억눌렀다. 어디를 보아도 희망의 빛이 전혀 보이지 않았다. 모든 것이 무너져 내렸다. 정치인, 영화인, 그리고 점쟁이들까지 나서서 이 악몽의 끝을 예견하려고 시도했지만 전부 헛수고였다. 심지어 사람들은 길거리 거지에게 동전 대신 "좋은 시절이 올 겁니다"라는 말을 던졌다. 당시의 참혹했던 현실은 다음 표의 수치를 참고하면 가장 정확히 이해할 수 있다.

회사명	주식 시세(달러)	
	1929년	1932년
라디오 코퍼레이션(전기)	115	3.5
뉴욕 센트럴(철도)	256	5
크라이슬러(자동차)	135	5
제너럴 모터스(자동차)	92	4.5
제너럴 일렉트릭(전자제품)	220	20
몽고메리 워드(백화점)	70	3
유나이티드 스틸(철강)	375	22

1932년 11월, 이 암흑의 시기에 치러진 대선에서 루즈벨트 대통령이 당선되어 백악관에 입성했다. 그에게 미 대륙과 자본주의 그리고 미국의 미래를 책임져야 하는 막중한 사명이 주어졌다. 루즈벨트 정부가 들어섰을 때 공황은 최고조에 달한 상태였다. 먼저 미시간주의 은행들이 현금 인출 사태로 문을 닫았고, 그리고 다른 주의 47개 은행들이 줄지어 파산했다(당시 미국에는 48개 주밖에 없었고, 그래서 성조기에도 별이 48개뿐이었다). 사람들은 도대체 월 스트리트가 어떻게 되려고 이러는 것인지 매우 의아해했다. 루즈벨트 대통령은 곧장 비상회의를 소집했고, 뉴딜 정책이 결정되었다. 그에 따라 금융·경제·사회 전반의 개혁이 시행되었다. 이때 대출을 받아 투기하는 세력을 막기 위해 은행업무 분리 시스템을 도입했다. 그로써 은행은 증권거래와 전통적인 신용업무 중 하나를 선택해야 했으며, 두 가지를 동시에 할 수는 없게 되었다(몇 년 전부터 미국 은행들은 이 은행업무 분리 시스템이 국가 경쟁력을 위협한다는 주장 아래 이를 폐지하려 싸우고 있다).

하지만 디플레이션 사이클을 막기 위한 조치 중 결정적인 것은 따로 있었다. 루즈벨트 대통령은 2년 전 영국이 파운드화를 금본위제도에서 분리시킨 것처럼 달러를 금본위제도에서 분리시키기로 결정했다. 달러는 약 40퍼센트 절하되었고, 이 조치는 앞서 파운드화의 평가절하로 약화된 미국의 경쟁력을 회생시켰다. 미국 연방준비제도이사회는 은행에 새로 발행한 달러 신권을 배포했고, 은행 창구가 다시 열렸다. 사람들은 예금을 인출하기 위해 아침 일찍 은행으로 달려갔다. 창구에는 돈을 찾으려는 사람들의 줄이 길게 이어졌다. 은행원이 인출을 요청하는 금액을 전부 지급하는 모습을 지켜본 그들은 저녁에도 여전히 돈이 충분히 있다는 것을 확인하자 안심했다. 그리고는 오히려 더 많은 돈을 은행 계좌에 넣었다.

그때부터 새로운 시대가 열렸다. 경제가 부흥하기 시작했고, 병들었던 나라가 새롭게 부상하는 나라고 거듭났다. 14년간 이어진 월 스트리트 위기를 잘 극복해낸 미국의 통치자 루스벨트는 미국 역사에서 영광스러운 자리를 차지했다.

성공 전략은 '현재의 경제 순환과 반대로' 하는 것

순환하는 주식시장의 사이클에서 투자자가 성공하려면 어떻게 행동해야 할까? 대유행과 이어진 경제위기를 참고하면 이 질문에 답하기가 그리 어렵지 않다. 투자자는 소신파에 속해야 하고 현대 경제 순환과 반대로 행동해야 한다는 것이다.

하강운동의 과장기인 제3국면에 이르러 주가가 떨어진다고 해도 놀라거나 동요하지 말고 주식을 매수해야 한다. 이와 관련해 과거 부다페스트 곡물거래소의 경험 많은 거래인들이 입버릇처럼 하던 말을 기억해둘 필요가 있다. "밀 가격이 떨어질 때 밀을 보유하고 있지 않던 사람은 밀 가격이 오를 때에도 밀을 보유하고 있지 않다." 주식시장도 이와 마찬가지다.

상승운동의 제1국면에서는 이미 최저점을 넘어섰기에 추가 매수가 필요하다. 제2국면에서는 수동적인 관망자로서 주가의 움직임을 지켜보다가 제3국면에 접어들어 활황기가 찾아왔을 때 미련 없이 시장에서 나갈 준비를 해야 한다.

이 기술의 핵심은 현재 시장이 어느 국면에 위치하고 있는지 파악하는 것이다. 숙련된 투자자는 이것을 굳이 말로 표현하지 않아도 손끝으로 느낀다. 어디에나 적용 가능한 만능 비법은 존재하지 않는다. 투자가 그렇게 간단했더라면 누구나 주식시장에서 생활비를 벌고 있을 것이다. 손끝으로 전해지는, 이른바 '촉'이라고 불리는 그것은 오직 경험으로만 얻을 수 있는 것이다. 오랜 경험을 가진 사람만이 손끝으로 목욕물의 온도를 알 수 있다. 하지만 다양한 온도의 물로 목욕해본 노련한 투자자일지라도 틀릴 수 있다. 이런 실수는 투자에 필수적인 경험을 쌓는 데 필요하며, 각종 징후와 증상, 신호를 알아채고 과잉매수 또는 과잉매도가 일어난 상황을 조기에 파악하는 데 도움을 준다.

악재에도 시장이 위축되지 않는다면 그것은 시장이 과잉매도 상태이며, 곧 바닥에 이른다는 징후라고 볼 수 있다. 이때 주식은 이미 소신파 투자자의 수중에 있는데, 그들은 이러한 악재에 전혀 개의치 않는다. 그들만의 비전이 있고, 호황기가 올 거라는 믿음과 더불어 본인의 자금으로 주식을 매수했기에 지금보다 나은 뉴스가 들릴 때까지 차분히 기다릴 인내심이 있다.

반대로 시장이 호재성 소식에서도 아무런 반응을 보이지 않는다면, 이것은 과잉매수 상태를 나타내는 것으로 시장이 최고점 근처에 다다랐음을 의미한다. 이 경우 주식은 주로 부화뇌동파 투자자들의 수중에 있으며, 그들은 좋은 소식이 들려와도 추가 매수를 하지 못한다. 그리고 자본을 보유한 소신파 투자자들은 주식의 값이 너무 오른 탓에 더 이상 사려고 하지 않는다.

또 다른 지표는 바로 거래량이다. 시세가 하락하면 일시적으로는 거래량이 늘어나는데, 이는 많은 주식이 부화뇌동파의 손에서 소신파의 손으로 넘어가고 있음을 의미한다. 심지어 부화뇌동파 투자자들이 보유한 주식을 전부 다 팔아서 '확신'이 넘치는 소신파 투자자들의 금고에 모든 주식이 쌓일 수도 있다. 이런 주식들은 각자의 은신처에 숨죽이고 있다가 나중에 주가가 오르면 기다렸다는 듯이 다시 시장에 등장한다. 다시 말해, 거래량이 증가하는데도 주가가 계속 하락한다면 그것은 다음 상승운동 국면이 시작할 때가 가까워졌다는 징조인 것이다. 이때 일어나는 주가 폭락은 대체로 실제 가치의 하락이라기보다 대중의 히스테리 때문이거나 주식 소유자들이 보유한 모든 주식을 매도하면서 일어나는 일시적인 현상이라고 할 수 있다. 이 것이 제3국면인 하강운동의 과장기다. 이 시기에 부화뇌동파 투자자 는 우량주든 가치주든 상관없이 보유한 주식을 모두 팔아버린다.

오랜 기간 거래량이 적은데도 시세가 지속적으로 하락한다면 이것 은 시장에 좋지 않은 징조다. 왜냐하면 그럴 경우 주식이 대부분 부 화뇌동파의 손에 있다는 뜻이기 때문이다. 이들은 시장의 회복을 기 다리다가도 주가 하락이 지속되면 급격한 두려움에 보유한 주식을 전부 던져버린다. 거래량이 적을 때 시세가 하락하는 것은 별 의미가 없다는 의견이 일반적인데, 나는 이에 동의하지 않는다. 이러한 견해 를 지지하는 사람들은 대다수의 대중이 이런 상황이 왔을 때 주식을 팔지 않는다고 말한다. 하지만 이것은 아무런 의미가 없다! 중요한 것은 증권이 여전히 부화뇌동파 투자자들의 손에 있다는 것이다. 설 령 이들이 당장 오늘 내다 팔지 않는다 해도 일주일 혹은 한 달 안에 모든 주식을 내놓을 수 있기 때문이다.

그와 반대로 거래량이 많은 상황에서 주가가 계속 오른다면 이 또 한 좋지 못한 징후다. 거래량이 많으면 많을수록 증권거래소는 약세 를 보이기 때문이다. 즉, 증권시장이 세 번째 하강국면으로 접어든다. 여기서 나는 거래량이 많으면서 시세가 상승하는 시기가 매수하기에 아주 좋은 시기라는 의견에 반기를 든다. 많은 사람들이 이때 주식을 사면 좋다고 한다. 물론 그들이 사는 당일에는 그러할 것이다. 하지만 그 대다수의 대중이 부화뇌동파 투자자들이라도 정말 좋은 매수 시점일까? 그다음 주에도 그들이 계속 주식을 사게 될 것인가? 깜짝 놀란 부화뇌동파 투자자가 그다음 달에 황급히 이 주식들을 다시 시장에 내놓을 위험은 없을까?

만약 거래량이 적은 가운데 시장이 상승하면 이는 매우 긍정적이라 볼 수 있다. 아무리 중개인이 시장 상황이 좋지 못하다고 주장해도 그렇다. 물론 중개인이야 큰 중개수수료에만 관심이 있다 보니 거래량이 적은 시장에는 흥미를 보이지 않는다. 하지만 주식의 대부분이 여전히 소신파의 수중에 있고 아직 부화뇌동파의 손으로 넘어가지 않았다는 사실은 분명하다. 시세가 계속 오를 것이기에 부화뇌동파 투자자는 다시 뛰어들 준비를 하고, 소신파 투자자들은 주식을 부화뇌동파에게 넘길 준비를 한다.

요컨대, 거래량이 적은 시장이 상승하거나 하락하면 현 주식 트렌드의 흐름이 지속될 것을 의미한다. 거래량이 늘어나는데도 상승하거나 하락한다면 트렌드가 반전될 전환점이 얼마 남지 않았다는 의미다.

가장 중요한 암시는 바로 일반적인 의견이다. 언론 보도의 분위기가 몹시 낙관적이면 얼마 전까지 주식에 대해 전혀 모르던 사람들까지 주식시장에 관심을 보인다. 그래서 마지막 비관론자까지 낙관론자로 태세를 전환하면 시장은 강세장, 즉 제3국면의 끝에 있다고 볼 수 있다. 이때 모든 긍정적인 현상이 한 점으로 몰리며 시세는 현실과의 연관성을 상실하며, 주가는 의미 없는 숫자로 전락한다. 그렇게 주가는 아무 생각 없이 누르는 전화번호처럼 되어버린다. 애널리스트들은 주가수익률이나 이익배당금 등의 의미가 과거와 달라졌다고 설명한다. 이제는 미래를 위해 투자를 해야 한다고 말이다. 이들은 산업과 함께 위로 올라가는 속도만이 가장 중요하다고 말한다.

나는 유명세 덕분에 누구보다 시장 분위기의 변화를 빠르게 파악할 수 있었다. 예를 들어 항공사 기장이 조용히 나를 조종석으로 불러 투자에 대한 조언을 구하거나, 단골 카페의 웨이터가 다이물러 주나 IBM 주 중 무엇을 사야 하느냐고 물을 때면 나는 시장이 과열되고 있다고 판단한다.

물론 반대의 경우도 마찬가지였다. 이를테면 1980년대 초《비즈니스위크》가 그랬듯이 극히 부정적인 언론 보도에 마지막 낙관론자마저 비관적으로 바뀌면 시장은 약세장의 제3국면, 즉 하강운동의 끝에 도달한 것이다. 긍정적인 소식마저 주목받지 못하고 비관론자들의 염세론이 광범위하게 확산되는 이 국면에 접어들면 투자자들은 재빨리 매수세에 올라타야 한다. 하지만 이는 말이 쉽지 실제로는 너무나 어려운 일이다.

그건 바로 명확한 주관의 문제

특히 상대적으로 경험이 적은 투자자들의 경우, 동료나 친구들, 언론매체, 전문가들이 매도하라고 할 때 이 여론과 반대로 매수를 감행하기란 정말 쉽지 않다. 왜냐하면 이 이론을 잘 알고 따르려는 사람조차 마지막 순간에 가서 대중심리의 압박에 생각을 바꾸고는 이렇게 말하기 때문이다. "이론적으로는 지금 들어가야 하는 것이 맞지만, 이번에는 상황이 좀 다르니까."

하지만 결국에는 시장의 순환을 역행하는 것이 가장 좋은 선택이었음을 깨닫게 된다. 이런 대중의 히스테리에 휘말리지 않으려면 훈련을 거듭해야 하고 냉정한 것을 넘어 냉소적이어야 한다. 이것이 바로 성공을 위한 'Conditio sine qua non', 즉 필수 선행 조건이다. 이는 주식시장에서 투자에 성공한 투자자들이 소수에 불과한 이유이기도 하다. 그러므로 투자자는 용기도 있어야 하고, 적극적으로 참여해야 하며, 무엇보다 현명해야 한다. 더불어 자신 있게 "난 알아. 하지만 다른 사람들은 전부 어리석지"라고 말할 수 있는 배짱도 필요하다.

만약 대중심리에서 벗어나 하강운동의 과장국면에서 주식을 매수하는 데 성공했다면, 그 후에는 주가가 계속 떨어지더라도 그 주식을 계속 보유할 수 있는 강한 주관을 지녀야 한다. 이때 손실이 점점 늘어나면 머릿속이 복잡하다 못해 정신을 못 차릴 수도 있기 때문이다.

이 고비마저 극복했고, 마침내 시장이 다시 상승운동을 시작하며 강세장이 진행되어도 그 사이사이에는 항상 주가가 하락하는 구간이 존재한다. 이러한 전개가 제대로 이해되지 않는다면 상황을 새롭게 검토해야 한다. 진단 결과 그것이 지나가는 흐름이라는 결론이 나온다면 투자자는 상황에 굴복하지 말고 그 자리를 꿋꿋이 지켜야 한다. 하지만 전쟁이나 주요 정치적·경제적 결정, 금융 정책, 정권 교체 등 미처 가능할 수 없었던 중대한 변수가 생기면, 제아무리 어제까지 사랑스럽고 값진 것이었더라도 신속하게 결정해서 당장 던져버려야 한다. 다시 말해, 투자자는 언제라도 결정적인 순간이 닥치면 자신의 생각과 계획을 버릴 준비가 되어 있어야 한다. 하지만 그럼에도 자신의 신념이 확고하다면 끝까지 버텨야 한다. 단, 상황이 근본적으로 바뀌고 있고 갑자기 내가 잘못된 배를 타고 있다는 사실을 깨달았다면 최대한 빨리 뛰어내려야 한다는 소리다. 따라서 투자자는 단단한 동시에 유연해야 한다.

상승운동의 세 번째 국면에서도 다음 시험이 기다리고 있다. 낙관론이 서서히 우위를 차지하기 시작하는 초기에 투자자는 재빨리 시장을 벗어날 수도 있다. 하지만 제3국면 초기에는 시세가 폭등하기 때문에 이 경우 안타깝게도 큰 수익을 볼 기회를 놓치게 된다. 게다가 돈이라는 요소가 긍정적이면 이 제3국면이 상당 기간 동안 유지될 수 있다. 부화뇌동파들이 이미 투자에 나섰지만 통화량의 팽창으로 계속 거래가 형성된다. 이런 시기라면 투자자들이 자신의 논리를 억눌러도 괜찮다. 투자자는 똑똑해야 하는 동시에 때때로 '어리석은 사람'처럼 행동할 줄 알 정도로 지혜로워야 한다. 이럴 때는 비판적 이성을 잠시 내려놓고 주류에 휩쓸려본다. 하지만 모든 일에는 정해진 한도가 있듯, 그 과정에서 선을 넘지 않도록 주의해야 한다. 이 시기에 현금의 흐름이 갑자기 부정적으로 전환된다면 아무리 시장이 장밋빛으로 보여 시선을 떼기가 힘들어도 곧장 시장에서 나와야 한다. 시장의 낙관주의는 24시간 내에도 심각한 비관주의로 뒤바뀔 수 있으므로 절대 낙관적인 숫자와 예측에 현혹되지 말아야 한다. 투자자는 아무도 보지 못하게 서둘러 도망치는 사람처럼 시장의 뒷문으로 슬그머니 빠져나와야 한다. 그렇지 않으면 다른 사람의 낙관론에 취해 다시 그곳에 발을 들여놓을 수도 있다.

앞서 나는 주식투자자는 투자 이후 자신의 생각을 바꿀 요소가 생길 수 있으니 절대 증권거래소에 가지 말라고 말한 바 있다. 증권 시장의 분위기에 취할 위험에 노출될 수도 있으니 아예 길을 우회해서 가라고 말이다. 하지만 지금처럼 인터넷과 TV 방송 프로그램을 통해 정보가 넘쳐나는 시대에서는 일반적인 여론에 무관심해지기가 더 힘들어졌다. 그러므로 지금 상황에 맞는 조언은 아마도 "텔레비전을 팔고 인터넷 연결을 끊으시오!"가 될 것이다. 우리가 어디에 있든 정보의 홍수가 넘쳐흐른다. 그러므로 숙련되고 주관이 뚜렷한 투자자만

이 소신을 지킬 수가 있다. 증권시장이라는 정글에 처음 발을 들여놓은 사람이라면 결국 이러한 정보에 휘말리는 것은 피할 수 없는 일이다.

그래서 내가 지난 몇 년간 수면제를 복용하자마자 우량주를 매수한 뒤 밖에서 휘몰아치는 폭풍과 악천후를 의식하지 못하도록 한 몇 년은 푹 잠들라는 조언을 했던 것이다. 이 조언을 따른 사람은 나중에 잠에서 깨어난 순간 깜짝 놀랄 만한 기쁨을 경험하게 될 것이다.

당신은 강세장 투자자인가? 약세장 투자자인가?

지금까지는 '코스톨라니의 달걀'을 강세장에 투자하는 주식투자자의 관점에서 들여다보았다. 하지만 약세장에 투자하는 투자자들도 물론 투자를 통해 수익을 얻을 수 있다. 그 원리는 다음과 같다. 약세장에 투자하는 투자자들, 일명 '곰Bear'이라고 불리는 이 사람들은 당장은 보유하고 있지 않지만 나중에 갖게 될 주식을 오늘 특정한 가격에 판다. 내일 주가가 더 내려갈 것이라고 생각하므로 당장 오늘 주식을 사지 않는다. 약세장 투자자는 아직 잡지도 않은 곰의 가죽을 파는 사냥꾼과 같다. 하지만 사냥에서 실수하면 그는 자신이 약속한 것을 이행하기 위해 비싼 금액을 지불하고 다른 사냥꾼에게서 가죽을 사와야 한다. 바로 이것이 약세장 투자의 리스크다.

또 다른 예를 보자. 투자자 마이어는 판타지아 사와 애틀란스 사의 주식이 떨어질 거라 생각한다. 예컨대 지금 이 기업들의 주가가 둘 다 100이라고 가정해보자. 이 주가가 너무 높다고 생각한 마이어는 어느 한쪽이라도 떨어지기를 기다린다. 그는 두 기업의 주식을 다른 투자자에게서 빌린다. 그리고 빌린 주식을 100에 판다. 며칠 후 마침내 판타지아 주식이 100에서 80으로 떨어진다. 주가가 충분히 떨어졌다고 판단한 마이어는 다시 80에 주식을 사서 다른 투자자에게 돌려준다. 이러한 방법으로 그는 20퍼센트의 차액을 챙긴다.

하지만 정반대의 경우를 생각해보자. 만약 애틀란스 사의 주식이 떨어지지 않고, 오히려 100에서 140으로 오른다면 어떻게 될까? 앞으로 주식 시세가 더 오를 가능성도 있으므로 마이어는 140에 주식을 매수하여 빌린 투자자에게 돌려준다. 이럴 경우 그는 40퍼센트의 손해를 감수해야 한다. 이러한 약세장 투자는 모든 선물거래소와 증권거래소에서 이뤄질 수 있다.

이론적으로 투자자는 시세가 상승할 거라고 확신한다면 강세장에 투자를 하고, 시세가 하락할 거라는 믿음이 있다면 약세장에 투자할 수 있다. 하지만 이 두 가지 방향을 오가며 투자하는 투자자는 매우 극소수에 불과하다. 나를 예로 들자면 나는 증권투자 생활을 약세장 투자자로 시작했다. 앞서 언급했듯이 1924년에 아버지는 나를 아버지의 친구이자 파리의 선물거래소 중개인이었던 알렉산드르에게 보내 교육받도록 했다. 당시 부다페스트는 패전한 전쟁의 상흔이 치유되지 않았고, 불행으로 이끈 프랑화 투기로 인해 오스트리아와 마찬가지로 경제가 무너진 상태였다. 헝가리에는 가난과 실업이라는 암울한 분위기가 팽배했다.

반면 파리는 천국이었다.

"J'ai deux amours, mon pays et Paris(내게는 두 개의 사랑이 있답니다. 하나는 조국이고, 다른 하나는 파리죠)."

조세핀 베이커가 박자에 몸을 흔들며 부르던 이 노래는 훗날 나의 신앙고백이 되었다. 이 시절 프랑스에는 다른 유럽 국가들처럼 투자의 열기가 가득했다. 미국에서 건너온 이 열풍은 1929년까지 이어졌다. 영국은 그동안의 사회 문제가 서서히 해결되면서 활기찬 사회로 변해갔다. 수개월간 이어진 파업에서 벗어나 잃어버렸던 활력을 되찾았고, 영국 증권거래소 역시 느리지만 확실히 회복세에 접어들었다.

독일에서의 붐은 특히 외국 자본에 의해 일어났다. 미국은 독일 경제에 매년 2억 5천만 달러 이상을 투자했다. 현재 가치로 환산하면 약 100억 달러에 달하는 금액이다. 이 자본은 독일 증권거래소의 양식이 되었다. 동시에 미국의 엔지니어와 기술자들이 독일로 건너와 미국 표준에 맞춰 공장 및 작업 방식의 근대화를 지원해주었다.

이탈리아는 무솔리니와 함께 허니문을 맞았다. 그들은 자유의 일부를 포기하는 대신 근대 국민경제의 기틀을 마련했다.

이때 마법처럼 사람들의 마음을 진정시키는 '평화'라는 단어가 미래를 밝히기 시작했다. 로카르노 협정과 켈로그-브리앙 조약에서 전쟁은 영원히 불법이라 선언했는데, 30년 뒤 유럽이 꿈꾸는 공동 시장을 실현시키려면 지켜야 하는 첫 번째 금지령이었다. 1927년 제네바회의에서는 관세를 낮추자는 의견이 나왔다.

프랑스의 푸앵카레는 인플레이션을 막고 환율을 안정시켰다. 프랑화의 시세는 3년간 표류하다가 현실적인 가격을 되찾은 뒤 1929년에 안정되었다. 이러한 상황에 힘입어 프랑스의 재건은 전성기에 도달했다. 변동환율제의 도입은 프랑스에 매우 긍정적인 결과를 안겨주었다. 주식과 채권이 계속 오르고 있었기 때문에 돈이 많은 시민들은 증권시장에서 나올 때마다 만족스럽게 손을 비벼댔다. 환율의 안정과 훌륭한 금융 환경은 세계의 자본가들을 전부 파리로 끌어당겼다. 발자크 소설의 주인공, 라스티냑Rastinac(《고리오 영감》에 등장하는 젊은 법학도)이 우편마차에 올라탈 때처럼 어느 아름다운 저녁 오리엔탈 익스프레스에 탑승하려던 나는 문득 파리가 선사하는 사치와 화려함 그리고 향락에 젖어보고 싶다는 생각이 들었다. 하지만 그곳으로 가려면 돈이라는 열쇠가 필요했다. 이 열쇠가 없으면 금지된 기쁨의 천국에 입장할 수 없다는 것을 당시의 나는 몰랐다. 그때만 해도 내 주머니에는 돈이 없었다. 파리가 보여주는 연극은 너무나 환상적이었지만 그저 밖에서 구경하는 것만으로는 충분하지 않았다.

빵집 유리창에 코가 납작해지도록 얼굴을 바짝 댄 어린아이처럼 나는 이 화려한 삶과 원동력에 감탄했다. 나 역시 이 게임에 동참하고 이득을 보려면 우선 수단과 방법을 찾아야만 했다. 이때 나는 내게 필요한 것은 오직 하나, '돈'이라고 생각했다.

나는 심각한 심리적 위기 상황에 처했다. 돌이켜보면 이때가 내 인생에 있어 아주 중요한 전환점이었다. 나는 내 삶의 중심에 돈을 올려놓고 이후로 오롯이 그것에만 몰두했다. 처음에는 돈이 단지 목적을 이룰 수단이었지만, 나중에는 그 자체가 목적이 되어 그 밖의 것을 전부 우습게 보게 되었다. 나의 윤리와 가치 체계가 송두리째 뒤바뀌며 돈이 아닌 다른 것에는 별 흥미가 느껴지지 않았다. 당시에는 돈으로 살 수 없는 즐거움을 누릴 만한 마음가짐이나 여유가 없었다. 나는 그저 내 눈으로 보고 직접 만져볼 수 있는 수표와 돈주머니가 수북하게 쌓인 금고를 꿈꿀 뿐이었다.

돈에 대한 이러한 태도는 나를 타성으로 유혹했다. 주머니에 돈이 충분해서 원하는 것은 언제든 가질 수 있다면, 도대체 고급 자동차를 뭐 하러 사겠는가? 두툼한 수표책을 가지고 있으면 이미 세상의 모든 즐거움을 누리고 있는 것처럼 느낀다. 이렇듯 돈의 가치평가는 올라가는 한편, 실제 돈으로 살 수 있는 모든 것들, 이른바 '현실 가치'는 내려간다.

이런 태도는 전형적인 디플레이션 경제 이론으로 이끌게 된다. 나도 이러한 비틀린 태도에 동참하면서 돈으로 표현할 수 없는 모든 가치를 경멸하게 되었다. 이것은 '약세장' 투자자가 되기에 아주 적합한 사고방식이었다. 가치를 현금으로 나타낸다는 의미는 모든 것에 가격을 매긴다는 뜻이다. 당시 돈의 가치를 너무 과대평가했던 나는 주식을 포함한 모든 상품의 가격이 너무 비싸다고 생각했고, 훗날 그 가격이 떨어지기만을 기다렸다.

나는 주가가 하락할 때만 투자를 할 수 있었다. 그래서 늘 약세장이 되기만을 기다렸다. 록펠러가 주가 하락으로 손해를 보던 약세장에서도 나는 돈을 벌었다. 그렇게 갑부인 그와 나의 차이가 좁혀졌다. 이것이 내가 하루 종일 생각하던 것이었다. 나는 단 한 가지만을 꿈꿨다. 투자에만 몰입하는 것. 그것이 빨리 돈을 벌어 백만장자 대열에 오르는 유일한 방법이기 때문이었다.

그리고 그 대망의 날은 금세 찾아왔다. 처음으로 '신전(증권거래소)'을 방문한 날의 기억은 앞으로도 절대 희미해지지 않을 것이다. 거대한 카지노처럼 증권거래소에서는 떠도는 공기에서조차 돈냄새가 풍겼다. 다만 이 돈을 잡으려면 고급 안테나가 필요했다. 증권거래소에서 처음 사귄 친구의 말대로만 한다면 그리 어려워 보이지도 않았다. 상승장의 급류를 따라 함께 헤엄치고, 확실히 오를 거란 믿음만 있으면 충분하다는 이야기였다. 그 친구는 환한 미소를 지으며 내 어깨를 두드렸다. "월말에 가서 돈을 세기만 하면 된다네." (당시 파리에서는 선물거래가 성행하고 있었다. 그에 따라 손실과 이익의 차액은 항상 월말에 정산됐다.)

솔직히 말하자면 당시 나는 수백 명이 넘는 사람들이 움직이는 이 혼돈의 세계를 잘 알지 못했다. 반쯤 귀머거리가 된 내 귓가에 낯선 유가 증권의 이름이 윙윙거렸다. 젊은 증권거래인들이 무리를 지어 바쁘게 이리저리 돌아다녔다. 그들은 고객의 주문이 적힌 메모를 손에 쥔 채 서로 몸을 부딪혀가며 증권거래소 안을 종횡무진했다.

정중앙의 '링'에 서 있는 70명의 공인중개인협회 회원들은 여름이든 겨울이든 상관없이 검은색 양복을 차려입고 저마다 소리쳤다. "팝니다, 삽니다!" 전 세계가 이 소란스러운 게임에 참여하고 있는 것만 같았다. 일부는 결과를 전달하기 위해 서둘러 공중전화로 달려갔고, 어떤 사람들은 손으로 입을 가리며 중요한 말인 양 상대의 귀에 대고 속삭이고 있었다. 그리고 또 어떤 사람들은 검은 노트에 숫자를 빼곡히 적어 내려가고 있었다.

나는 이 '신전'에서 특별히 긴장되고 날카로운 분위기는 전혀 느끼지 못했다. 오히려 더 깊숙이 발을 들여놓을수록 이 세계의 허풍스럽고 과장된 분위기에 적응이 안 되었다. 사람들 모두 저만이 최고의 정보를 가지고 있고, 고객에게는 항상 올바른 조언만 건네고 있으며,

실패가 없는 필승 전략을 알고 있노라고 주장했다. 그 말을 곧이곧대로 믿는다면 이곳에는 천재와 예언자들만 있는 셈이었다. 모두가 자신의 경험이나 성공 사례를 입에 올리며 꼭 "내가 전에 말했던 그대로 말입니다"라고 덧붙였다.

그건 오늘날에도 여전히 마찬가지다. 증권거래소에 신출내기가 오면 이런 분위기에 완전히 얼어버린다. 사람들은 예술이나 정치 혹은 이성 이야기 같은 것은 아예 꺼내지도 않는다. 모든 이야기가 결국 돈으로 이어진다. 만약 적시에 매수 혹은 매도했더라면 얼마나 벌 수 있었는지, 또는 벌어야 했었는지 말이다. 상대가 돈을 얼마나 가지고 있는지로 그 사람을 평가하고, 고객으로서 그 중개인의 흥미를 얼마나 끌 수 있는 사람인지만이 중요했다.

다행스럽게도, 아니 어쩌면 유감스럽게도, 나 또한 이러한 분위기에 서서히 적응해갔다. 당시에 나는 이 분야의 경험이 전무했지만, 나의 건강한 이성이 내게 이 모든 것이 허세일 수도 있다고 말해주었다. 그들이 기적 같은 투자의 기본이라고 말하는 논리와 설명, 근거가 내게는 저급하고 유치하며 완전히 잘못된 것으로 보였다. 이때 나는 사람들이 전부 강세장에 투자한다면 나는 정반대로 약세장에 투자해야 한다는 생각이 들었다.

당시 현실적인 가치를 과소평가한 탓에 나는 증권거래소에서 만나는 사람들을 낮춰 보는 경향이 있었다. 내 결심은 확고했다. 나는 약세장에 투자해서 성공하고 싶었으며, 한편으로는 허세만 부리는 다른 투자자들이 실패하는 모습을 목격하고 싶다는 음흉한 마음도 있었다. 이제 투자 종목을 선정한 뒤 약세장 투자의 매커니즘을 배우기만 하면 되었다. 이런 생각과 감정을 토대로 나는 추후에 더 싼 가격에 다시 살 의향으로 주식을 공매도하기 시작했다. 그리고 투자에 필요한 네 번째 G의 요소인 '행운'이 내 편에 서기까지는 얼마 걸리지 않았다.

미국 내 투자 열풍이 절정에 달했을 때 어느새 세계적인 투자 중심지가 되어버린 월 스트리트는 전 세계에서 가용한 자본을 전부 끌어모았다. 그리고 이것은 유럽 증권시장에 부정적인 영향을 미쳤다. 미국의 투자자들은 연이율이 7~9퍼센트밖에 되지 않는 유럽 시장에 그들의 돈을 투자하려 하지 않았다. 차라리 1년도 채 지나지 않은 사이 많게는 세 배에 달하는 수익을 안겨주는 주식에 투자하려 했다. 유럽에 있던 미국 돈이 다시 미국으로 빠져나갈수록 유럽의 금융 경색이 심각해졌다. 처음에는 달러의 이동이 서서히 진행됐지만 나중에는 유럽의 달러 보유고가 완전히 고갈되어버렸다. 저항력이 작은 나라일수록 그 피해가 치명적이었다. 유럽 수출시장은 가장 큰 고객을 잃어버린 셈이었다. 미국 은행들은 유럽에 투자할 돈이 없었고, 그건 미국의 대중들도 마찬가지였다.

이 힘들었던 시절에는 "영국 은행처럼 견고하게"라는 말이 무의미했다. 영국 은행은 전통적으로 금 보유고를 낮게 유지했다. 자본 유출이 시작되자 영국 은행 총재인 노만 몬테규는 개인적으로 프랑스 은행을 방문하여 지원을 요청했다. 하지만 영국 은행의 금고는 이미 밑 빠진 독과 같았다. 전 세계의 투기꾼들은 파운드화가 하락한다는 데에 돈을 걸었다. 심지어 그들 중에는 프랑스 국무총리인 피에르 라발도 포함되어 있었다. 영국 정부는 금 매도 금지 조치를 취해야 했다. 이후 영국 은행에서는 파운드를 금으로 교환할 수 없었고, 외환시장에서 영국 파운드화의 가치가 하락했다. 결국 투기꾼들의 교묘한 수는 성공했고, 대단한 수익을 얻을 수 있었다.

영국인들도 이 상황에 만족했다. 그들은 사라지는 것은 금이지 파운드가 아니라고 확신했던 것이다. 당시 맥도널드 국무총리는 확신이 넘치는 목소리로 이렇게 성명했다.

"파운드가 20실링의 가치가 있는 한 영국 화폐제도에서 변한 것은 없다."

이를 두고《데일리 메일》은 다음과 같은 헤드라인으로 자랑스럽게 보도했다.

"모든 것이 잘되어가고 있고, 마침내 파운드화는 금의 사슬에서 해방됐다."

인도의 시인이자 노벨상 수상자인 타고르Rabindranath Tagore가 그의 시에서 읊은 구절은 구구절절 옳았다.

"새의 날개를 금으로 싼다면, 그 새는 절대 창공을 날지 못하리라."

중유럽에서도 각 정부는 자국 채권의 이자 지급과 상황을 중지하고 엄격한 외환관리법을 도입해야 했다. 1931년 7월 14일 독일과 헝가리에는 은행 문을 닫을 정도의 대혼란이 찾아왔다. 1928년 이후 자본이 월 스트리트로 다시 흘러가면서 유럽 증시는 점점 더 의미를 상실했다. 더욱이 월 스트리트 공황 후 유럽 증시의 상황도 눈에 띄게 악화됐다. 오늘날처럼 빠르지는 않지만 연쇄적인 반응이 일어난 것이다.

약세장 투자자였던 나의 포지션이 마침내 결실을 거두기 시작했다. 내 수익을 더해보면서 나는 내가 처음 파리 증권거래소를 방문했을 때 생각한 투자 원칙이 옳았음을 확신하며 만족했다. 숫자로만 보면 초기 내 수익은 그리 높지 않았다. 하지만 내게는 수익을 봤다는 것 자체로 큰 의미가 있었다. 그것은 증권거래소에 있던 많은 바보들에게 복수한 셈이었고, 내 직관이 옳았음을 증명한 것이기 때문이다. 돈의 구매력이 상승하면서 나는 두 배의 수익을 올렸다. 인플레이션 기간 동안 돈의 가치는 떨어진다. 하지만 디플레이션이 찾아오면 사람들이 가진 돈이 적은 만큼 돈의 가치는 상승한다.

일반적인 증권거래소의 시세 하락 외에 프랑스라는 지역적 상황도 내게 호재로 작용했다. 더불어 (아마도) 앞서 엄청난 파장을 일으

컸던 몇 차례의 경제적 위기를 정확히 감지했던 내 예리한 코 덕분이기도 했다. 유럽에서는 오랫동안 심각한 주식 폭락이 일어나지 않았고, 공황을 몰고 올 수준은 더더욱 아니었다. 유럽 증권거래소는 보수적이었으며 기업들은 그런 탄탄한 기틀 위에서 성장할 수 있었다. 가장 최악이었던 증권시장의 공황은 1930년 가을에 있었던 오스트릭Oustric 대공황과 그 직후 이어진 데빌더Devilder의 붕괴였다. 이 두 차례의 재정 붕괴로 파리 증시 전체가 나락으로 추락했었다. 이 사태로 얻은 교훈과 결론은 무엇이었을까?

당시 약세장 투자자들이 승리했고, 나 또한 그들 중 하나였다! 매일 저녁 결산을 하면서 내 수익을 계산했다. 나는 많은 수익을 거뒀지만 그것은 타인의 손실과 고통의 대가였다. 그때 아버지와 삼촌이 곁에 있었다면, 아마 그들은 내게 이제 그만 그 게임에서 손을 떼고 안정적인 곳에 투자하라고 조언했을 것이다. 하지만 나는 가족과 멀리 떨어진 곳에 있었다. 그렇게 성공이 나를 부추긴 탓에 난 수익을 예금 계좌에 입금하지 않고 다시 약세장 투자를 감행했다. 이 게임은 자극적이기도 했지만 무엇보다 내 예측이 옳았다는 큰 만족감을 안겨주었다.

그때 동료들이 나를 찾아왔다. 그들은 나에게서 일반적인 견해에 반대하면서 모든 전개를 미리 파악하고 제대로 판단한 예언자의 모습을 보았다. 그들이 내게 물었다.

"상황이 이렇게 될 걸 어떻게 안 건가?"

이에 나는 "주식시장의 모든 것은 논리적으로 설명할 수 있다네"라고 대답했다. 왜냐하면 내게 있어 오스트릭 대공황이나 데빌더 붕괴의 사례처럼 이러한 파탄 자체가 논리적인 결과였기 때문이다. 그로부터 40년 뒤에 일어난 버니 콘펠트Bernie Cornfeld의 IOS펀드 파산 또한 그러했기에 나는 《캐피탈》지에 연재하던 칼럼을 통해 그토록 맹렬하게 경고할 수 있었던 것이다. 오히려 나를 놀라게 한 유일한 한 가지는 그 사실에 놀라는 사람들의 모습이었다.

이후 더 많은 경험을 쌓으며 오늘날에 이르러 생각해보면 당시의 만능 투자 분위기에 대한 감정적인 반응 외에 건강한 이성도 나를 이끌었다고 생각한다. 인위적인 붐이 성행하고 있어 정확한 진단을 내리지 못했지만 나의 직관이 위험을 감지했던 것이다. 나는 곧 파탄을 초래할 건강하지 못한 징후를 알아차렸다.

이제 수단까지 갖춘 나는 편안한 삶을 즐기려 했다. 하지만 나는 괴로운 깨달음을 얻고 말았다. 철학적 현실주의와 증권 감각으로 내가 많은 돈을 버는 동안 다른 사람들은 그만큼 손해를 봤다. 내 소원은 성취되었지만 내 눈앞에 펼쳐진 광경은 나를 너무 슬프게 했다. 평소 좋아했던 친구들과 동료들이 파멸했다. 그들은 이 공황에서 돈이나 지위를 잃어버렸고, 앞으로 어떻게 될지조차 막막한 상황이었다. 반면 나는 한때 내가 꿈꿨던 모든 사치를 누릴 수 있는 재력을 가지게 되었다. 고급 호텔과 레스토랑, 운전사를 둔 자동차 등 모든 것이 가능했다. 그만큼 내 지갑은 항상 두둑했지만 그것을 같이 즐길 누군가가 내 곁에 없었다. 유쾌한 웃음이 넘치던 즐거운 분위기는 사라지고 씁쓸함이 가득한 우울한 분위기만이 남았다. 나는 그렇게 혼자가 되었다. 어디서든 내가 살 수 있는 것이 넘쳐흘렀지만 쇼핑하고 싶은 욕구가 들지 않았다. 친구들이 고작 커피 한 잔으로 만족해야 할 때 나 혼자 즐기는 샴페인과 캐비아는 전혀 행복하지 않다는 사실을 깨달은 것이다. 나 혼자서 행복해질 마음도 없었고 그럴 수도 없었다. 따라서 내 상황은 예전보다 더 나빠졌다.

그때 한 가지 생각이 떠올랐다. 다른 사람들과 함께 돈을 벌 수 있다면, 물론 내가 그들보다 좀 더 벌어야겠지만, 적어도 같은 물살을 타고 함께 헤엄쳐나간다면 훨씬 더 좋지 않을까? 누군가 통곡하며 울고 있는데 혼자서만 웃을 수는 없으니까 말이다. "약세장 투자자는 항상 타인의 돈을 노리기에 신이 경멸한다"라는 증권거래소의 금언은 이를 잘 보여준다.

그다음으로 내가 시도한 약세장 투자는 스웨덴의 성냥 황제인 이바 크뤼거의 자살로 끝이 났다. 다른 많은 사람들처럼 나는 크뤼거의 제국이 파멸하는 과정에서 수익을 노리고 투자했고, 결국 성공했다. 하지만 이 성공만큼은 기뻐할 수가 없었고 오히려 정반대였다. 그의 죽음이 나의 탓은 아니었지만 책임감을 느꼈다. 그때부터 나는 약세장 투자 철학에 회의감을 느끼기 시작했다. 정말 내가 올바른 길을 가고 있었던 것일까?

이 질문에 대한 답은 증권거래소에서 찾았다. 비단 철학적인 측면을 넘어 물질적인 측면에서도 이 약세장 투자로 인해 피해를 본 것이다. 이후 찾아온 경제 부흥기를 통해 추락했던 시세는 다시 상승하기 시작했다. 결국 나는 내가 벌어놓은 수익의 많은 부분을 잃어버렸다. 하지만 투자했던 돈을 이미 회수해두었기 때문에 강세장 투자로 전환하기가 그리 어렵지 않았다. 그리고 이번에는 친구들과 함께 돈을 벌었다! 그 후 나는 강세장에 투자하는 '황소Bull'가 되고자 노력했다. 그리고 간혹 시세가 하락할 때 투자하더라도 처음에 주식시장에 입문할 때처럼 그렇게 걸신들린 것처럼 행동하지는 않았다.

세계의 모든 증권거래소에서 황소와 곰은 서로 이마를 맞대고 힘을 겨루며 거칠게 싸운다. 그 싸움은 그들의 힘을 10배 이상 강하게 만든다. 황소는 곰을 넘어뜨리려고 하고, 곰은 황소의 목을 조를 순간만 엿본다. 프랑크푸르트 증권거래소의 현판에 그려져 있는 것처럼 서로 마주보고 있는 황소와 곰은 상대를 쓰러트리고자 혈안이 되어 있는 앙숙이다.

강세장과 약세장 투자자의 수가 동등한 선물시장과는 달리 주식시장에서는 100명의 투자자 중 약세장 투자자는 겨우 5명의 불과하다. 나머지 95명은 강세장 투자자들이다. 약세장 투자자를 가리켜 고통을 찾아다니는 정신적으로 타락한 사람들이라고 한다. 여기서의 고통이 '타인의 고통'이라는 데 문제가 있다.

세계적으로 유명한 헝가리 출신의 극작가인 페렌츠 몰나르Ferenc Molnár는 주식시장에 대해서 아무것도 모르면서도 약세장 투자자들에게 꼭 맞는 정의를 내린 적이 있다. 그는 그들을 일컬어 "다른 사람을 매장시키려고 무덤을 파는 사람들"이라고 일침을 놓았다. 증권거래소에 몸 담고 있는 전문가라면 누구나 이 말에 공감할 것이다.

황소와 곰은 딱히 서로를 좋아하지 않는다. 하나의 경제적 또는 정치적 사건을 두고 이들의 의견이 일치하는 경우는 없다. 이들의 관점은 극명히 달라서 이들 중 서로 진영을 바꾸는 이들은 정말 극소수에 불과하다. 증권거래소의 동료들과 대화를 나눌 때 나는 단 몇 분이면 상대방이 강세장에 투자하는지 아니면 약세장에 투자하는지 파악할 수 있다. 투자에 대한 이야기를 한 마디도 나누지 않았더라도 말이다. 나름의 고민과 숙고 끝에 약세장 혹은 강세장 투자를 결정하는 사람은 거의 없다. 대부분은 각자의 심리적 기본 성향에 따라 투자한다. 약세장 투자자는 전형적인 비관론자이고, 강세장 투자자는 낙관론자다. 즉, 한 사람은 뉴스에서 부정적인 면만 보고 다른 한 사람은 긍정적인 면만 본다.

구스타브 호프만Gustav Hoffmann은 헝가리 부다페스트 증권거래소에서 유명한 약세장 투자자였다. 주식시장이 한창 상승운동 중이던 시기에 어느 한 동료가 증권거래소 구석에 있는 그를 발견하고 물었다.

"저 젊은이들이 상승장에서 매일 얼마나 번다고 생각하십니까?"

호프만은 상대를 잠시 힐끗 쳐다보고는 이렇게 대답했다.

"그런 건 전혀 중요하지 않다네! 그 돈은 전부 내게 돌아올 테니까. 그사이에 저 젊은 사람들이 샴페인과 여자들에게 쓰는 돈만 내가 잃은 셈이지."

근본적으로 약세장 투자자라는 것은 참으로 애석한 일이다. 낙관론자는 주머니에 달랑 동전 두 개만 있어도 군주처럼 행동하는 반면, 비관론자는 금고에 돈이 수북이 쌓여 있어도 여전히 불만인 사람이기 때문이다.

특히 지난 몇 년은 곰들에게 고통스러운 나날이었다. 다우존스 지수가 4천 포인트에 이르자 그들은 주가가 폭락하기만을 기다렸다. 월스트리트에 누적된 공매 총액은 엄청난 규모였다. 그렇게 황소들이 재산을 불리는 동안 곰들은 파산하고 말았다. 주가 상승의 압박 속에 그들은 앞서 공매도한 주식을 더 비싼 금액으로 사들여야만 했고, 그 결과 주가는 더욱 상승했다. 세계 평화로 활짝 핀 강세장의 상황을 완전히 과소평가했던 것이다.

강세장 투자자의 경우 자신이 가진 돈을 전부 부실기업에 투자하지 않은 한 바보나 멍청이일지라도 돈을 벌었다. 과거에는 주식시장에 언제 들어왔든 인내심만 갖추면 승자가 될 수 있었다. 결국 거의 모든 주식은 항상 새로운 상한가를 기록했기 때문이다.

그러므로 나는 초보자들에게 약세장이 아니라 무조건 강세장에 투자해볼 것을 조언한다. 물론 강세장 투자자들이 두려움이라는 벽을 뛰어넘어야 하는 반면, 약세장 투자의 경우 쉽고 빠르게 진입할 수 있다는 장점이 있다. 하지만 이러한 약세장의 시작을 예견하는 것은 숙련된 주식 전문가만이 가능하다. 또한 내 경험에만 비춰보아도 강세장의 기회가 훨씬 많다. 주가는 1천에서 1만 퍼센트까지 오를 수 있지만, 반대로 떨어지는 경우는 기껏해야 100퍼센트가 최고치이기 때문이다.

정보의 정글

정보: 투자자의 도구

사람들은 종종 내게 어디에서 그토록 많은 정보와 아이디어를 얻느냐고 묻곤 한다. 사실 나는 굳이 정보를 찾아 헤매지 않는다. 그저 발견할 뿐이다.

솔직히 이런 내 대답이 너무 간단해서 독자들이 피식 웃지는 않을지 걱정된다. 나는 모든 곳에서 정보를 얻는다. 소매치기들에게서, 이 사회에서, 장관들이나 유흥가의 여성들에게서까지. 나는 모든 부류의 사람들에게서 정보를 얻는다. 다만 은행가와 브로커, 애널리스트, 경제학자들은 제외다. 이들은 자신의 코끝까지밖에 볼 줄 모르거나 사람들이 흔히 하는 말처럼 나무만 보고 숲을 보지 못한다. 때때로 나는 그들이 추천하는 것과 정반대의 행보로 큰 성공을 거두기도 했다.

어떤 도시든 도착하고 나서 내가 만나는 첫 번째 정보원은 바로 택시 운전사다. 택시를 타고 가는 동안 나는 그에게 얼마나 버는지, 생활비가 얼마나 드는지, 물가가 얼마나 비싼지, 국내외 정치에 대해 어떻게 생각하는지, 국제적 사건에 대한 반응은 어떤지 등을 묻는다. 그리고 이런 질문을 그날 만나는 여러 사람들에게 하루 종일 건네며 정보를 모은다.

날마다 새롭게 생기는 소식과 정보는 여러 신문을 통해 얻는다. 내가 가장 즐겨 읽는 신문은 《헤럴드 트리뷴》지다. 그 밖에 라디오를 듣고 텔레비전도 시청한다. 투자자는 신문을 읽을 때 가장 중요한 정보를 어디에서 즉시 얻을 수 있는지 자신만의 루틴을 습득해야 한다. 특히 행간 사이에 숨겨진 정보를 읽어낼 수 있어야 한다. 나는 누구나 읽고 접근할 수 있는 헤드라인, 기업 보도, 수익률, 수익 측정, 통계를 살펴보기는 하지만 그 정보들은 그렇게 나의 흥미를 끌지 못한다. 그런 정보는 이미 주가에 반영되어 있기 때문에 과거의 자료다. 그래서 나는 증권거래소에서 누구나 아는 뉴스라면 큰 의미가 없다고 생각한다.

하지만 때때로 행간에서 내일의 시세에 반영될 정보들을 찾을 수도 있다. 어떨 때는 긴 논설 끝에 달린 짧은 문장 하나가 그 전체 내용보다 많은 것을 시사하기도 한다.

가장 눈길이 가지 않는 것은 시세 변동에 관한 보고다. 시세가 먼저 등장한 뒤에 뒤따르는 정보라니! 달러가 약세라고 하면, 애널리스트들은 그제야 달러 약세를 설명할 새로운 통계와 숫자, 사건, 뉴스 등을 집중적으로 파헤친다. 그렇게 찾아낸 근거를 시장의 달러 약세의 원인으로 내세운다. 만약 달러가 강세라고 한다면 이 약삭빠른 사람들은 그에 걸맞은 이유를 찾아냈을 것이다. 물론 이런 보고는 시세 변동과 아무런 관련이 없다. 달러화가 약세라면 사실 그날 매수자들의 수요가 공급량을 넘어서지 못했기 때문이다. 그리고 매수량을 결정하는 실질적인 동기는 밝혀낼 수 없다.

뉴스는 투자자의 도구다. 투자자는 뉴스를 알아야 할 뿐만 아니라 미리 예측할 수 있어야 하고, 또 어떤 뉴스가 주식시장에 중요한지 아닌지를 가려낼 수 있어야 한다. 중요한 뉴스 중에서도 그것이 호재인지 악재인지 판단해야 하고, 특히 그 뉴스에 대한 여론의 반응을 알아야 한다.

페따 꼼쁠리 현상

증권거래소의 초보자들에게는 특정 뉴스나 사건에 대한 시세의 반응이 완전히 비합리적이고, 비이성적으로 보일 수 있다. 증권시장은 종종 술에 거나하게 취한 주정뱅이처럼 반응한다. 좋은 소식에 펑펑 울기도 하고 나쁜 소식에 웃기도 한다. 나는 이런 현상을 '페따 꼼쁠 리Fait accompli(기정사실화)'라고 부른다. 증권시장의 논리는 일상의 논리 와 동등하지 않다.

투자란 항상 미래에 일어날 불확실한 사건과 관련되어 있다. 특정 사건이 실제로 일어나 '기정사실'이 되어버리면 그 사건에 더는 투자 할 필요가 없다. 다시 말해, 증권시장에는 미래에 일어날 사건이 미리 반영된다. 어떤 기업이 1/4분기에 수익이 상승할 것으로 기대된다면 주가는 서서히 올라간다. 이때 수익이 올라갈 것으로 믿는 여론이 강 할수록 주가는 그만큼 빠르게 올라간다. 모두가 자신이 똑똑하다고 생각하며 공시되기 전에 서둘러 그 주식을 사려고 한다. 그러다 실제 로 수익이 공시되고 모두가 기대했던 것만큼 높다면, 주가는 그 순간 부터 떨어지기 시작한다. 예상했던 사건이 적중했고 그 사건은 이제 '페따 꼼쁠리'가 되어버린 것이다. 모두가 공시 이전에 주식을 샀기 때문에 추가 매수자의 수는 줄어든다. 투자자 중 일부는 수익을 얻고 떠나는데, 그것이 시세를 압박하게 된다. 물론 해당 기업이 2/4분기 에도 계속 수익을 낼 것이라고 하면 새로운 투자가 유입되고 주가는 다시 올라갈 수 있다.

하지만 1/4분기의 수익이 예상보다 저조하다면 시세는 공시와 동 시에 곧바로 하락할 것이다. 이 경우 지난 분기에 비해 수익이 높아도, 심지어 기록을 세웠더라도 똑같다. 기대가 충족되지 않았다는 것만이 중요하다.

반대의 경우도 동일하다. 증권거래인이 특정 기업의 수익 감소를 예측하면 주식은 미리 팔릴 것이고 주가는 공시 전까지 계속 떨어질 것이다. 하지만 공시하는 날에는 이미 다 팔린 상황이기에 주가는 개별 매수에 힘입어 서서히 오르게 될 것이다. 수익 감소가 예측했던 것보다 심하지 않다면 공시가 나가는 순간 흐름이 반전되어 주가는 폭발적으로 상승하게 된다.

페따 꼼쁠리가 주가 변동에 어떠한 영향을 미치는지는 1990년의 걸프전쟁이 잘 보여준다. 사담 후세인이 쿠웨이트를 침공한 후 원유 감산에 대한 우려로 유가가 배럴당 20달러에서 40달러로 올라갔지만 주가는 수개월간 하락했다. 이때 부화뇌동파 투자자들은 언제나 그렇듯이 두려움에 휩싸여 주식을 천천히 처분했다. 항상 그래왔듯이 주식을 소신파 투자자들이 사들였다. 이윽고 전쟁이 터지자 상황은 180도로 바뀌었다. 전쟁에서 미국이 승리하면서 주가가 천정부지로 치솟았던 것이다. 반면 유가는 거의 50퍼센트나 하락하여 배럴당 약 20달러로 내려왔다. 나는 평소 《캐피탈》지의 칼럼에서 이에 관한 정확한 예측을 여러 번 이야기한 적이 있었다. 많은 사람들이 어떻게 그 사실을 미리 알았느냐고 내게 물었는데, 그 답은 아주 간단하다. 내게는 이와 관련하여 무엇과도 바꿀 수 없는 경험이 있었던 것이다.

제2차 세계대전 이전에도 시장은 계속 그런 식으로 흘러갔다. 히틀러 정권이 프라하를 점령한 후부터 파리 증권거래소의 주가는 연일 하락했다. 하지만 전쟁이 터지기 직전 소수의 투자자들은 지금처럼 싼값에 주식을 사들여야 하고, 아무런 위험 부담도 없을 것이라고 생각했다. 왜냐하면 전쟁이 일어나지 않으면 폭풍 같은 상승장이 있을 것이고, 전쟁이 터지면 어차피 모든 것이 끝장이라고 보았기 때문이다. 그때 가서 돈의 유무는 아무런 의미가 없었다.

그들 가운데 페크리라는 매우 호감 가고 똑똑한 언론인이 있었다. 그는 형제가 은행가였음에도 언제나 나를 찾아와 증권 거래에 관한 조언을 구하곤 했다. 나는 그에게 증권 거래에 필요한 기술적인 조언을 해주었고, 그는 이따금씩 정치적인 장막 뒤에 가려진 은밀한 비밀을 내게 슬쩍 흘려주었다. 그는 라디오 방송국에서 일을 하고 있었기 때문에 다양한 계층의 사람들을 만날 일이 많았다. 그래서 난 그런 사람이라면 여기저기에서 떠도는 정치적 풍문을 잘 알고 있을 것이라고 생각했다. 그는 대단한 낙관론자였다. 전쟁이 터지기 바로 전 주까지도 그는 종종 새로운 소식을 가지고 나를 찾아와 전쟁은 일어나지 않을 것이므로 두려워할 필요가 전혀 없으며 바로 지금이 주식을 사야 할 때라고 했다. 달라디에 정부는 곧 물러날 것이며, 차기 국무총리인 피에르 라발은 단치히 문제를 나치와 합의할 것이므로 전부 다 잘될 거라고 말이다.

나는 그러한 페크리의 낙관론에 동의하지 않았고, 이미 오래전부터 파리 증권시장에서 약세장 투자자로 투자해왔다. 처음에 다소 완만하게 떨어지던 주가는 나중에는 급락했고, 나는 큰 수익을 얻었다. 나의 약세장 투자는 한 달에서 또 다른 한 달로 연장하는 선물거래 형식이었다. 매달 초 입금일이 되면 지난달 시세하락으로 발생한 수익이 입금되었다. 그다음 입금일인 9월 6일에 나는 또 한 번의 수익을 올릴 수도 있었을 것이다.

1939년 8월 24일 리벤트로프-몰로토프 협정 이후 나는 전쟁이 일어날 것이라 확신했다. 9월 6일까지는 불과 14일밖에 남지 않았었지만 내게는 이 기간이 마치 영원 같았다. 하지만 나는 정신을 차리고 어떻게 이 상황에 대처해야 할지 고민했다. 전쟁이 오면 증권거래소는 무너질 것이다. 어쩌면 그 전에 문을 닫을 수도 있었다. 은행과 은행가들에게 정부는 모라토리엄을 선언할 것이고, 그러면 나는 선물거래 계약을 팔 수 없을 뿐 아니라 거래 증거금으로 은행에 예치해둔 예금마저 찾지 못할 상황에 처할 수 있었다. 나는 재빨리 결단을 내렸다. 우선 은행에 맡겨둔 예금부터 찾아야 했다. 하지만 예금을 인출하기 위해서 나는 약세장 거래부터 풀어야 했다. 이것은 그리 탐탁지 않은 일이었다. 나는 앞으로 시세가 더 떨어질 것이라고 확신하고 있었기 때문이다. 그러나 그 상황에서 그런 생각은 무의미했다. 은행이 문을 닫고 투자 자체가 이뤄지지 못할 텐데 수익이 무슨 의미란 말인가? 그러니 건질 수 있는 것부터 건져야 했다! 약세장 거래를 해지한 나는 내 예금을 미국 은행으로 송금했다. 아버지는 "사람들 중에는 말은 영리하게 하면서도 행동이 어리석은 사람이 있는가 하면 바보같이 말해도 행동만큼은 영리한 사람이 있다"고 말씀하셨다. 당시 나는 후자에 속했다. 그런데 모든 상황이 내가 예상했던 것과 완전히 다른 방향으로 흘러갔다.

나의 생각은 완전히 틀렸지만 그럼에도 행운이 따랐다. 전쟁이 터지고 난 뒤에도 증권거래소는 문을 닫지 않았고, 선물거래가 계속되었으며, 모라토리엄이나 외환 통제도 없었다. 드디어 9월 6일이 되어 나는 마지막 투자 수익금을 인출해 미국으로 송금했다. 이것이 나의 행운이었다. 순식간에 상황이 뒤바뀐 것이다. 그때까지 주식을 매수한 사람들과 약세장 투자를 해지한 나는 굉장한 행운을 누렸다. 시세는 6개월 동안 꾸준히 상승했다. 그러다 프랑스 군대가 완패한 후에야 약세장으로 돌아섰다. 전쟁이 터지면 어차피 세상이 전부 끝장날 것이기에 돈의 유무는 아무 상관도 없다던 사람들의 판단은 완전히 틀렸던 것이다. 그 후 한동안 돈이 있는 사람은 생명을 구할 수 있었지만 돈이 없는 사람들은 목숨을 잃고 말았다.

내 친구 페크리에게도 처음에는 행운이 찾아왔다. 전쟁이 일어나지 않을 거라는 그의 예측은 틀렸지만, 그는 강세장 거래로 상당한 수익을 얻은 투자자 중 한 명이었다. 히틀러가 동부 전선에서 고전하고 있던 그 시점(당시 폴란드에서 치열한 전투가 벌어지고 있었다)에 그는 거의 매일 나를 찾아와 라발이 프랑스 정권을 이어받을 것이라는 등의 소식을 전했다. 곧 평화가 찾아올 것이므로 인내심을 가지고 매수를 계속 이어가야 한다고 말이다. 하지만 그의 판단은 또 한 번 틀리고 말았다. 폴란드를 쓰러트린 독일이 서구와 격전을 벌이며 네덜란드가 점령되었고 벨기에가 무장을 시작했다. 긴장된 나날이 이어지던 가운데 나는 몇 주 동안 페크리를 만나지 못하고 있었다. 그러던 어느 날, 그가 증권거래소로 황급하게 달려왔다. 내 옆에 선 그는 아무도 듣지 못하도록 내게 바짝 붙은 채 입가에 만족스러운 미소를 지으며 속삭였다. "사랑하는 친구, 날 좀 도와주게나. 폭등하는 강세장에서 수익을 보려면 어떤 종목을 사면 좋겠나?"

그의 말에 나는 몹시 흥분했다.

"히틀러가 죽기라도 한 건가?"

"아니, 그 반대라네. 나치가 지금 파리에서 30킬로미터 떨어진 곳까지 진군했는데, 이제 이틀 뒤면 여기까지 올 거라더군. 그러면 전쟁도 실질적으로는 끝이 나겠지. 그러면 시세가 빠르게 급등할 테지. 그러니 무슨 종목을 사야 하는가?"

내가 그 질문에 무슨 대답을 할 수 있었을까? 내게는 세계 종말이 오는 것과 같았다. 증권거래소 직원들은 이제 모든 것이 잘될 것처럼 여기저기 뛰어다니며 바삐 움직이기 시작했다. 하지만 나는 당장 이

틀 뒤에 나치와 게슈타포가 파리를 점령할 것이라는 걸 알고 있었다. 나는 무거운 망치로 머리를 얻어 맞은 것만 같은 충격에 휩싸였다. 다시금 모든 것이 빙빙 돌기 시작했다.

페크리는 계속해서 어느 주식을 사야 하는지 알려달라고 재촉했다. 물론 그에게는 이 모든 것이 최적의 상황이었을 것이다. 히틀러가 이곳에 당도할 것이라는 것은 분명했다. 다만 그에 대한 페크리의 생각이 나와 달랐을 뿐이다. 나는 그에게 무슨 말이든 하려고 했지만 좀처럼 입이 떨어지지 않았다. 심장이 차갑게 오그라드는 기분을 느끼며 증권거래소에서 뛰쳐나와 택시를 타고 서둘러 집으로 돌아왔다. 나는 집 안을 둘러보며 이제는 두고 떠나야 하는 아끼던 물건들을 쓰다듬었다. 다시는 파리를 보지 못할 것이다. 내가 사랑했던 친구들, 동료들, 늘 익숙했던 거리와 내 인생에서 의미가 있었던 다른 많은 것들과 작별할 때가 된 것이다.

이 순간에도 내 친구는 증권거래소에서 날 찾고 있었다. 히틀러가 승리를 확정지을 때 그에게 수익을 안겨줄 종목을 골라주기를 바라면서 말이다. 그가 결국 어떤 주식을 샀는지는 모르지만 과거 내가 했던 실수에 비하면 그의 실수가 과히 기념비적이라는 것만큼은 알고 있다. 그가 예견한 대로 라발은 나치가 점령한 프랑스의 국무총리가 되었다. 하지만 주가는 오르지 않았다. 오히려 정반대였다. 증권거래소는 마침내 문을 닫았고, 주식은 오랫동안 거래되지 않았다. 그리고 아주 소규모의 시장이 다시 열리기 시작했을 때는 주식을 판 대가로 받은 프랑화의 가치는 폭락해버린 뒤였다.

페크리의 결정적인 실수는 그의 운명을 나치와 엮었다는 것이었다. 전쟁이 끝난 후 다시 파리로 돌아온 나는 그를 찾았다. 그리고 그가 나치 협력범으로 10년 징역형을 선고받았다는 사실을 알게 되었다. 결국 아버지의 말씀이 옳으셨다. 사람들 중에는 말은 바보처럼 해도 영리하게 행동하는 사람이 있는 반면, 말은 잘하면서 바보같이 행동하는 사람이 있다. 언젠가 프랑스에서 이 이야기를 칼럼에 쓴 적이 있었는데, 편집자에 의해 삭제되었다.

1939년처럼 걸프전에서도, 또 그 이전에도 여러 번 이런 일이 벌어졌다. 1939년에는 행운이 따랐을 뿐이지만, 1991년에는 과거의 경험에서 이러한 페따 꼼쁠리 현상을 알아차릴 수 있었다. 전쟁이 일어나면 주가가 떨어지기 때문에 전쟁을 예상하는 증권거래인들은 주식을 내다 판다. 하지만 이 시기에는 영리하게 행동하고 싶어하는 모든 투자자들이 서로 주식을 팔려고 내놓기 때문에 전쟁 전부터 주가는 최저점을 찍는다. 그리고 실제로 전쟁이 터지면 이미 모든 주식이 거래된 상황이므로 증권거래소에 매물 자체가 남아 있지 않다. 소신파 투자자들의 수중에 들어간 주식은 절대 매물로 나오지 않는다. 소신파들은 전쟁이 끝나면 주가가 오를 것이라 확신하기 때문이다. 그렇게 시장은 순식간에 매수자는 있지만 팔려는 사람이 없는 상황으로 역전된다. 그러다 어느 순간 강세장이 진행되며 주식의 유인력이 서서히 강해진다. 하지만 이라크의 쿠웨이트 침공처럼 예기치 못한 전쟁이 벌어지면 그 영향은 정말이지 파국적이다. 이때 어느 나라에서나 증권거래소가 공황 상태에 빠진다.

예상하지 못했던 사건이 터졌을 때 일어나는 전형적인 반응을 보여주는 흥미로운 사례가 바로 부에노스아이레스 증권거래소의 경우였다. 후안 페론 대통령이 아르헨티나로 돌아왔을 때 주가는 멈추지 않고 바닥까지 곤두박질쳤다. 이어 페론 대통령의 죽음 이후 정부 최고 요직에 나이트클럽의 댄서 출신인 그의 아름다운 미망인, 이사벨 페론이 앉았다. 그러자 누구도 아르헨티나 주식을 사려고 하지 않았고, 증권가는 아무런 희망도 없는 것처럼 보였다. 그렇다면 주식은 다 어디에 있었을까? 아마 소신파 투자자들의 금고 안에 당장은 불투명하지만 더 나은 미래를 기다리며 쌓여 있었을 것이다. 그러던 중 깜짝 놀랄 만한 일이 벌어졌다. 쿠데타가 터지고 이사벨 페론이 체포된 것이다. 이튿날 부에노아이레스 증권거래소는 주식을 사려는 사람들이 몰려와 문을 열 수 없을 지경이었다. 30일 후 증권거래소가 다시 문을 열었을 때 주식은 100배, 200배씩 급등했다. 이 사례는 주식이 전부 매수된 상태에서 갑자기 긍정적인 뉴스가 들릴 때 증권시장에서 벌어질 수 있는 일들을 극명히 보여준다.

앞서 살펴본 것처럼 아무리 중대한 사건이라도, 그것이 심지어 전쟁일지라도 일단 터지고 나면 과거의 일이 되고, 증권시장에서 더 이상 의미 없는 일이 되어버린다. 하지만 미래에 영향을 주는 소식도 있다. 돈에 영향을 미치는 요소는 예견했던 것이든 아니든 전부 중요하다. 물론 중앙은행이 금리를 인상하면 전형적인 페따 꼼쁠리 반응이 일어날 수도 있다. 실제로 그런 일이 자주 일어나기도 한다. 많은 사람들이 경제지수를 보고 금리가 인상될 것이라 예상한다면 주가도 우선 상승할 것이다. 특히 추가 금리 인상을 없을 것이라는 판단이 지배적일 경우에 더 그렇다. 금리 상승은 미래의 통화량, 다시 말해 무엇보다 매우 중요한 요소인 돈에 영향을 미친다. 많은 주식투자자들이 금리 상승이 곧 주가 하락을 의미한다는 잘못된 생각을 가지고 있지만 절대 그렇지 않다. 높은 금리와 그에 따른 자금 부족 현상은 증권시장이 그에 긍정적으로 반응하든, 부정적으로 반응하든 상관없이 벌어지는 냉혹한 현실이다.

정보사회

17세기 암스테르담 항구에서는 사람들이 몇 주에서 몇 개월 동안 인도회사 선박이 가져올 소식만 기다리고 있었다. 오늘날 우리는 뉴스, 통계, 사업 보고, 분석, 전문가 논평 등 정보의 홍수 속에 살고 있

다. 증권 시세 전광판에는 1분 사이에도 100건 이상의 소식들이 올라
온다. 그 때문에 증권시장에는 끊임없이 파벌이 형성된다. 그들에게
있어 정보사회는 낙원이다. 1초마다 새로운 정보가 들어와 그것을 토
대로 시장을 위에서 아래로 훑어볼 수 있다. 특히 미국의 채권시장은
호기심을 자극한다. 여러 수치들이 공개되는 노동시장 보고서라도
발표되면 다음과 같은 상황이 펼쳐지기도 한다. 보고서 중 새로 고용
되는 노동자의 수가 적다는 내용에 채권 시세가 마구 오르다가, 보
고서 말미에 실린 시간당 임금이 예상보다 올랐다는 통계 때문에 단
30초 만에 급속도로 하락한다. 투자자들은 매수 혹은 매도 결정을 하
기에 앞서 이 보고서를 끝까지 읽을 시간조차 없었기 때문이다.

　장기적 관점에서 투자하는 투자자들은 이러한 사건에 일일이 반응
하지 않는다. 하지만 정확한 진단을 내리기 위해서는 모든 뉴스에 귀
기울여야 하는 게 아닐까? 내 대답은 '그렇지 않다'다.

　프랑스의 정치가이면서 작가인 에드와르 에리오Édouard Herriot는 문
화를 일컬어 '모든 것을 잊었을 때 남는 것'이라 했다. 그리고 증권시
장도 그러하다. 투자자는 1년 결산, 배당금, 시세, 영업 보고, 통계 등
이 모두 실려 있는 움직이는 백과사전이 아니다. 그런 정보는 컴퓨터
에 저장해놓고 필요할 때마다 열람하는 것이 훨씬 확실하다. 진정한
증권 지식이란 모든 세부 정보를 다 잊었을 때 남는 그것이다. 단순
히 모든 것을 알아야 하는 것이 아니라 그것들을 올바르게 이해하고

적절한 순간에 그 맥락에 맞게 정확히 행동할 수 있어야 한다. 중요한 사건을 레이더처럼 포착하여 그 상관성을 제대로 해석해야 한다. 그리고, 당연히 생각해야 한다!

투자 조언, 추천 그리고 소문들

어느 레스토랑에 가든 나는 웨이터가 추천하는 메뉴를 주문하지 않는다. 왜냐하면 그런 메뉴는 대개 그 레스토랑에서 빨리 팔아버리려는 것이기 때문이다. 증권사들이 추천하는 종목이나 투자 조언의 90퍼센트도 마찬가지다. 참고할 만한 좋은 조언은 정말 매우 드물다. 대부분의 경우 은행이나 신디케이트의 주식을 사람들에게 떠넘기려는 작전 또는 홍보에 불과하다. 이것을 장밋빛 분석으로 꾸민 뒤 매체를 통해 사람들의 입에서 입으로 퍼지게 하는 것이다. 그리고 교묘히 뉴스를 원하는 방향으로 통제하며 주가를 조작한다. 그러면 이미 오를 대로 오른 주식이라도 대중에게 파는 것은 식은 죽 먹기다. 이런 식의 매수세에 힘입어 주가는 천정부지로 치솟는다. 부화뇌동파 투자자들이 모든 주식을 사고 난 뒤 어느 순간 장밋빛 분석이 뜨거운 허풍에 불과했다는 사실이 드러날 것이고, 그들은 파산을 피할 수 없게 된다.

아직까지도 이러한 엉터리 연극이 구동독 지역에서 매일같이 일어나고 있다. 스스로를 증권 전문가라고 칭하는 사람이 TV 프로그램에 출연해서 증권거래에 관한 시청자들의 질문에 방금 전 자신이 산 주식을 사라고 종용한다. 이것은 신식 노상 강도나 다를 바가 없다. 주식시장을 잘 아는 사람에게는 이런 조작이 잘 통하지 않았지만 일반인들에게는 그렇지 않았다. 누구나 조종당할 수 있었다.

그럴싸한 소문 역시 시세를 조작하는 방법 중 하나다. 증권거래소가 존재한 이래로 이 방법은 대중을 특정 방향으로 몰아가는 데 계속해서 사용되어왔다. 이 분야의 대가는 17세기 영국 은행 총재였던 헨리 퍼네시 경이다. 그에게는 뛰어난 정보망이 있었다. 하수인들은 보고해야 할 중요한 소식이 있으면 비둘기를 활용하여 소식을 보냈다. 그 후 그가 주식을 사기로 결정하면 런던 증권거래소에서 하수인들이 한 편의 코미디를 연출했다. 그들은 나쁜 소식이라도 들은 것마냥 잔뜩 이마를 찌푸리고 의미심장한 표정을 지은 채 여기저기 뛰어다녔다. 그들은 주변의 주목을 끌면서 매도 주문을 넣었다. 그들의 주인이 높은 지위에 있다는 것을 아는 사람들은 그 제스처 하나하나를 민감하게 지켜봤다. 포커판에서는 이런 행위를 소위 '뻥'이라고 부르는데, 사실 이는 금지되어야 할 술수에 불과하다. 하지만 그 모습을 지켜본 투자자들은 그들을 따라 조심스레 주식을 내놓게 되고, 결국 해당 종목의 주가가 떨어지기 시작한다. 그러면 퍼네시 경의 계획이 성공한 것이고, 그는 이 무렵에 등장해서 헐값에 주식을 사들였다.

만약 좋은 친구나 오랜 기간 신뢰를 쌓은 투자 전문가의 추천 종목이라면 신뢰해도 좋다. 하지만 그러기 전에 추천인의 조언이 그 사람의 이익을 위한 것이 아님을 확신할 수 있어야 한다. 세간에서 말하는 '특별한' 투자 조언의 경우 보통 그 반대로 하는 것이 좋다.

증권거래소의 거물: 유대교 랍비에서 수학자에 이르기까지

종종 여기저기 투자 조언을 퍼트리는 사람들이 예견한 호황이나 공황이 맞아떨어지면 그는 추앙받는 증권거래소의 거물로 등극한다. 심지어 존경을 넘어 숭배받기까지 한다. 그의 입에서 흘러나오는 말 한 마디에 투자자 무리가 좌지우지됐다. 그가 X 종목 또는 Y 종목을 사라고 말하면 투자자들은 1초도 고민하지 않고 곧장 전화기를 향해 손을 뻗었다. 주식시장의 예언자라고 하는 사람 중 대부분은 자신에게 유리한 포지션으로 조작하는 데 유명세를 이용했다. 그들의 분석 방법으로는 수학에서부터 별을 관찰하는 것까지 총동원됐다. 1980년대 엘리엇 파동으로 유명해진 로버트 프레히터의 사례는 앞서 설명한 바 있다.

특히 조 그랑빌Joe Granville 사건이 기억에 남았다. 그는 과장광고와 사기가 판치는 자기 선전으로 주식계의 거물이 된 인물이었다. 그는 단 한 번 다우존스 지수가 30포인트 하락할 것이라고 예견해서 (엄밀히 말하면 추측해서) 맞춘 적이 있었다. 그 후 그는 자신이 노벨경제학 수상자감이라고 떠벌리고 다녔다. 하지만 그의 '예언'은 사실 예언이라고 할 수도 없는 그런 것이었다. 다우존스 지수 하락은 그가 2~5만 명의 주식 보유자들에게 전보를 보내 공격적인 주식 매도를 추천한 결과였기 때문이다. 수천 명의 순진한 투자자들이 갑자기 주식들을 시장에 던지는 바람에 다우존스 지수가 30포인트나 하락했고, 시세는 그보다 더 떨어질 수밖에 없었다. 하룻밤 사이에 그랑빌은 스타가 되어 증권계의 거물로 떠올랐다. 미국뿐 아니라 독일에서도 그를 따르는 추종자가 생겨났다.

또한 독일에는 자칭 증권계의 거물이라는 쿠어트 올리그 뮐러라는 사람이 있었다. 그는 스위스 몽트뢰에 거주하면서 유가증권 관리를 맡고 있었다. 나는 그와 개인적으로 얽힌 경험이 있었다. 당시 나는 《캐피탈》지에 점성가, 증권 연금술사, 증권 전문가 등의 사람들에 대한 글들을 기고하고 있었는데, 이를 보고 그가 내게 편지를 보내왔다. 칼럼에서 그의 이름을 언급한 적은 없었지만 그는 내 글이 불쾌했던 것 같았다. 마침 그가 주가가 어떻게 변할지 예측할 수 있는 이론을 새로 고안하여 대대적으로 홍보하고 있었기 때문이었다.

편지에서 그는 조 그랑빌의 손끝에 있는 증권 지식이 내 머릿속에 있는 것보다 훨씬 많을 것이라며 나를 비난했다. 그는 내게 칼럼에 주식시장에서 있었던 일화만 쓰지 말고 주식시장에서 특정 종목이 30일 후에 어떻게 될지 정확히 예측해보라고 공격했다. 또 증권은 엄격한 과학이므로 전문적으로 배우고 연구해야 한다는 내용도 있었다.

하지만 유감스럽게도 그랑빌이 세운 이론은 매우 비극적인 결말을 맞았다. 몇 달 뒤 그가 아내를 총으로 쏘아 죽인 후 스스로 목숨을 끊었기 때문이었다. 그는 마지막으로 남긴 유서에 자신의 이론은 결점이 없지만, 안타깝게도 그것을 증명할 인내심과 건강이 부족하다고 적었다. 그는 그를 신뢰하며 고객들이 맡긴 돈을 전부 잃은 상태였다. 이 비극적인 사건은 광적인 시스템 투자자가 어떻게 될 수 있는지를 보여주는 좋은 사례였다. 나는 올리그 밀러가 그랑빌 예언의 희생양이었다고 생각한다. 30포인트 하락세 예측을 성공한 이후 그는 또 한 번 자신의 능력을 입증하려고 시도했다. 그래서 750포인트인 다우존스 지수가 450포인트로 하락할 것이라고 예언하며 이렇게 말했다.

"저는 이번에 다가올 주가 폭락은 피할 수 없는 기정사실이라고 확신하고 있고, 그래서 심지어 노부인들에게까지도 반드시 투자하라고 지시하고 있습니다."

이후 벌어진 사건은 지금까지도 월 스트리트의 역사로 남아 있다.

다우존스 지수는 450포인트로 떨어지기는커녕 그다음 해에도 계속 상승하기만 했다. 내가 들은 바로는, 그때 올리그 밀러는 시카고 주가 지수 선물시장에서 그랑빌이 예측했던 미국 증권시장의 몰락에 모든 돈을 투자했다고 한다.

하지만 그랑빌은 이 사건으로 인해 결코 자살을 생각하지 않았으며, 겸손해지지도 수치심을 느끼지도 않았다. 투자회사 프루덴셜이 주최한 독일 방송사의 TV 토론에 출연한 그랑빌은 불편한 심기를 드러내며 조롱조로 나를 저격했다.

"코스톨라니 씨는 100번 중 51번이 옳으면 충분하다고 했다던데요, 그건 말도 안 되는 이야기입니다. 나는 100번 중 100번 다 옳습니다. 나는 코스톨라니 씨가 주로 쓰는 '제가 생각하기에는'이라는 말은 쓰지 않습니다. 대신 '저는 그것을 압니다'라고 말하죠."

더 재미있는 일은 토론을 마치고 그와 단둘이 남았을 때 일어났다.

"코스톨라니 씨, 아시겠지만 저는 삼류 배우랍니다!"

사실 나는 그의 행동이 별로 불쾌하지 않았다. 나는 그를 이해했기 때문이다. 다음 날 《프랑크푸르트 알게마이네》지는 지면의 절반을 할애하여 전날 있었던 토론에 관한 기사를 실었다. 기사에서는 내가 100퍼센트 옳다며 내 손을 들어주었고, 심지어 조 그랑빌을 조롱하기까지 했다. 또한 앙드레 코스톨라니처럼 교양 있는 사람이 그랑빌 같은 사람과 제대로 된 토론을 이어갈 수 없었던 것은 전혀 놀랍지 않다고 평가했다.

몇십 년 전만 해도 내 동료들 중 수학을 믿는 사람들은 적었고, 밀교에 심취한 사람들이 더 많았다. 그때 나는 내가 사랑하는 도시인 부다페스트에서 휴가를 보내고 있었다. 잠시지만 증권 거래에 대해 논할 필요가 없다는 생각만으로도 행복했다. 그래서 그곳에 도착하자마자 만난 친한 친구가 아주 대단한 여자 증권거래인을 아는데 그녀와 만나는 자리에 함께 가자고 제안했을 때 느낀 실망감이 매우 컸다. 그녀의 이름은 바바라 실비거였는데 독실한 유대인으로 내가 어렸을 때 그녀는 부다페스트에서 명성이 자자한 점성가였다. 제국의 섭정을 맡은 니콜라우스 호르시 장군, 베틀렌 공작 등 많은 정부 요인와 상류층 인사들이 그녀를 찾았다. 매년 새해가 밝으면 각 신문사마다 앞으로의 1년에 대한 그녀의 예언을 실으려고 혈안이 되었다. 말하자면 그녀는 공식적으로 인정받은 헝가리 최고의 점쟁이였다는 이야기다.

그녀의 초대가 그리 편하지는 않았다. 증권시장에서 벌어지는 놀라운 사건들이 내게는 달콤한 감동이었으므로 굳이 증권가의 미래를 알고 싶은 마음이 없었다. 하지만 내 친구는 그녀가 절대 예언 같은 것은 하지 않을 거라고 단호히 말했다. 오히려 반대로 실비거가 나에게서 전혀 다른 것을 알고자 한다는 것이었다. 그래서 우리는 델피산으로 향했다.

창고 같은 방에 들어서자 아주 요란하게 치장한 노파가 우리를 맞이했다. 다 낡아빠진 안락의자가 100킬로그램이나 나가는 그녀의 몸을 받치느라 삐그덕거렸고, 전혀 환기가 되지 않는 방의 풍경은 혼돈 그 자체였다. 하지만 그녀가 입을 열자 그 모든 인상이 달라졌다. 실비거는 아주 품위 있고 고상하게 말했고 외국어도 완벽하게 구사했다.

"그러니까, 당신이 주식투자 분야에서 전설을 만든 그 사람이군요. 제가 그중 일부를 듣고 배울 수 있다면 무척 행복할 겁니다."

나는 방금 무슨 말은 들은 것인지 내 귀를 의심했다. 겉보기에는 아무것도 모를 것 같은 공산주의 국가의 노파가 다우존스 지수, 시세 수익률, 채권 등에 대해 이해할 수 있단 말인가? 그런데 우습게 들릴 수도 있겠지만, 그런 그녀에게 증권시장의 정보를 심어주는 일은 꽤나 즐거웠다. 나는 거의 두 시간을 그녀와 함께 보냈고, 그녀에게서 지적이고 호기심 가득한 학생의 모습을 엿볼 수 있었다. 이 시간은 정말이지 유쾌하기 그지없었다. 헤어질 때 그녀는 내게 앞으로도 계속 연락하자는 말과 함께 이따금씩 세계의 여러 증권시장에 대해 편지로 전해달라고 부탁했다.

몇 주 후 다시 서유럽으로 돌아온 나는 내 지인들에게 이 만남에 대해 이야기했다. 그런데 취리히, 런던, 겐프(제네바의 독일식 이름) 그리고 심지어 뉴욕에 사는 나의 친구들이 벌써 수년 전부터 그녀와 연락을 주고받고 있었다! 그 사실을 알고 얼마나 놀랐는지 모른다. 더욱이 그들은 경험이 많은 국제 증권투자자였다. 그들은 정기적으로 그녀에게 선물을 보내고 그녀로부터 세계 증권시장의 정보와 조언을 얻고 있었다. 그중에는 "가을이 되면 월 스트리트에서 전부 매도할 것!"이라든가, "파리에서 P로 시작하는 종목을 전부 매수할 것!", 혹은 "취리히에서 노란색 주식에 탑승할 것!"처럼 미심쩍은 주문들도 있었다.

그녀는 자신의 직감을 근거로 삼고 있었다. 어쩌면 중개인이나 은행가처럼 건조하고 냉철한 사람들이 제대로 보지 못하는 것에서 나름의 결론을 얻은 것일 수도 있다. 그녀는 공산주의 국가의 창고 같은 방에서 국제적인 투자 전문가들에게 영향력을 미치고 있었다.

나와의 만남 이후 실비거는 새로운 작업 시스템을 구축했다. 내가 파리에서 부다페스트 산자락에 있는 그녀에게 나의 '지혜'를 전달하면, 그녀는 그것에 '바바라 실비거의 예언'이라는 꼬리표를 달아 전 세계 방방곡곡에 보내는 것이다. 이러한 새로운 시스템의 도움으로 그녀의 조언은 전문성을 갖추게 되었다. 하지만 그녀의 예언이 실현되었는지에 대해서는 이제와 더 말하지 않는 것이 좋겠다.

증권가의 거물이라고 하는 사람들의 대다수는 공황을 예언한다. 강세장에 대해 말하는 '거물'은 극소수다. 종말에 대해 예언을 하는 것이 더 많은 관심을 불러일으키기 때문이다. 이런 거물들은 주로 갑자기 나타났다 갑자기 사라지는 경우가 많고, 지금까지 계속 언급되는 사람들은 거의 없다. 그 대표적인 예인 로버트 프레히터와 조 그랑빌은 이미 언급한 바 있다. 또 독일에서 《빌트》지에 칼럼을 연재하고 있는 친애하는 나의 동료 파울 마르틴도 그중 하나다. 전직 은행가였던 필립 폰 베트만도 있는데, 주가를 조작하려는 의도는 없었지만 그는 자신의 예언에 100퍼센트의 확신을 가지고 있었다. 몇 년 전 그는 《프랑크푸르트 알게마이네》지 신문 한 면 전체를 할애하여 세계 경제 붕괴에 관한 경고를 실었다. 하지만 오늘날 그에 대한 소식은 전혀 들려오지 않는다. 몇 년 전 공황 전문가로 입장을 바꾼 롤란드 로이셜만이 왕성한 활동 중이다. 다우존스 지수가 3천 포인트였을 때 그는 '제2의 1929년'이 올 것이라 예측했다. 그사이에 시세가 보합세를 보이자 공황이 서서히 단계적으로 찾아올 것이라고 주장했다. 물론 이것은 의미론적으로도 잘못된 말이다. 공황이란 예상하지 못했던 것이 불현듯 최악의 결과와 함께 등장하는 경우를 의미하기 때문이다.

나는 공황에 대해 '수프 그릇을 들고 식당에 들어온 가정부가 갑자기 그릇을 바닥에 떨어뜨리는 것과 같다'라고 정의한다. 떨어진 사기그릇이 바닥에 부딪혀 깨지는 순간 첫 번째 소란이 벌어진다. 그리고 깨진 그릇 조각이 이리저리 튀며 두 번째 소란으로 이어지고, 마지막으로는 소란에 식당으로 달려온 주인이 가정부를 야단치며 세 번째 소란이 일어난다. 이렇게 사건은 3중 공황으로 전개된다.

로이셜은 자신의 예언이 맞지 않아도 기죽기는커녕 주변에 "내가 그렇게 말했지 않았나"라고 너스레를 떨며 뻔뻔하게 행동했다. 하지만 그가 내놓은 예언은 실제로 단 한 번도 적중한 적이 없었다. 미국의 짐 로저스Jim Rogers 역시 종말 예언자로 활동하고 있다. 조지 소로스Geroger Soros의 옛 동료인 그는 몇 년 전부터 미국 월 스트리트가 과대평가되어 있다고 경고하고 있다.

공황 예언자들은 부다페스트에 사는 내 동생처럼 그들의 잘못을 솔직하게 시인해야 할 것이다. 어느 가정집 파티에 초대받은 동생은 안주인에게 이렇게 말했다.

"저기 못생기고 멍청해 보이는 난쟁이가 보이시나요? 정말 우습네요."

그러자 안주인이 무표정한 얼굴로 "제 아들입니다만"이라고 대답했다. 동생은 순식간에 얼굴빛이 창백해진 채 서둘러 사과하고는 그 집을 떠났다.

"자비로우신 사모님, 이런 실수는 절대 용서받을 수 없는 것이지요. 저는 이만 가보겠습니다."

나는 한 번도 공황을 예언한 적이 없다. 언론인들이 종종 나를 증권가의 거물이라 부르기는 하지만, 나는 흔히 하는 투자 조언조차 제대로 건넨 적이 없다. 진정한 거물이라면 틀리지 않아야 하는데 나는 그렇지 않으므로 이 칭호를 받을 자격이 없는 것이다. 한번은 몇몇 프랑크푸르트 증권거래인들이 퓌르트에서 기적의 랍비라고 칭송받는 한 유대인을 찾아가 현 주식시장에서 어떻게 하면 좋을지 물었다. 그러자 그는 단숨에 쉬지 않고 "kaufet(사라) nicht(아니다) verkaufet(팔아라)!"라고 말했다. 증권거래인들은 그의 말에 쉼표를 어떻게 붙일지 고심했다. 쉼표를 어디에 두느냐에 따라 "사지 말고 팔아라!"가 될 수도 있고 "팔지 말고 사라!"가 될 수도 있었기 때문이다. 증시와 관련된 조언 중 오직 이 말만이 옳을 것이다.

내부 정보

증권시장에서 가장 각광받는 정보는 바로 내부 정보다. 하지만 내부 정보를 공개하는 것은 금지되어 있으므로 그로 인한 큰 피해는 없다. 다른 사람이 나보다 더 많이 알고 있다고 생각하는 것이 증권거래인들의 콤플렉스다. 이웃집의 잔디가 더 푸르다는 옛말도 있지 않은가. 한 투자자가 그의 동료가 특정 종목을 주문하는 것을 우연히 알게 되면 그는 그 동료가 자신보다 더 많은 것을 알고 있다고 생각한다. 하지만 이런 추측의 대부분은 잘못된 것이다. 설령 내부 정보가 있다고 해도 그것이 꼭 정확한 정보라고 할 수는 없다.

'정보를 얻었다'는 건 종종 '망했다'는 뜻이 되기도 한다. 나 역시 1930년대 초 스위스의 장크트모리츠Sankt Moritz에서 겨울을 보내면서 그런 일을 겪은 적이 있었다. 당시 장크트모리츠는 부와 사치의 상징이었다. 대형 연회홀과 바, 그릴이 있는 팰리스 호텔이 그 화려함에 특히 중요한 역할을 하고 있었다. 그곳은 세계에서 내로라하는 금융가의 거물들이나 플레이보이, 유명 인사들이 모이는 장소였다. 아마도 독자들은 내가 그런 곳에서 무엇을 했을지 궁금해할 것이다. 그곳에서 나는 관찰자였다. 지극히 코스모폴리탄적인 생활 방식 속에서 증권 공부를 마쳤고, 지금까지도 매우 유용한 인생의 경험을 얻었다. 그때 나는 약세장 투자를 통해 수중에 돈이 충분하던 시절이었다.

그런데 이 작고 형형색색인 세상이 지금은 내렸던 눈이 녹아내리듯 사라져버렸다. 몇 년 전 팰리스 호텔의 연회홀을 다시 방문했을 때 내 머릿속에 과거의 기억들이 생생하게 떠올랐다. 당시 이 연회홀 한쪽에는 자동차의 황제 앙드레 시트로엥이 있었고(물론 이때는 파산하지 전이었다), 다른 한쪽에는 로열 더치쉘의 대표인 헨리 데터딩과 그의 경쟁사인 스탠더드 오일의 대표 월터 티글이 있었다. 이 석유 시장의 두 지배자는 원유 가격, 시장 상황 등을 의논하기 위해 매년 이곳에서 만남을 가졌다. 마치 오늘날 OPEC 회원국들의 석유 재벌들이 회의를 하는 것처럼 말이다. 거기서 두 발자국 떨어진 곳에 세계적인 화가 케이스 판 동언과 찰리 채플린의 모습이 보였다. 또 뛰어난 투자자이자 금 차관 분야의 전문가였던 아파트 플레쉬도 빠지지 않았다. 그리고 그 반대편에는 슈투트가르트 출신으로 당대 최고의 영향력 있는 은행가이자 암스테르담의 멘델스존 사 사장인 프리츠 만하이머가 있었다. 앞서 그에 대한 이야기를 소개한 적이 있었다. 외환 딜러로서 큰 재산을 축적한 그는 파산하기 직전까지 암스테르담 금융계에서 제왕처럼 군림했으며 내게도 상당한 영향력을 행사했던 인물이었다. 땅딸막한 체구의 그는 자신이 지닌 권력을 잘 알고 있는 듯 몹시 거만했다.

나는 마치 탐정처럼 예리한 시선으로 이 호텔에서 벌어지는 쇼를 관람하며, 등장인물들의 제스처와 특징을 살피고 그들이 나누는 대화에 귀를 기울였다. 당연히 그들은 날씨 이야기 따위는 하지 않았다. 그러다가 우연한 기회에 내 호기심이 충족되는 사건이 벌어졌다. 어느 날 저녁, 호텔 직원이 내 방문을 두드리더니 우체국에서 온 전보를 전해주었다. 아무 생각 없이 바로 봉투를 찢어 열어보았더니 수백만 굴덴에 해당하는 로열 더치쉘 주식 수천 주를 매수하라는 주문이 맞는지 확인하는 내용이었다. 도대체 이게 무슨 내용인지 이해되지 않았던 나는 전보 봉투를 뒤집어보았다. 그것은 내가 아니라 만하이머 박사 앞으로 보내진 것이었다. 팰리스 같은 고급 호텔에서도 이런 실수를 하다니! 내 방은 그가 머무는 방 바로 반대편에 위치했었다. 그로부터 수십 년이 지난 지금까지도 그때 느꼈던 충격이 생생하다. 신들의 비밀을 엿듣게 된 기분이었다. 그로부터 며칠 뒤 나는 로열 더치쉘의 대표 헨리 경이 만하이머 박사와 적극적으로 대화를 나누는 모습을 포착했다. 나는 아마 로열 더치쉘과 관련된 계획을 짜고 있을 거라고 짐작했다.

나는 그 전보를 다시 봉투에 넣어 봉한 다음 급사를 불러 돌려주고는 요동치는 마음의 안정을 되찾으려고 노력했다. 당시 나는 약세장 투자자였다. 경제적으로나 정치적으로나 비관론자였기에 그러한 강세장 정보는 잘 받아들이지 않았었다. 당시 시장은 약세장이 한참이나 이어지던 시기였다. 하지만 우연히 굴러들어온 정보를 어떻게 그냥 흘려보낼 수가 있단 말인가? 그런 일은 절대 인생에 두 번 생기지 않는다! 그러므로 그 정보를 따를 수밖에. 그래서 나는 로얄 더치쉘 주식을 샀다. 하지만 그 순간부터 주가가 하락하기 시작하더니 내가 매수한 금액의 1/3까지 주저앉았다. 결국 나는 그 정보에 투자한 돈을 전부 다 잃어버렸다.

나는 그때 펠리스 호텔 연회홀에서 두 사람이 무슨 대화를 나눈 것인지 끝내 알아내지 못했다. 하지만 내 경험에 비추어 나름의 결론을 내릴 수 있었다. 그것은 바로, 대단한 금융가도 최악의 투자자가 될 수 있다는 것이다.

어떤 주식을 선택할 것인가

주식시장에서 주식 거래로!

지금까지 나는 거의 주식시장 전체에 관한 분석에 대해서만 이야기했다. 1천 퍼센트나 심지어 1만 퍼센트에 달하는 수익률은 시기에 딱 맞는 제대로 된 주식을 보유한 사람만이 낼 수 있다.

물론 이런 순서는 의도적으로 설정한 것이다. 내 경험에 의하면 약세장에서도 수익을 낼 만큼 주식을 잘 고르는 투자자는 없다. 일반적인 추세가 하락하면 극소수의 종목만이 이런 하락세를 피할 수 있다. 성장 산업 정도는 되어야 약세장에서도 주가를 유지할 기회가 생기며, 해당 산업 분야의 최고 기업이라면 주가가 다소 오를 여지도 있다. 하지만 과연 어떤 기업이 그런 기업인지 어떻게 미리 알 수 있단 말인가? 폭풍처럼 갑자기 치솟는 강세장은 기대하기도 힘들고, 자금이 막히면 아무리 미래가 유망한 주식이라도 살 돈이 없다. 하지만 어느 순간 전반적인 주식시장 동향이 전환되어 돈이라는 요소가 긍정적으로 변하면 성장 주식의 주가는 하늘로 쏘아진 로켓처럼 솟구칠 것이다.

일반적인 상승세가 보이는 기간에도 그렇다. 유동 자금이 충분하다면 전성기가 이미 지났거나 현재 내림세를 보이는 종목도 주가가 유지될 수 있다. 하지만 그러다가 약세장이 오면 그런 주식은 폭락한다.

요컨대, 강세장에서는 최악인 종목을 선택했다고 해도 어느 정도 수익을 올릴 수 있다. 하지만 약세장에서는 최고인 종목마저도 수익을 얻기가 어렵다. 그러므로 우선 전반적인 주식 트렌드를 지켜본 후 주식 종목을 선정한다. 적어도 20년 이상의 투자 경험이 있는 투자자만이 이런 일반적인 주식 트렌드에 신경쓰지 않아도 된다.

성장 산업: 부자가 될 기회

일반적인 주식 트렌드 진단이 긍정적인 형국이라면 투자자는 성장 가능성 있는 주식을 찾아야 한다. 먼저 앞으로 가장 전망이 좋은 산업 분야를 알아내고 그 안에서 가장 유망한 기업을 걸러낸 뒤 그 주식을 사들인다. 하지만 주의하라! 이럴 때야말로 '증권거래소에서 누구나 아는 사실에는 관심을 가지지 말아야 한다'는 나의 원칙을 떠올려야 한다. 많은 사람들이 특정 성장 업계를 선택하여 주가가 극도로 치솟았다면, 그것은 향후 몇 년 어쩌면 몇십 년의 성장 가능성이 반영된 것이라 할 수 있다. 코스톨라니의 달걀 이론은 각 산업 분야 혹은 각 종목에도 적용된다. 시장 전체가 상승운동의 제2국면에 있다 해도 과매입된 상태인 주식들이 있을 수 있다.

특정 업계의 상승 및 하락은 항상 동일한 패턴에 따라 움직인다. 처음에는 많은 수의 새로운 기업들이 앞다투어 등장한다. 이 시기에는 시장이 성장하는 속도가 매우 빠르고 그 규모도 아주 커서 부실 기업도 살아남는다. 그런 뒤 업계의 성장 속도가 서서히 둔화된다. 그러다가 성장이 멈추고 양질에 대한 요구가 커진다. 이 과정은 필터로 거르는 것과 같다. 기업의 대다수는 이 '유아기'를 견디지 못하고 죽거나 합병되고, 결국 경쟁력 있는 기업만이 살아남는다. 시간이 흘러 해당 산업 분야가 침체기로 접어들면 두 번째 선별 과정이 시작된다. 모든 기업은 손실을 보게 되고 가장 강한 기업 몇 곳만이 이 위기에서 살아남아 시장을 나눠 갖는다. 오늘날 이런 기업들을 '글로벌 플레이어'라고 부른다.

19세기의 철도 회사, 20세기 초의 자동차 산업과 석유 산업이 그러했다. 제너럴 모터스, 포드, 크라이슬러와 같은 기업들이 현재의 규모에 이르기까지 얼마나 많은 자동차 회사들이 손실에 짓눌려 사라져야만 했던가? 또는 로열 더치쉘, 브리티시 페트롤리엄을 비롯한 몇몇 석유 기업이 살아남을 때까지 얼마나 많은 석유 회사들이 주가 전광판에서 사라졌던가? 나중에는 전자 산업과 컴퓨터 산업도 똑같은 운명을 겪었다. 그리고 장담하건대 앞으로 인터넷 산업 역시 마찬가지일 것이다.

새로운 분야는 지그재그식으로 발전한다. 빠르게 전진했다가 다시 뒤로 물러나고, 다시 두 번째 성장과 후퇴를 반복한다. 하지만 어떤 경우에도 처음의 상태로 되돌아가지는 않는다. 이러한 과정에서 후퇴 시 생존 능력이 없는 기업은 죽는다. 이와 평행하여 주가 역시 오르락내리락하기를 반복한다. 하지만 실제 기업의 발전에 정확히 맞아떨어지지는 않는다. 앞서 언급했던 주인과 개에 관한 이야기를 한번 더 떠올려보자.

투자자는 성장 산업을 일반 대중보다 더 빨리 파악할 수 있어야 한다. 그래야 적정한 가격에 올라탈 기회가 생긴다. 언젠가 자신이 선택한 종목이 주식시장에서 커다란 붐을 일으키면 10배, 100배의 수익률을 올릴 수 있다. 과거의 많은 종목들이 이를 입증하고 있다.

주식의 적정한 가격

주가가 주식의 실제 가치와 맞아떨어지지 않는다는 것은 명백한 사실이다. 주가는 언제나 너무 높거나 낮았다. 그렇다면 과연 주식의 가치는 객관적으로 측정할 수 있는 걸까? 만약 기업의 가치가 확실하게 정해져 있다면 증권거래소가 필요하지 않을 것이다. 그 가격을 컴퓨터로 계산하기만 하면 되니 말이다. 하지만 실상은 그렇지 않다. 그렇기에 컴퓨터를 비롯한 각종 방법으로 주식 트렌드를 측정하려는 모든 시도가 실패하는 것이다. 주식의 예측과 판단은 수많은 사람들에게 달려 있다. 그리고 사람들은 각 기업이나 특정 업계의 미래와 전망에 대해 날마다 다른 관점으로 접근하고 생각한다. 많은 요소가 판단에 영향을 미친다. 구매자의 기분, 개인적인 문제, 지난밤의 수면 상태, 가족 문제 등도 이에 포함된다.

주가수익률Price Earning Ratio, PER에 대한 판단도 오롯이 심리적인 문제다. 어떤 애널리스트들은 어떤 주식의 주가수익률이 15인 것을 두고 주식이 저평가되었다고 말한다. 그런데 다른 애널리스트는 같은 시점 같은 주식을 보고 고평가되었다고 말하기도 한다. 따라서 이러한 판단을 근거로 삼는다면 정확한 결론을 내리기가 어렵다. '저평가' 또는 '고평가'는 수학적 공리가 아니라 상대적인 판단이자 심리적인 영향이 반영된 것이기 때문이다. 만약 주가수익률을 주식 분석의 기초라고 한다면, IBM이나 마이크로소프트 외의 인터넷 주식은 사지 말아야 할 것이다. 이 계산에 의하면 인터넷 주식은 너무 고평가되었기 때문이다. 많은 인터넷 회사들이 손실을 봤거나 아직도 보고 있으며 주가수익률마저도 마이너스인 상태다. 나 역시 이러한 수치에만 의지했더라면 주식시장에서 큰 수익을 올릴 기회를 전부 놓치고 말았을 것이다.

턴어라운드 주식: 잿더미에서 살아나온 불사조

미래의 성장 산업 분야를 조기에 파악하고 그중에서도 시장점유율이 높은 우량 기업을 찾아내는 것은 정말 어려운 일이다. 지금이야 마이크로소프트 사나 IBM이 시장선도 기업으로 올라섰음이 자명하지만, 20~40년 전에는 과연 누가 이를 예측할 수 있었을까? 각 업계의 전문가이면서 기술적인 세부 지식을 정확히 알고 이해하는 투자자라면 가능했을 수도 있을 것이다. 하지만 그것은 불가능하다. 그래서 나는 소위 '턴어라운드 주식'에 투자했다.

턴어라운드는 전체 시장보다 몇 배 나은 퍼포먼스를 기대할 수 있는 기회다. 그리고 턴어라운드 기업은 심각한 위기에 처해 손해를 보고 있으며 곧 파산할 지경에 이른 기업을 말한다. 해당 기업의 주가는 물론 바닥이다. 그런데 이런 기업이 턴어라운드에 성공하여 수익을 창출해낸다면 주가는 급속도로 상승한다. 그 대표적인 사례가 바로 크라이슬러였고, 크라이슬러의 턴어라운드 성공으로 나는 큰 수익을 얻을 수 있었다.

1970년대 말, 세계에서 세 번째로 큰 자동차 생산 기업인 크라이슬러는 파산 위기에 처했을 때 나는 이 기업의 주식을 3달러에 매수했다. 중개인들은 크라이슬러가 곧 망할 것이라고 귀띔하며 최대한 빨리 팔아버리라고 권했다. 하지만 내가 볼 때 그것이 그들의 한계였다. 50달러에서 3달러로 폭락한 주식을 재빨리 되파는 것은 완전히 말도 안 되는 소리였다. 기회와 리스크는 아무런 관련이 없다. 해당 기업이 실제로 망한다면 한 주에 3달러밖에 건지지 못하지만 기업이 회생했을 때 내가 입을 손실은 30달러 이상일 수 있다. 크라이슬러의 경우 나는 중개인의 조언과 정반대로 투자했고, 결과적으로 행운의 여신은 나의 편이었다. 자동차 기업의 경영자 중 전설이 되어버린 리 아이아코카Lee Iacocca는 설득력 있는 크라이슬러의 회생 방안을 제시하며 의회에 확신을 심어주었다. 그는 새로운 모델을 출시하며 재정적 위기에서 기업을 구해냈다. 그 결과 3달러였던 크라이슬러의 주가는 폭등했고, 액면분할과 다임러와의 합병까지 계산하면 오늘날 그 가치가 약 150달러에 이르고 있다.

증권 애널리스트들이 사용하는 의미 없는 표현들

많은 증권 애널리스트와 중개인들이 주식투자와 관련하여 '투기적 투자'와 '보수적 투자'로 구분한다. 나는 이러한 구분이 피상적이고 잘못된 것이라고 생각한다. 이는 투자의 질이 아닌 양에 근거한 구분이기 때문이다. 만약 대자본가가 적은 금액으로 신뢰도가 떨어지는 기술주를 산다면 이것은 투기가 아닌 리스크를 감수하는 보수적 투자라고 할 수 있다. 반면 소시민이 본인이 가용 가능한 한도를 넘어 신용으로 매수한다면 확실히 가장 안정적인 우량주를 산다고 해도 투기인 것이다. 투기적 투자와 보수적 투자의 차이가 단순한 비율의 문제라는 점을 항상 염두에 두어야 한다.

또한 애널리스트들이 종종 "보유하라"라고 말하는 것도 사실 우스운 이야기라고 생각한다. 기존에 사둔 주식이 있는데 지금이라면 사지 않을 거라는 판단이 드는가? 그렇다면 팔아야 하는 것이다. 당장 그 주식을 팔 수 있는 기회가 있는데, 지금이라면 매수하지 않을 주식을 군이 가지고 있을 이유가 무엇인가? 만약 선뜻 주식을 팔 수 없다면 아마도 매매 수수료가 유일한 걸림돌일 것이다. 그렇지만 요즘처럼 수수료가 싼 시기에는 무시해도 될 일이다. 대부분의 애널리스트들은 이미 가격이 급등한 주식을 "보유하라"라고 권한다. 투자자가 충분한 수익을 보았다면 그 주식을 팔지 말고 계속 가지고 있으라는 뜻이다. 이것은 거의 모든 증권 분석가들이 저지르는 실수다. 그들은 주식을 그들의 시각에서만 판단한다. 어떤 주식을 100에 사서 200으로 올랐다면 이제 그 주식은 너무 비싸졌다고 말하고, 반대로 50으로 떨어지면 매우 싸졌다고 말한다. 하지만 그로부터 몇 년 전 똑같은 주식을 20에 매수한 그의 동료는 완전히 다르게 분석한다. 200에 주식을 사들인 투자자에게는 200 이하는 전부 싸게 느껴지겠지만, 20에 산 사람에게는 50도 무척 많이 오른 것이다.

주식의 값이 싼지 비싼지는 오직 기업의 기초 지표와 미래 전망에 달려 있다. 이러한 기준에 의거하여 투자자는 최대한 객관적으로 판단해야 한다. 언제 그 주식을 매수할 것인지는 중요하지 않다. 주가가 1천 퍼센트나 올랐어도 아직 살 가치가 있는 주식이 있고, 이미 80퍼센트나 하락했음에도 여전히 사지 말아야 하는 주식이 있다. 이것은 '턴어라운드 지원자'들에게도 적용된다. 파산 직전인 기업이 전부 회생에 성공하는 것은 아니다. 주식을 사기 전에 그 주식이 턴어라운드 주식이 될 수 있는 근거를 살펴야 한다. 크라이슬러에 과감히 투자하면서 나는 리 아이아코카에 걸었고 나의 판단은 옳았다. 하지만 역시 파산 직전이었던 브레머 불칸 사나 팬암 사에서는 회생 가능성을 보지 못했으므로 주식을 사지 않았다.

차트: 수익은 얻을 수도 있는 것이고 손실은 피할 수 없는 것이다

많은 사람들이 차트를 사용하여 더 좋은 주식을 발견하려고 시도한다. 나도 차트를 활용하는 방법에 대해 어떻게 생각하느냐는 질문을 종종 받고는 한다. 이에 나는 "차트를 읽는다는 건 '지식'이 만들어낸 것을 찾는 일"이라고 대답한다. 그럼에도 불구하고 나는 항상 차트를 기꺼이 보고 있다. 공자도 "과거를 알면 미래를 알 수 있다"라고 말하지 않았던가. 차트를 살펴보면 그 안에서 어제와 오늘을 파악할 수 있다. 하지만 딱 거기까지다. 오늘날까지의 가격 곡선은 바꿀 수 없는 사실이지만, 그것으로 내일까지 그릴 수 있다고 한다면 그것은 착각이다. 차트란 그저 20개 이상의 조각들로 만들어진 모자이크를 구성하는 하나의 조각에 불과하다. 분석은 이런 모자이크를 토대로 통합적으로 이루어져야 한다. 그러므로 '헤드라인 숄더 패턴', '이중 천장 패턴', '둥근 바닥 패턴' 등 그로테스크한 형태의 차트에 유혹되는 것은 곧 돈을 버리는 길이다.

차트 애용자들은 차트가 움직이며 그리는 지그재그의 작은 커브 하나하나를 들여다보며 미래의 곡선이 어떤 모양일지 예측하려고 한다. 이는 정말이지 매우 터무니없는 일이다. 그들은 앞서 언급한 패턴을 이용해 어느 지점에서 주식을 사고 언제 다시 팔아야 할지 결정한다. 하지만 나는 곡선의 어느 지점에서 다시 팔아야 할지, 다시 말해 어떤 가격 수준에서 되팔아야 할지 미리 계산해두고 주식을 산 적이 결단코 없다. 50퍼센트 낮게? 아니면 300퍼센트 높게? 실제로 내가 아는 중개인들 중에도 매일매일의 차트 전개에 따라 거래하는 이들이 족히 수백은 넘었지만, 그들 가운데 어느 누구도 큰 수익을 거두지 못했다. 오히려 정반대였다. 그들 중 다수는 얼마 지나지 않아 증권시장에서 자취를 감췄다.

나는 쿨름바흐에서 열린 한 강연에서 이와 같은 사실에 대해 말한 적이 있다. 그러자 한 남자가 자리에서 벌떡 일어나 빈정거리는 말투로 말했다.

"코스톨라니 씨, 지금 이 강연회장 밖에는 제 소유인 메르세데스 벤츠 SL이 세워져 있습니다. 그리고 저는 차트를 만드는 사람입니다만."

나는 그의 말에 이렇게 응수했다.

"그렇군요. 그건 당신이 차트를 판매하기만 하고 그것으로 주식투자를 하지 않기 때문이겠지요."

물론 차트 애용자도 여기저기서 주식 트렌드를 읽을 수 있다. 증권시장의 경주에는 위로 달리는 말 또는 아래로 달리는 말, 오직 이 두 마리의 말 밖에 없다. 그러므로 차트의 유무와는 상관없이 누구라도 찍어서 맞히는 것이 가능하다. 차트를 신뢰하는 투자자의 가장 큰 불행은 처음에 차트를 통해 성공을 맛보고 나면 그 후로는 차트에 더욱 매달리게 된다는 것이다.

언젠가 카지노 공원에 친구와 앉아 있는데 누군가 친구에게 다가와 그의 아들이 룰렛게임에 빠져 있다고 전해주었다. 그러자 친구가 뜬금없이 "내 아들이 앉아 있나, 아니면 서 있나?" 하고 물었다. 서서 게임을 한다면 이기든 지든 잠시 하고 말겠지만, 만약 그의 아들이 앉아 있다면 쉬지 않고 룰렛게임을 할 것이므로 단 한 푼도 남기지 않고 잃고는 빈털터리가 될 것이 분명하다는 의미에서였다. 이렇듯 모든 게임에는 불변의 진리가 있다. 그것이 경마 경주든 룰렛이든 주식 차트든 말이다. 그것은 바로 운이 좋으면 돈을 딸 수도 있지만, 돈을 잃는 것은 기정사실이라는 것이다.

오늘날 차트를 가장 많이 사용하는 것은 애널리스트 팀이나 은행 및 투자사다. 그들은 '차트에 따라' 고객의 돈을 운용한다. 그러므로 중개인에게 이런 종류의 고객들이 최고인 것은 전혀 놀랍지 않다. 그들은 여기저기에서 곡예를 하듯 투자하고, 수백만에 이르는 돈을 수수료로 지급한다. 이런 고객들 덕분에 중개인은 잘 먹고 잘 살며 부자가 되지만 고객에게 배당되어야 할 돈은 점점 줄어든다.

투자자의 입맛에 맞춰 수도 없이 많은 차트 이론들이 등장한다. 이 이론들에는 언제, 어떻게 주식을 사고팔아야 할지가 정확히 정해져 있다. 나는 이런 이론을 전혀 믿지 않지만, 차트를 이용할 경우 모두에게 적용되는 법칙이 하나 있다. 차트를 보는 사람은 계산 과정에 그 어떤 정치적·경제적·개인적 생각을 더하지 말고 엄격히 차트 이론에 충실해야 한다. 왜냐하면 시세란 중요한 요소들이 더해진 결과이기 때문이다. 그러한 중요한 요소들에는 우리가 미처 알지 못하는 것들이 이미 반영되어 있다. 프랑스 철학자 조제프 주베르Joseph Joubert의 말은 차트 철학에 적용되는 궁극적인 명제와 같다.

"누구든 미래를 생각하는 사람은 경외심을 가지고 과거를 수용해야 한다."

나 역시 특별히 관심을 가지고 살펴보는 차트 법칙 두 가지가 있다. 이 두 가지 차트 법칙은 차트 숭배자들의 레퍼토리에서는 흔치 않은 것으로 주가지수와는 상관없이 개별 주식과 관련이 있다. 이것은 마치 병원에서 의사가 각 환자별로 체온 측정 기록을 보며 특정한 진단을 내리는 것과 같다. 모든 환자의 평균 체온을 기록한 것은 진찰과 진단에 아무런 의미가 없다.

내가 눈여겨보는 두 가지 차트 법칙은 M·W 이론(혹은 이중상승·이중하락 이론)이다. '이중상승'이란 마지막 상한가가 다음 시세에 초과되는 것을 뜻한다. 이런 현상이 몇 차례 반복된다면 상승운동이 이어질 것이라는 결론을 내릴 수 있다. 하지만 차트가 몇 번 M의 형태를 보인다면 이것은 천장, 그러니까 최고에 도달했으므로 더는 뚫고 올라갈 수 없다는 의미다. 이때 많은 양의 주식이 매물로 쏟아진다. 그

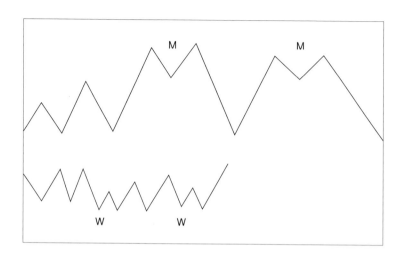

리고 이 매물이 전부 다 사라지지 않는 한 시세는 반등되지 않을 것이다. 예컨대 누군가가 세상을 떠나면서 어느 종목의 10만 주를 물려주고 주가 90에 팔라는 유언을 남겼다고 가정해보자. 그러면 주가가 90에 가까워질수록 시장에는 많은 매물이 쏟아질 것이고, 결국 주가는 떨어질 수밖에 없다. 그리고 '유산으로 받은 주식'이 다 팔리고 나면 주가는 다시 상승할 것이다.

주가가 이전의 최저점을 넘어 하락하는 시세에도 동일한 이론을 적용할 수 있다. 이것은 시세가 계속 하락할 것을 의미한다. W의 이중하락 형태가 반복되면 주가는 더는 내려갈 수 없는 바닥에 이른 것이다. 이때는 그 주식을 전부 사들이려는 기업이 배후에 있을 수도 있다. 혹은 주가를 유지하려는 세력이나 대형 은행 등이 특정 기업의 주가를 '인위적'으로 떠받치고 있는 것일 수도 있다. 이를 증권 용어로 '주가 관리'라고 한다.

M·W 이론은 가장 오래된 차트 법칙 중 하나로 평소 내가 차트를 즐겨 사용하는 투자자가 아님에도 종종 유용했다. 문제는 차트 신봉자들이 이런 차트 이론을 보조 수단이 아니라 마치 룰렛게임에 몰두하는 겜블러처럼 그 속에 푹 빠져서 컴퓨터로만 계산하려 한다는 데 있다. 많은 카지노에서 몇몇이 팀을 이루어 게임을 하는 경우를 쉽게 볼 수 있다. 한 사람은 숫자를 걸고, 다른 한 사람은 컴퓨터로 계산하고, 또 다른 사람은 그들 사이를 왔다 갔다 하면서 계산 결과를 전달한다. 그렇게 몇 시간씩 협동 작전을 펼치는데 그 결말이 어떤지는 묻지 말아주었으면 좋겠다. 저녁에 돈을 좀 따면 한껏 들떠서 행운이 자신들의 편이라고 확신하며 '백발백중'인 수학적 규칙을 발견했다고 생각한다. 하지만 정작 새벽 3시경에 이르면 그들은 이 규칙을 처음부터 다시 시도해보겠다고 주변에 몇 푼을 구걸하러 다닌다. 대부분의 차트 숭배자들이 딱 그러하다.

머니매니저

남의 돈으로 하는 투자

많은 투자자들이 자신의 돈을 전문가들에게 맡겨 대신 투자하게 한다. 알렉산더 뒤마가 말한 것처럼 이 전문가들은 거래가 남의 돈으로 이루어진다는 것을 잘 알고 있다. 그 가운데 진지하지 않은 많은 전문가들의 관심사는 한 가지뿐이다. 고객의 돈을 최대한 빨리 자신의 계좌로 옮기는 것이다. 엄청난 수수료로 고객의 돈을 약탈하거나 심지어 횡령하기까지 한다. 이들은 희생양인 고객에게 끊임없이 전화를 걸어 상품선물 거래, 은행보증 거래, 외환 거래 등을 속살거리며 감언이설로 팔아 넘겼다. 이들은 교육을 아주 잘 받은 사람들이다. 투자 자체에 대해서는 아무것도 모르지만 솔직히 고객들에게 상품을 파는 것에 있어서는 아주 유능하다. 그리고 그 결과는 대부분 오롯이 고객이 감당해야 할 손실로 남는다.

진지한 머니매니저는 주로 평균 이상의 수익률이 보장된 곳에 고객의 돈을 투자한다. 하지만 그들의 성공률은 그리 높지 않다. 대개 포트폴리오 매니저의 성과는 동일한 주식을 30년째 보유하고 있는 가정주부보다 좋지 않다. 그 이유는 무엇일까? 왜냐하면 그들이 소신파 투자자가 아니기 때문이다. 그들은 대체로 인내심과 생각이 부족하다. 생각을 충분히 하지 않는 투자자들인 것이다. 세계에서 수업료가 가장 비싼 대학을 졸업하고, 가장 복잡한 주식 분석 프로그램을 보유하고 있으며, 차트를 읽는 등 많은 것을 할 수 있지만 그것들의 상관관계를 제대로 보지 못한다. 매달 좋은 성과를 내야 한다는 압박에 그들은 여기저기 기웃거린다. 그들이 매수한 주식이 곧장 움직이지 않으면 얼마 지나지 않아 되팔아버리고, 현시점에 가장 '인기'인 종목에 뛰어든다. 이들 중 일부는 거래중독증 환자가 되어버린다. 그러다가 부를 증식하기는커녕 맡고 있는 돈을 전부 잃고 만다.

요컨대, 펀드매니저든 자산관리사든 투자 상담가든 남의 돈으로 투자하는 사람이라면 청렴하고 투철한 책임의식을 품고 있어야 한다. 경험도 많아야 하며 소신파 투자자들처럼 '4G(돈, 생각, 인내, 행운)' 요소도 지녀야 한다. 책임감이 투철한 사람은 과도한 리스크를 감행하지 않을 것이며 맡겨진 돈을 적어도 자신의 것처럼 조심스럽게 다룰 것이다. 자기 돈으로 하는 투자든 남의 돈으로 하는 투자든 경험은 최고의 학교다. 이 경험을 투자에 성공적으로 연결하려면 4G가 필요하다. 그중 하나라도 충족되지 않으면 고객을 위해 매일 16시간씩 일한다고 해도 소용이 없다. 언젠가 몰리에르가 "너무 많이 아는 어리석은 자는 아예 무지한 사람보다 두 배는 더 어리석다"라고 말했던 것처럼 말이다.

투자펀드: 다수의 장기투자자를 위한 버스

사실 이 개념이 새로운 것은 아니다. 이미 60여 년 전에 나는 투자펀드에 대해 듣고는 감탄을 금하지 못했었다. 젊은 시절부터 나와 절친한 이므레 드 베그는 미국에서 펀드 개념을 도입한 선구자들 중 하나였다. 물론 펀드 분야에도 부정적인 폐해가 있었고, 특히 나는 독일에서 IOS펀드와 관련하여 좋지 못한 경험을 한 적이 있었다. 1969년, 한창 IOS펀드 판매가 유행하던 시절 나는 바이에른 히포테켄 은행에서 주최한 투자자 회의에 참석했다. 서독 시절 수도 본에서 열린 국무위원회는 외국투자법을 설명하면서 투자기구로서 펀드가 지닌 유용성에 대해 이야기했다. 그들은 투자펀드가 자가용이 없는 모든 사람들에게 안성맞춤인 버스와 같다고 비유했고, 여기서 펀드매니저의 역할은 마치 버스 기사와 동일하다고 설명했다. 그때 나는 다소 도전적인 말투로 이렇게 질문했다.

"하지만 그 운전기사가 운전면허증을 가지고 있는지 없는지 여부는 어떻게 알 수 있습니까?"

어쨌거나 투자 분야는 지난 몇 년 동안 상당히 성장했다. 그 통제 방식 또한 훨씬 효율적으로 발전했고, 일반펀드, 특별펀드, 연금펀드 등이 주식의 많은 비중을 차지하고 있으며, 주식시장의 토대가 되었다. 국민경제학적으로 이것은 매우 중요한 역할을 한다. 투자펀드를 통해 소액 예금주들도 경제 발전의 성과를 나눠 가질 수 있게 된 것이다. 1천 마르크 이하 또는 매달 50마르크의 자본만으로도 매달 주식을 사는 것이 가능했다. 그리고 이러한 소액 투자 방식으로 산업 도약을 이끄는 데 동참할 수 있었다. 나는 이것이 마르크스의 이론에 정면으로 맞설 수 있는 최고의 수단이라고 본다. 모든 사람들이 아주 작은 자본으로 투자로 아주 작은 자본가가 될 수 있기 때문이다. 소규모의 주식 보유자들이 공산주의에 맞서는 최고의 방벽을 세우는 것이다. 왜냐하면 그들이 스스로 민주주의적이고 자유주의적인 자본주의를 실현하고 있는 셈이기 때문이다. 그렇기에 서유럽 정부들이 투자 산업의 발전에 호의를 보이는 것이다.

하지만 날이 갈수록 펀드를 선택하는 일이 점점 어려워지고 있다. 각기 다른 투자 종목으로 구성된 수천 개의 펀드가 있기 때문이다.

더욱이 펀드매니저는 각각의 고객들에게 개별적으로 상담해줄 시간이 없다. 그러므로 펀드의 질은 오롯이 성과로만 측정해야 한다. 이때 지난 3년간의 결과뿐 아니라 10년간, 가능하다면 20년간의 결과를 살펴봐야 한다. 지난 3년간 좋은 성과를 낸 기업이라도 단순히 운이 좋았던 결과일지도 모르기 때문이다. 하지만 그보다는 어떤 가치와 전략으로 그러한 결과물에 도달한 것인지가 훨씬 중요하다.

펀드는 어떤 면에서는 레스토랑과 비슷하다. 식재료의 질도 중요하지만 셰프의 요리 실력이 더욱 중요하다. 최고급 재료를 써도 음식 맛을 제대로 내지 못하는 셰프도 있다. 반면 진정한 대가는 아주 소박한 재료만으로도 훌륭한 요리를 내놓을 수 있다.

헤지펀드: 이름만으로도 사기

앞서 투자펀드를 다룰 때 헤지펀드를 이야기한 것은 절대 아니다. 헤지펀드는 그 이름만으로도 대중에 대한 100퍼센트 사기이고, 심지어 이중적 사기다. 우선 그것은 '헤지(보증)'도 아니며 펀드도 아니기 때문이다. 헤지펀드는 애당초 선진 자본시장과 투자자 보호법이 있는 나라에서는 아예 펀드로 허가가 나지 않을 것이므로 펀드라고 할 수도 없다. 따라서 투자자들은 이런 사기에 문이 열려 있는 작은 섬

나라에 둥지를 틀어야 했다. "저기 먼 나라로, 너희들이 발길이 닿지 않는 그곳으로"라는 로엔그린의 노래 가사처럼 말이다.

그리고 헤지 거래는 이런 펀드를 조성하지도 않는다. 사실 헤지 거래란 이와는 완전히 다른 것이다. 예컨대 금광 주식을 보유 중인데 반대로 금을 선물로 판다면 위험을 제거한 포지션에 오르게 된다. 금값이 하락하면 금광 주식도 약세로 돌아서지만 선물시장에서는 수익이 생긴다. 반면 금값이 오르면 광산 주식은 강세가 되어 선물시장에서 본 손해를 상쇄하게 된다. 이런 것이 헤지 거래다. 하지만 헤지펀드는 자기 자본의 몇 배가 되는 돈을 놓고 한 방향으로만 투기를 한다. 헤지펀드는 외환, 채권 또는 원자재 선물 거래에 최소의 투자금만으로 투기를 시작하며 그 밖에 필요한 자금은 신용으로 빌려온다.

그러므로 이것은 그야말로 도박이다. 내가 게임판에서 만난 사람에게 이렇게 말하는 것이나 마찬가지다.

"당신은 이 게임을 전혀 이해하지 못하는군요. 그러니 어서 내게 돈을 주고 두 시간 정도 산책을 다녀오시오. 그사이에 내가 당신 돈으로 룰렛게임을 해주겠소."

두 시간 뒤 산책을 하고 돌아온 그에게 돈을 다 잃었다고 말하면, 몹시 화가 나긴 하겠지만 그는 그저 집에 돌아가는 것 외에는 달리 할 수 있는 것이 아무것도 없을 것이다.

1993년 영국 파운드화의 평가절하에 투자해 100퍼센트 이상의 수익을 거뒀다는 조지 소로스의 성공은 대중들로 하여금 헤지펀드에 열광하며 들썩거리게 만들었다. 대다수의 사람들이 헤지펀드 매니저는 수익을 확실히 보장한다고 생각한다.

지금으로부터 15년 전에 내가 알았던 어느 발레리나 역시 그런 이야기를 한 적이 있었다. 어느 날 그녀는 세계적인 안무가인 남편과 오랫동안 토론을 벌였다고 했다. 투자펀드에 대해 토론하다가 서로 언성이 높아졌는데, 그녀의 남편은 투자펀드의 옹호자였고 그녀는 헤지펀드의 옹호자였다. 무엇을 근거로 그런 낙관주의를 가지게 된 것이냐는 나의 질문에 그녀는 짧지만 깨달음을 주는 대답을 했다.

"아시나요? 증권시장은 항상 오르지만 않아요. 언제라도 떨어질 수 있답니다. 그리고 그렇게 하락장이 올 때도 돈을 벌 수 있거든요."

그렇게 나는 증권투자의 중요한 두 원칙을 이 발레리나에게서 배울 수 있었다.

"헤지펀드는 약세장을 보고 투자를 하지요. 지금 보유하고 있지 않은 증권을 파는 거죠. 주가가 하락하면 이 주식을 다시 싸게 살 수 있고, 주가가 오르면 헤지펀드는 강세장 포지션으로 돈을 벌지요. 그러니까 주가가 오르든 내리든 수익은 보장된 거랍니다."

그녀가 설명했다. 처음에는 이 말이 매우 논리적이고 단순명료하게 들렸다. 헤지펀드 수익이 얼마나 확실한지는 지난 가을 롱텀 캐피탈 매니지먼트의 파산으로 입증되었다. 스위스의 UBS, 메릴린치

등 16개의 대형 은행이 이 펀드에 억대 이상의 금액을 위탁했고, 결국 손실을 입었다. 이 펀드를 구제하려면 정부 차원의 어마어마한 지원이 필요했다. 그때 무슨 일이 있었던 것일까? 펀드매니저들은 (그중 2명은 노벨상 수상자였고 하버드대학 수학과 교수였다) 미국이 금리를 인상할 것이라 판단하고 거기에 돈을 베팅했다. 당시 미국 연방준비제도위원회 의장인 그린스펀이 예전부터 금리를 인상할 것이라 공공연하게 위협하곤 했다. 러시아의 채권 금리가 미국보다 훨씬 높았기 때문에 이들은 미국 국채를 팔아버리고 러시아의 달러 채권을 매입했다. 하지만 이것은 정말 상상도 할 수 없는 실책이었다. 당시 러시아의 재정 상황은 불투명하기 그지없었고 언제라도 위기가 닥칠 수 있는 풍전등화였다. 실제로 위기가 닥쳐고, 러시아의 채권은 하락한 반면 미국 채권은 올라갔다. 그런 상황에서 상당 부분이 신용으로 조성된 펀드는 파산을 피할 재간이 없었다. 롱텀 캐피탈에 돈을 대출해준 은행들은 막대한 손실을 감수해야 했고, 개인투자자들 역시 수백만 달러를 잃었다.

그러므로 나는 누구든 헤지펀드에 투자하겠다고 하면 절대 그러지 말라고 조언한다.

투자 컨설턴트: 그들의 기쁨은 고객의 고통

여기서 투자 컨설턴트란 은행 직원과 중개인들을 가리킨다. 이들은 고객에게 전반적인 투자 전략을 조언하며 특정 주식이나 채권, 펀드 등을 추천한다. 하지만 대개 전권을 손에 쥔 머니매니저가 아니므로 매 건마다 상담하고 고객과 합의를 한다. 이로써 고객은 투자를 효율적으로 통제하며 개별적인 상담을 통해 자신의 컨설턴트에 대해 명확히 파악할 수 있다. 겉으로 보기에는 그렇지 않지만 사실 모든 브로커들과 투자 컨설턴트들은 고객과 이익 갈등을 겪고 있다. 이들은 실적을 올려야 돈을 벌 수 있는데, 이것이 종종 고객에게 매우 좋지 않은 결과를 안겨주곤 한다. 중개인은 가능한 많이 사고, 다시 팔아야 한다. 각각의 거래마다 수수료가 발생하고 그중 일부가 그들의 몫이기 때문이다. 그러므로 아무 거래도 일어나지 않으면 수입도 없는 것이다. 독일에서는 이런 문제를 예방하는 차원에서 투자 컨설턴트도 고정적인 급여를 받는다. 그러나 승진하려면 실적을 올려야 하기 때문에 간접적으로는 미국 투자 컨설턴트들과 마찬가지로 이익 갈등을 느낀다.

구체적인 사례를 살펴보자. 한 고객이 IBM의 주식 1천 주를 보유하고 있는데, 그의 주식중개인은 주가가 계속 올라갈 거라 생각한다. 이때 중개인이 고객에게 주식을 계속 보유하라고 조언하면 그에게는 아무런 이익도 발생하지 않는다. 그래서 그는 고객에게 IBM 주식을 팔고 컴팩Compaq 주식으로 갈아타기를 권유한다. 그러면 IBM 주식을 팔면서 한 번, 또 컴팩 주식을 사면서 또 한 번 총 두 번의 거래 수수료를 얻을 수 있다.

나 역시 제2차 세계대전이 일어나기 이전에 오랜 기간 투자 컨설턴트로 일했기 때문에 이들의 생리에 대해 잘 알고 있다. 꼭 그래서만은 아니지만 나는 그들에게 높은 점수를 주지 않는다. 고객의 편에 서서 고객이 승승장구하게 도움으로써 장기적으로 고객의 수를 늘리는 데에 초점을 두고 만족감을 추구하는 이들은 극히 드물다. 대부분은 그저 급변하는 달러 환율만 바라보며 빠르게 돈을 버는 일에만 몰두한다. 나는 지금까지 약 70명의 투자 컨설턴트 및 기관투자자들과 일해왔다. 그중 신뢰할 수 있는 사람은 기껏해야 5명에 불과했다. 그래서 나는 대개의 경우 컨설턴트의 조언과는 반대로 실행했다. 그러면서 나는 유명한 오페라 아리아에 나오는 "오스카는 알지만, 말하지는 않지"라는 가사를 "중개인들은 그러라고 말하지만, 아는 게 아무것도 없지"라고 개사해서 부르곤 했다.

자산관리사: 머니매니저 중의 재단사

성실한 자산관리사는 앞서 설명한 투자 컨설턴트의 이익 갈등을 겪지 않는다. 이들의 수입 중 대부분은 이들이 고객을 위해 달성한 성과에 따른 수익에 의해 결정된다. 고객이 돈을 벌면 이들도 벌고, 고객이 돈을 잃으면 이들도 수익을 잃는다. 자산관리사의 정산 체계가 투자의 성공을 지향하면 할수록 바람직한 것이다. 오늘날 자산관리사는 과거의 자산관리사, 즉 유대인 은행가들이 맡았던 역할을 수행하고 있다. 그들은 고객과 개인적으로도 잘 알았으며, 예금 사정을 넘어 심지어는 친구나 연인 관계에 대해서도 알고 있었다. 과거의 자산관리사는 소심한 할머니, 자녀가 있는 가장, 자본력이 있는 젊은 계층을 각각 다른 방식으로 대했다. 왜냐하면 어떤 투자가 좋은지 그렇지 않은지는 투자 방식뿐 아니라 투자자에게 달려 있기도 하기 때문이다. 이런 이유로 나는 일률적인 방식으로 투자에 대해 추천하는 것을 지양한다. 추천 종목을 입에 올리기 전에 조언을 구하는 상대를 파악하고 철저히 '규명'해야 하기 때문이다.

현재 은행에서는 창구에서 일반 상담을 하며, 개별적 업무는 사실상 후퇴했다. 은행에서는 '기성 투자 상품'을 판매한다. 이에 비교하면 자산관리사는 '맞춤 재단사'이며, 이것에 내가 자산관리사를 더 선호하는 이유다.

모험을 하려는 사람들에게

손해도 모험의 일부다

이제 마지막 장이다. 어쩌면 일부 독자들은 "그러면 나도 증권투자라는 정글 속으로 뛰어들어 투자자로서 나의 운을 시험해봐야 하지 않을까?"라고 질문할지도 모른다. 언젠가 내 증권투자 세미나에 참석했던 한 학생이 내게 질문했다.

"만약 아들이 있는데 그 아들이 투자자가 되겠다고 한다면 어떻게 할 겁니까?"

나는 이렇게 답했다.

"아마도 반기지는 않을 것 같군요. 내게 아들이 있다면 첫째는 음악가가 되었으면 좋겠네요. 그리고 둘째는 화가, 셋째는 작가 아니면 저널리스트를 시킬 겁니다. 하지만 넷째까지 있다면, 그러면 나머지 셋을 먹여 살려야 하니 꼭 투자자를 시켜야겠군요."

솔직히 나는 누구에게도 투자자가 되라고 조언하지 않는다. 하지만 그러려고 마음먹은 사람을 말리기란 어려운 일이다. 한번 '투자병'에 걸린 사람은 쉽게 헤어나오지 못하기 때문이다. 주식투자를 해본 독자라면 분명 내 말이 무슨 뜻인지 잘 이해할 것이다. 다만 투자병에 걸린 사람이라도 나의 경험에서 무언가를 배울 수 있다면, 그중 몇 명은 주식 노름꾼에서 현명한 투자자로 거듭날 수도 있을 것이다.

증권을 제대로 이해하고 어느 정도 통달하려면, 많은 수업료를 지불해야 한다. 재차 말하지만 투자로 번 돈은 고통이 수반된 돈이다. 먼저 고통이 있고, 그다음에 돈이 따라온다.

마치 공포의 전염병인 페스트처럼 투자자들이 꼭 경계해야 할 사항이 있다. 어떤 수단을 동원해서라도 한 번 잃어버린 돈을 '되찾으려는' 시도는 무모하다는 것이다. 만약 손실을 보았으면 그 즉시 인정하고 책상을 깨끗이 정리한 뒤 0에서부터 다시 시작해야 한다.

하지만 투자자에게 가장 어려운 일이 바로 주식에서 본 손실을 받아들이는 것이다. 이것은 외과 수술과 유사하다. 독사에게 팔을 물렸다면 온몸에 독이 퍼지기 전에 팔을 절단해야 한다. 이는 빠르면 빠를수록 좋지만 매우 힘든 일이다. 100명의 투자자들 가운데 그런 상황에서 현명하게 대처할 수 있는 사람은 고작 다섯에 불과하다. 대다수의 증권 투기꾼이 저지르는 용서받을 수 없는 실수는 수익에 한계를 정하고 손실을 더 부풀리는 것이다. 이 경우 결과적으로 이익은 줄어들고 손실은 커진다. 올바르고 숙련된 투자자는 수익을 키우고 손실은 비교적 적은 상태에서 잘라낸다. "작은 물고기가 좋은 물고기"라는 말은 증권 거래에 맞지 않는다. 차라리 "작은 것에 집착하는 사람은 큰 것을 가질 자격이 없다"라는 격언이 맞을 것이다. 다음의 유대인 속담도 가슴에 새길 만하다.

"기왕 돼지고기를 먹으려면 가장 기름진 부위를 먹어라."

이미 증권투자에 뛰어들었다면 적어도 이익을 맛봐야 한다는 뜻이다. 투자자는 포커 플레이어처럼 패가 나빠도 적게 잃고, 패가 좋으면 많이 벌어야 한다. 또한 매일 결산을 내고, 벌어들인 수익이 얼마인지 계산하지 말아야 한다.

시간의 문제가 아니다

인터뷰를 보면 하루에 16시간씩 일한다고 말하는 펀드매니저들이 더러 있다. 그것은 일반적인 직업을 가지고 부양할 가족이 있는 평범한 투자자들의 힘을 빠지게 하는 말이다. 대부분의 사람들은 실시간 시세 정보와 성능 좋은 컴퓨터를 가지고 일하는 전문가와는 경쟁

할 수 없을 거라고 생각한다. 하지만 결코 그렇지 않다. 사실 전문 증권거래인들이 하는 업무의 95퍼센트는 시간 낭비다. 그들은 온종일 차트와 사업보고서를 읽지만 그에 대해서 깊게 생각할 시간이 없다. 하지만 투자에 있어 가장 중요한 것은 바로 생각이다. 그리고 생각은 어디에서나 가능하다. 산책 중에, 조깅할 때, 자전거를 타면서, 비행기 안에서, 차를 타고 이동 중에, 식사할 때는 물론, 내가 가장 좋아하는 시간인 음악을 들으면서도 가능하다. 하지만 완벽하게 정해진 교육만 받은 전문 투자자들은 특정 분야에만 전문화되어 있고 그곳에서만 자신의 성공을 찾는다. 만약 전문가 가운데 스스로 생각하는 사람이 있다면 근무 시간과 상관없이 동료들의 90퍼센트를 앞질러 가고 있는 셈이다.

유명세에는 대가가 따른다

친구, 이웃 또는 같이 운동하는 지인들 사이에서 주식투자로 성공했다는 말을 한 번이라도 들어본 사람은 그 명성을 내려놓기가 매우 힘들다. 노동을 하지 않고도 돈을 벌 수 있다는 가능성은 거의 모든 사람들을 매혹시킨다. 스포츠클럽, 카페, 미용실, 연극 또는 오페라 공연장 등 어디든 그가 나타나면 사람들의 질문이 쏟아진다. 그러나 매혹적으로 들리는 것에는 그늘이 있기 마련이다.

개인적으로 위대한 작곡가이자 바이올리니스트인 프리츠 크라이슬러와 마주할 기회가 있었을 때 나는 그와 음악에 관한 대화를 얼마나 나누고 싶었는지 모른다. 하지만 그런 기회는 영영 오지 않았다. 그는 내게 끊임없이 투자에 대한 조언을 구하기만 했다. 왜냐하면 당시 그의 가장 큰 고민거리가 바로 시장에 남아야 할지 아니면 모든 것을 던지고 떠나야 할지 선택하는 것이었기 때문이다. 그래서 자신보다 내가 증권시장의 불협화음을 잘 들을 수 있는 귀를 가졌다고 여기고 내게 질문을 쏟아냈던 것이다. 사실 나와 비교했을 때 그에게는 굉장한 장점이 있었다. 오전에 증권시장에서 돈을 잃어도 저녁이면 바이올린 연주회로 '만회'할 수 있었으니 말이다.

전쟁이 끝난 후 스위스에서 내게 나의 음악적 우상이었던 리하르트 슈트라우스와 친구가 되는 커다란 행운이 주어졌다. 우리는 취리히 근처의 바덴에 있는 바레나호프에서 종종 함께 식사를 했는데, 그때마다 나는 이 대가가 음악에 대해 하는 말 한 마디 한 마디에 귀를 기울일 준비가 되어 있었다. 하지만 그것도 부질없는 일이었다. 항상 주제는 돈에 관한 것뿐이었고, 그의 부인인 파울리네도 늘 증권시장에 대해서만 물어보았다.

증권거래는 모든 사람을 자극한다. 다음의 이야기도 이를 보여주는 매우 전형적인 사례 중 하나다. 프랑스 리비에사에 살던 시절 나는 부다페스트 출신의 내 친구 야노스를 자주 집에 초대하곤 했다. 그는 대단한 문화 애호가로 특히 프랑스 문학에 조예가 깊었다. 언젠 가 그를 기쁘게 하고 싶었던 나는 내 프랑스인 친구들과 이웃들, 작 가들을 초대했다. 그중에는 콩쿠르상 수상자인 M. C.도 있었는데 그 는 미국의 불문학 교수이자 예술비평가였다. 나는 프랑스 친구들 앞 에서 내 헝가리 친구를 자랑하며, 공산국가인 헝가리에 신진 프랑스 문학이 얼마나 잘 알려져 있는지를 보여주고 싶었다. 야노스는 이 문 학 교류를 위해 하루 종일 철저히 준비했다. 하지만 유감스럽게도 기 껏 준비한 문학적 대화는 꺼낼 틈이 없었다. 초대한 손님들이 하나같 이 내게 전기, 유가, 금값, 금시장 등에 대해 질문을 퍼부었던 탓이다. 그런 가운데 내 불쌍한 친구 야노스는 말 한 마디 꺼낼 기회조차 없 었다. 그는 우울한 표정으로 꿔다 놓은 보릿자루처럼 말없이 자리에 앉아 있었다. 그렇게 내가 계획했던 프랑스 문학의 밤은 대혼란 속에 끝나버렸다.

나는 내 유명세를 톡톡히 치른 셈이었다. 그렇기에 만약 누군가 예 술가, 소설가 또는 다른 멋진 유명 인사들을 초대할 때 나를 부르려 한다면 그러지 말라고 미리 경고하곤 했다. 내가 그곳에 있는 것만으 로도 분위기를 망칠 수 있기 때문이다. 그러므로 주의하기를 바란다! 이는 나뿐만 아니라 능력 있는 주식투자자로 명성을 쌓은 사람이라 면 누구에게나 일어날 수 있는 일이다.

증권과 사랑, 그리고 증권에 대한 사랑

증권과 사랑에 빠진 투자자는 그 외에 다른 것에서는 아무런 의미도 찾지 못하게 된다. 그런 투자자들은 인생에서 많은 것을 놓치기 마련이므로 심히 우려되는 바다. 만약 내 인생에서 맛있는 음식과 좋은 와인, 아름다운 여성들, 그리고 음악이 사라진다면 얼마나 단조롭겠는가! 또한 다음 일화에서 볼 수 있듯이 증권과 사랑에 빠진다는 것은 단순히 걱정스러운 차원을 넘어 위험하기까지 하다.

이 이야기의 주인공은 자신을 증권과 일치시키는 매우 특이한 사람으로, 마치 투자를 위해 존재하는 것 같았다. 그는 평소 빈에 거주했지만 증권시장, 전화, 팩스만 있으면 전 세계의 어느 도시에서도 살 수 있었다. 텔레타이프, 통계 연감, 시세 메모, 전 세계의 유명 금융 잡지 등이 가득한 사무실만 있으면 다른 것이 더 필요하지 않았다. 수익을 올릴 때마다 그의 얼굴에는 환한 미소가 퍼졌다. 그에게는 벽에 걸린 차트와 숫자만이 중요했고, 그 외의 모든 것은 무의미했다. 그의 일과 시간표마저 증권거래소에 의해 결정됐다. 길을 걸을 때도 주변은 전혀 인지하지 못한 채 멍한 눈빛으로 목적지를 향해 성큼성큼 걸어가기만 했다. 거리의 매장 쇼윈도 너머에 진열된 밍크코트나 다이아몬드 목걸이, 광고판의 아리따운 여인도 그의 눈에는 전혀 들어오지 않았다. 화창한 날에도 흐린 날에도 그는 마치 앞만 바라보도록 관자놀이에 눈 가리개를 댄 경주마처럼 오직 증권거래소만 보며 걸었다. 개장을 알리는 첫 번째 종소리가 울리기 전에 도착하려고 달리는 일도 불사했다. 그런 그에게 증권거래의 폐장을 알리는 두 번째 종소리는 흡사 죽음을 알리는 소리처럼 느껴졌다.

다행히도 사무실로 돌아오면 그는 다시 즐거움을 느낄 수 있었다. 그는 책상에 앉아 텔레타이프와 전화로 외국과 연락을 주고받았다. 주식, 외환, 원자재. 이것이 그가 사는 세상의 전부이자 그가 행복하다고 믿는 유일한 장소였다.

그는 소위 '투자 귀신'이 씌인 사람이었다. 모든 일상이 투자와 관련되어 있었고, 또 거기에서 출발했다. 아침에 면도를 할 때는 '질레트' 주식을, 타자기로 타이프를 칠 때는 '레밍턴' 주식을, 음료를 주문할 때는 '코카콜라' 주식을 떠올렸다. 일상에서 쓰이는 모든 물건들이 그에게는 투자 가치를 따져봐야 할 투자 종목이었다. 셔츠에 쓰인 면, 넥타이의 실크, 커피에 넣은 설탕 등 모든 원자재가 투자 대상이었고, 봄이 와도 봄에 대해서 그가 아는 것이라고는 프랑스 파리에 있는 '프랭탕Printemps(프랑스어로 '봄'을 뜻하는 말)' 백화점의 주가곡선이 전부였다.

어느 날 아침 그는 평소보다 서둘러 증권거래소로 향했다. 라디오에서 특정 기업에 관한 악재를 보도하며 약세장을 예고했는데, 그것이 그에게는 매우 좋은 소식이었던 것이다. 그는 앞으로 벌어들일 수익을 생각하며 커다란 만족감에 도취되었다. 그렇게 계단을 한 번에 네 칸씩 성큼성큼 뛰어오르며 증권거래소에 도착하자 여기저기에서 불경기를 알리는 소리들이 그의 귓가에 들려왔다. 그의 귀는 모차르트나 바하는 제대로 들을 줄 몰랐지만, 강세장의 장조나 약세장의 단조는 너무나 명확히 구분했던 것이다.

그때 예상하지 못한 일이 벌어졌다. 거래소로 들어서는 복도에 사다리 하나가 놓인 채 길을 가로막고 있었다.

"복도에 웬 사다리가 있담? 오늘 큰일을 해야 하는데 뭐든 실수가 일어날 여지를 남길 수는 없지!"

툴툴거리며 사다리 위를 올려다본 그는 갑자기 명치를 한 대 세게 맞은 것 같은 충격을 받았다. 사다리 꼭대기에 있던 한 아름다운 금발 여성이 그를 내려다보며 미소를 짓고 있었던 것이다. 그 자리에 멍하니 선 그는 잠시 그녀를 위아래로 훑어보았다.

'설마 저 여성이 내게 미소를 지은 것은 아니겠지? 지금 내가 무슨 쓸데없는 생각을 하는 거야. 미쳤군, 미쳤어.'

그는 정신을 차리려 애쓰며 서둘러 거래소 안으로 들어갔다. 하지만 그녀의 미소가 계속 그를 쫓아왔다. 방금까지 그를 한껏 흥분시켰던 시세가 전혀 눈에 들어오지 않았고, 어느새 손까지 조금 떨리고 있었다. 동료들이 건네는 축하 인사도 들리지 않았고 방금 전에 보았던 의문의 미소만 떠올랐다. 사방을 둘러봐도 자꾸 그녀의 모습만 아른거렸다. 마침내 폐장을 알리는 두 번째 종소리가 들렸다.

건물 밖으로 나서며 그녀를 한 번 더 볼 수 있을까 기대했지만 그녀는 그곳에 없었고 사다리조차 보이지 않았다. 집으로 돌아가는 길에도 그는 깊은 생각에 잠겨 평소보다 느리게 걸었다. 그러자 지금까지 무심코 지나쳤던 거리의 모든 사물들이 갑자기 의미를 지닌 것처럼 생생하게 다가왔다. 쇼윈도 안의 마네킹은 그녀의 금발을 연상시켰고, 빛나는 다이아몬드 너머로 그녀의 아름다운 미소가 보이는 듯했다. 여행사의 광고판에 그려진 젊은 여성마저도 그녀와 꼭 닮아 보였다.

집에 도착한 후 전화벨이 수차례 울렸지만 그는 수화기를 들지 않았다. 텔레타이프도 쉴 새 없이 작동되었는데 평소라면 당장 뛰어갔을 그가 좀처럼 자리에서 일어날 기색이 없었다. 그날 저녁만큼은 전보도 거의 보내지 않았고, 도착한 것은 아예 열어보지 않았다. 외국 증시의 폐장 시세마저도 그의 관심을 전혀 끌지 못했다. 뉴욕, 시카고, 부에노스아이레스 역시 그에게 아예 존재하지 않는 곳이나 다름없었다.

늦은 밤에도 그는 잠을 이루지 못했다. 눈앞에 자신의 지난날들이 흘러갔다. 미소 하나 없이 공허하기만 했던 시간들, 오직 투자에만 매달렸던 나날들이 주마등처럼 머릿속을 스쳤다. 아침까지 곰곰이 생각에 잠겼던 그는 그녀를 다시 만나면 모든 것이 달라질지도 모른다는 말도 안 되는 결론을 내렸다. 발걸음을 재촉해 증권거래소에 다다랐지만 그 여성은 그 자리에 없었다. 그는 매우 실망했다. 그의 동료들은 그가 증권투자를 시작한 이래 처음으로 시세가 아닌 다른 것에 몰두하는 모습을 지켜보았다. 폐장을 알리는 종소리가 울리자 다소 그는 날카롭고 예민한 표정으로 급하게 자리에서 일어났다.

그때 그녀가 다시 등장했다! 그녀는 거래소 안쪽의 관리인 좌석에 앉아 있었다. 그는 열린 창문 사이로 그녀가 거울을 보며 긴 금발을 빗어 내리는 모습을 바라보았다. 그러다 거울을 통해 그녀와 시선이 마주쳤고, 마치 자신이 그녀에게 '날 기다려주오!'라고 말하고 그녀가 '네'라고 화답한 것 같은 기분이 들었다.

집으로 돌아가는 내내 그는 TV 드라마에서나 나올 법한 인생의 극적인 변화를 겪은 기분이 들었다. 그리고 집에 도착하자마자 그는 결정을 내렸다. 당장 그가 꼭 잡아야 하는 인생이 바로 그곳에 있었다. 이번만큼은 어떤 수를 쓰든 꼭 잡고 싶었다. 그는 일을 시작했다. 며칠에 걸쳐 그는 전보를 치고 매매 주문을 했다. 그런데 이번에는 신규 투자를 위한 것이 아니었다. 그 반대로 그는 자신이 보유한 계약을 전부 해지하고, 증시가 약세일 경우를 대비해 공매도 했던 것을 상환하고, 매입한 것을 전부 팔았다. 단 일주일 만에 그는 자신의 모든 사업을 정리했다. 그런 뒤 외국으로 여행을 떠나 사업 파트너들을 만난 후 보유한 전 계좌를 해지하고 돈을 찾았다.

여행의 마지막 날 저녁, 그는 마침내 남은 계좌를 모두 완벽하게 정리하고 짐을 싼 후 돌아갈 채비를 했다.

'지금부터는 완전히 새로운 삶이 펼쳐질 것이다. 이제 돈을 전부 예금 통장에 넣고 다시는 증권투자를 생각하지 않겠다. 돌아가서 그 여인의 손을 잡고 동화처럼 그녀와 함께 앞으로 오랫동안 행복한 삶을 살 것이다.'

기차에 탑승한 그는 행복한 꿈에 젖어 있었다.

"드디어 찾았군! 내가 몇 주 전부터 자네를 얼마나 애타게 찾았는지 모를 거라네!"

그때 증권중개인이자 투자자인 그의 옛 친구와 우연히 마주쳤다. 친구는 그를 발견하고는 기차가 떠나갈 듯 큰소리로 말했다.

"자, 한번 들어보게. 내가 지금 세기의 투자가 될 만한 건을 찾았는데 말이야. 이건 엄청난 종목이라고."

"난 이제 관심이 없어. 투자를 그만둘 생각이거든."

"자네 정신이 나갔나? 정말 말도 안 되는 농담이야. 지금 이렇게 대화를 나눌 시간도 아까울 지경인데 말이지. 이런 기회는 자주 오는 게 아니라네!"

"그게 무엇이든 소용없네. 이제 모든 것을 그만두기로 했다고 말하지 않았나. 투자라면 이미 충분히 해봤으니까."

"그러지 말고 들어보기나 해보게. 내 얘기를 들으면 자넨 아마……."

친구의 말을 멈추기 위해 그는 뭐라 항의하려 했지만 그러기엔 이미 늦은 뒤였다.

"지금 가죽을 사야 하네. 뉴욕 증권거래소의 원자재 말일세. 이건 확실한 투자라고. 시세가 이미 상승 흐름을 타긴 했지만 앞으로 계속 오를 거고 또 거기서 더 많이 오를 거야. 러시아인들이 구할 수 있을 만큼 사들일 테니까. 지금 모두가 서두르고 있어. 아르헨티나, 캐나다 할 것 없이 세계의 모든 시장에 그들의 대리인들이 나가 있다네. 곧 시장에서 물건이 동날 테니 독일의 신발 공장도 가죽 물량 부족으로 기계를 멈춰야 할 거야."

친구는 자신만의 열정에 빠져 끊임없이 말을 쏟아냈다.

"내 말 좀 잘 들어보라니까. 원래 가죽 가격이 오르는 건 다른 생산물과 관련이 없다네. 가죽이 부차생산물이기 때문이지. 즉, 가죽을 얻으려 소를 잡지는 않는다는 소리야. 보통 원자재는 가격이 상승하면 생산량이 늘어나지만 가죽만큼은 그렇지가 않아. 구리의 사례만 봐도 알 수 있지. 몇 년 전 가격이 오르기 시작하니까 구리 광산이 다시 활성화되지 않았던가. 고무도 그랬고, 최근에는 위스키도 그랬지. 지금 니켈도 그리 될지 누가 알겠나. 하지만 가죽 가격이 아무리 올라도 육류 소비량이 늘어나지 않는 한 도살꾼들은 도살하는 소의 수를 늘리지 않을 거라네. 그런데 육류 소비량은 줄어들지도 몰라. 요즘은 송아지고기도 많이 먹고, 특히 미국에서는 야채와 돼지고기, 조류, 어류를 더 선호하는 분위기니까. 그러니 앞으로 가죽 생산량이 늘어날 가능성은 별로 없다는 말일세."

친구는 점점 더 자신이 하는 말에 도취되어가는 듯했다.

"그런데 다른 한편으로 무슨 일이 일어날 것 같은가? 바로 수요가 엄청나게 증가할 거라네. 러시아인들이 캐비아, 캄차카반도의 킹크랩을 수출하면서 받는 외화로 뭘 하겠는가? 최대한 많은 가죽을 확보할 거야. 구할 수만 있다면 말이지. 군인들을 예로 생각해보게. 군화, 군용 가방 전부 가죽으로 만들지. 심지어 군화는 여름용과 겨울용이 따로 있고 말이야. 이 세상에 군인이 얼마나 많은가? 머리끝부터 발끝까지 무장해야 하는 군부대는 또 얼마나 많냐는 말일세! 게다가 신고 다닐 신발도 없는 저개발 국가는 어떻고? 자, 이래도 내 생각이 틀렸다고 주장하지는 않겠지!"

친구의 주장이 비처럼 몰아쳤다. 그는 자신의 지리학적·정치적 지식을 모두 끌어다 말을 이어갔는데, 그 모든 것은 오직 한 가지 결론을 도출하고 입증하기 위한 과정이었다. 바로 '지금 당장 가죽을 사야 한다'라는 것이다!

"그러니까 지금처럼 국제적 긴장 상태가 이어지는 상황에서는 가죽에 투자를 해야 한다고. 어디든 화약 냄새가 나는 곳이면 가죽이 필요할 테니 말일세."

"자네 말이 틀렸다는 게 아니야. 다시 한번 말하지만 난 이제 투자에서 손을 뗐다니까."

"정 그렇다면 더는 권하지 않겠네. 하지만 생각이 바뀌면 언제든 여기 내 연락처로 연락하게나."

그 말을 끝으로 그는 옛 친구와 헤어졌다. 그리고 자신의 침대칸에서 매우 심란한 밤을 보냈다. 동이 틀 때까지 이리저리 몸을 뒤척이면서 군화, 중국 소, 장갑차, 소를 잡는 백정, 러시아 군인 등이 꿈에 나타나더니 마지막으로는 사다리 위에 있던 금발머리 여인이 나왔다.

여행에서 돌아온 그는 곧장 집으로 향했다. 그의 집은 예전과 완전히 달라 보였다. 벽에 걸려 있던 통계 차트는 어느새 사라졌고 시세를 빼곡히 적은 메모도 없었으며 텔레타이프도 치운 상태였다. 그는 더 이상 면도할 때 '질레트'를 떠올리지 않았다. 옷을 입을 때 모직물 시세를 떠올리지도 않았고, 넥타이를 매면서 실크 시세를 궁금해하는 일도 없었다. 그렇게 새로운 삶이 시작될 예정이었다. 그러다가 그는 문득 거울 속 자신을 찬찬히 바라보게 되었다. 주름이 좀 있고 피곤함에 찌든 한 남자가 보였다. 잠시 고민을 한 그는 거울 속 자신을 보며 말을 걸었다.

"너 정말 미쳤구나. 오늘까지 해왔던 모든 일을 내일을 위한다는 명목으로 이렇게 던져버릴 수는 없어. 마치 옷을 벗어버리듯이 그렇게 쉽게 할 수 있는 일이 아니야."

다시 명확히 정신을 차리기도 전에 그는 예전의 습관대로 홀린 듯이 전화기로 다가가 중개인 친구의 전화번호를 눌렀다.

"당장 뉴욕 증권시장에서 선물로 가죽 X주를 사주게나."

이 매수 주문은 매우 큰 건이었고, 그가 가용할 수 있는 거의 최대치에 달하는 큰 액수였다. 만일을 대비해 예금에 일정 금액을 비축해 두어야 했음에도 가진 것을 몽땅 쏟아부은 것이다.

그리고는 아주 침착하게 책상 앞에 앉아 사업을 재개했다. 그의 사무실에서 다시 전보가 나가기 시작했고, 제자리로 돌아온 텔레타이프가 바쁘게 움직였다. 그런 뒤 그는 가죽 계약 증서를 가지고 날마다 하던 대로 증권거래소로 향했다. 그는 절호의 기회를 놓치지 않은 것을 행복해하며 앞으로 얻을 수익을 계산하느라 여념이 없었다. 관리인 좌석 방향으로 고개도 돌리지 않았다. 그의 마음속에 두려움과 미련이 남아 있었기 때문이다. 그렇게 다시 그는 아침 일찍 가장 먼저 증권거래소에 나타나고 가장 늦게 퇴근하는 사람이 되었고, 언제나 커다란 증권거래소 홀 구석에 자리 잡고 있었다.

그렇다면 가죽은 어떻게 되었을까? 아이젠하워 대통령은 후르시초프를 미국으로 초청했다. 이는 긴장 완화를 알리는 서막이 분명했다. 그렇게 평화의 공존과 무장해제가 보장되었다. 군화와 군용 가방은 사람들의 기억에서 지워졌고, 동시에 가죽 가격은 폭락을 면치 못했다. 나의 친구는 재산을 전부 잃고 말았다. 세계 평화가 이루지 못한 로맨스의 주인공을 벌한 것이다.

이때 나도 깃털 몇 개를 잃어버렸다. 나 또한 이 친구처럼 반박하기 힘든 유혹에 넘어가지 않을 수 없었던 것이다.

그의 이야기를 여기까지 쓰고 난 후 나는 모델이 되어준 친구의 앞에서 소리 내어 읽었다. 연신 고개를 끄덕이며 무표정한 얼굴로 귀 기울이던 그가 마지막에 의미심장한 말을 덧붙였다.

"몹시 재미있군, 앙드레. 하지만 나도 자네에게 해줄 말이 있다네. 지금이 바로 삼겹살을 선물거래로 사야 할 때야!"

이제 나는 독자들에게 수년 전 내가 세운 10가지 권고 사항과 10가지 금기 사항을 들려주는 것으로 작별인사를 대신하려고 한다. 계속 투자를 이어가든 아니든 무언가를 결정하기 전에 다음의 사항들을 명심한다면 향후 어느 정도의 수업료는 절약할 수 있을 것이다.

10가지 권고 사항

1. 매입 시기가 되었다고 판단되면 어느 나라의 무슨 업종 주식을 매입할지 결정하라.
2. 압박감에 시달리지 않도록 돈을 충분히 확보하고 움직여라.
3. 인내심을 가져라. 모든 것이 당신의 생각과 다르게 진행될 수 있음을 잊어서는 안 된다.
4. 확신이 있다면 강경하고 고집스럽게 밀어붙여라.
5. 유연하게 행동하고 자신의 생각에 오류가 있을 수 있음을 인정하라.
6. 새로운 국면으로 접어드는 것이 보이면 그 즉시 팔아라.
7. 때때로 보유한 종목의 가치를 점검하면서 지금이라도 샀을 것인지 검토하라.
8. 대단한 상상이 가능할 때만 매수한다.
9. 예측하기 힘든 리스크까지 전부 계산하라.
10. 자신의 주장이 옳더라도 겸손하라.

10가지 금기 사항

1. 무작정 추천을 따르며, 은밀하게 오가는 정보에 귀 기울이지 마라.

2. 파는 사람이 왜 파는지, 또는 사는 사람이 왜 사는지 그들이 알고 있을 것이라 확신하지 마라. 다른 사람들이 더 많이 알고 있는 것 같다고 그들의 말에 신경 쓰지 마라.

3. 손실을 다시 복구하려고 하지 마라.

4. 옛 시세에 연연하지 마라.

5. 주식을 사놓고 언젠가는 주가가 오를 것이라는 막연한 기대에 그 주식을 잊고 지내지 마라.

6. 지속적으로 미세한 시세 변화를 주시하거나 단조로운 창법의 변화에 기민하게 반응하지 마라.

7. 당장 어디서 수익 또는 손실이 일어났는지 시시때때로 계산하지 마라.

8. 단기 수익을 얻으려고 팔지 마라.

9. 정치적 성향, 다시 말해 지지나 반대에 의해 심리적 영향을 받지 마라.

10. 이익이 생겼다고 교만해지는 것은 금물이다.

옮긴이 **한윤진**

연세대학교 독문학과를 졸업했으며 독일 뷔르츠부르크 대학에서 수학했다. 현재 번역 에이전시 엔터스코리아에서 번역가로 활동하고 있다. 옮긴 책으로는 《코스톨라니의 투자노트》, 《우주를 향한 골드러시》, 《뇌, 욕망의 비밀을 풀다(공역)》, 《보어아웃》, 《림비: 뇌에 숨겨진 행복의 열쇠》, 《돌고래처럼 기뻐하고 보노보처럼 사랑하라》, 《내 행복에 꼭 타인의 희생이 필요할까》, 《당신의 생각을 의심하라》, 《사랑한다고 상처를 허락하지 마라》, 《미친 기후를 이해하는 짧지만 충분한 보고서》, 《유언: 역사를 움직인 157인의 마지막 한마디》 등 다수가 있다.

코스톨라니 투자총서 1
돈, 뜨겁게 사랑하고 차갑게 다루어라

1쇄 발행 2001년 2월 10일
25쇄 발행 2024년 4월 10일

지은이 앙드레 코스톨라니
옮긴이 한윤진
펴낸이 성의현
펴낸곳 (주)미래의창

출판 신고 2019년 10월 28일 제2019-000291호
주소 서울시 마포구 잔다리로 62-1 미래의창빌딩(서교동 376-15, 5층)
전화 070-8693-1719 **팩스** 0507-0301-1585
홈페이지 www.miraebook.co.kr
ISBN 979-11-92519-88-3 03320

※ 책값은 뒤표지에 있습니다.